21世纪档案学系列教材

档案保护技术实验教程

唐跃进　张美芳　主编

中国人民大学出版社

· 北京 ·

前　言

档案保护技术学是一门综合性的应用学科，具有很强的实践性。通过实验可认识和了解纸质档案制成材料的特性，熟知档案有害生物对档案的危害过程和机理，学会档案保护常用设备的使用和维护，掌握一些档案保护的基本技能和技术，提高纸质档案保护的意识和能力。通过对数据存储载体的认识，可了解数据的存储结构、文件系统结构和原理；掌握数字档案载体保护的技能和保护方法，学会常用数据恢复软件的使用，为数字档案保护打下良好的基础。

本书共分为上、下两篇，共10章。上篇是纸质档案保护实验技术，包括4章。下篇是数据恢复技术，包括6章。上篇是对原《档案保护实验技术》的继承和修订，对原有的58个实验进行了精简，删除、修订和完善了部分实验内容，增加了近年来的一些新实验技术和方法，现有实验41个，主要有纸张、字迹材料性能测定技术，档案有害微生物防治实验技术，档案害虫防治实验技术、档案修复技术等。下篇是作者在中国人民大学信息资源管理学院研究生课件的基础上，结合多年的教学经验和科研成果，并吸取了相关学科的有关经验技术编写而成的，共有实验31个，主要包括：磁存储载体、光存储载体和电存储载体的结构、信息存储原理、载体保护和日常维护实验，文件系统和数据结构实验，常用数据恢复软件使用实验，磁盘、光盘、U盘和数码存储设备等的数据恢复实验等。

本书从多方面详细介绍了纸质档案保护和数据恢复技术的72个实验，并附有较多的图表，力求做到内容全面、方法新颖、叙述详尽、便于操作。

本书可作为高等院校档案专业本科生和研究生的实验教材，亦可供档案、图书、文物保护等部门工作者参考。

本书上篇由张美芳编写，下篇由唐跃进编写，闫政参与了第一章实验十四的编写和书中部分图片与附表的收集整理工作。中国人民大学信息资源管理学院2010级研究生王青、孙颖、李一珊参加了书稿资料的收集和整理工作；2012级研究生韩立洋、白云、李清参加了部分实验的编写和书稿校对工作。全书由唐跃进和张美芳统稿并审定。

在本书的编写过程中，得到了中国人民大学出版社的指导和帮助，在此致以衷心的谢意。

编者

2012年12月

目　录

上　篇　纸质档案保护实验技术

第一章　纸张、字迹材料性能测定技术 …… 3
实验一　纸张纵横向和正反面的识别 …… 4
实验二　纸样及试样的准备 …… 5
实验三　纸张定量的测定 …… 10
实验四　纸张厚度的测定 …… 11
实验五　纸张抗张强度和伸长率的测定 …… 13
实验六　纸张耐折度的测定 …… 21
实验七　纸张撕裂度的测定 …… 24
实验八　纸张加速老化实验 …… 27
实验九　纸张纤维成分的测定 …… 29
实验十　纸张中水分的测定 …… 36
实验十一　纸张中 α-纤维素的测定 …… 38
实验十二　纸张酸度的测定 …… 41
实验十三　纸张白度的测定 …… 47

实验十四　字迹材料颜色测定 …… 52
第二章　档案有害微生物防治实验技术 …… 60
实验一　霉菌的形态观察 …… 60
实验二　培养基的制备和灭菌 …… 65
实验三　微生物的接种和分离培养 …… 72
实验四　微生物对大分子物质的分解 …… 78
实验五　环境因素对微生物的影响 …… 81
实验六　防霉剂药效的测定 …… 84
实验七　微生物菌种的保藏 …… 85
第三章　档案害虫防治实验技术 …… 88
实验一　昆虫外部形态的观察 …… 88
实验二　昆虫组织切片的观察 …… 92
实验三　档案害虫的形态观察 …… 93
实验四　昆虫标本的采集与制作 …… 98
实验五　害虫的饲养 …… 103
实验六　熏蒸杀虫 …… 106
第四章　档案修复技术 …… 109
实验一　溶剂去污 …… 110
实验二　过氧化氢溶液去污 …… 112
实验三　氯胺 T 溶液去污 …… 113
实验四　高锰酸钾溶液去污 …… 115
实验五　氢氧化钙—碳酸氢钙去酸 …… 117
实验六　乙基纤维素加固档案 …… 120
实验七　聚甲基丙烯酸甲酯加固档案 …… 122
实验八　修裱糨糊的配制 …… 124
实验九　档案的修补 …… 125
实验十　档案的托裱 …… 128
实验十一　揭“档案砖” …… 131
实验十二　破碎档案的托裱及档案的加边 …… 133
实验十三　化学剂恢复蓝墨水褪色字迹 …… 134
实验十四　“纸灰档案”的修复 …… 136

下　篇　数据恢复技术

第五章　数字存储载体与硬盘数据结构…………………………………… 141

实验一　磁存储载体 …………………………………………………… 142

实验二　光存储载体 …………………………………………………… 146

实验三　电存储载体 …………………………………………………… 149

实验四　硬盘数据结构 ………………………………………………… 150

第六章　常用数据恢复软件…………………………………………… 155

实验一　数据恢复软件 WinHex ……………………………………… 155

实验二　数据恢复软件 R-Studio ……………………………………… 159

实验三　数据恢复软件 FinalData ……………………………………… 165

实验四　数据恢复软件 EasyRecovery ………………………………… 169

第七章　磁盘检测与管理……………………………………………… 174

实验一　磁盘分区与格式化 …………………………………………… 174

实验二　磁盘碎片整理 ………………………………………………… 181

实验三　磁盘碎片清理 ………………………………………………… 183

实验四　硬盘检测……………………………………………………… 186

实验五　镜像磁盘……………………………………………………… 192

实验六　FAT 文件系统结构 …………………………………………… 194

实验七　NTFS 文件系统结构 ………………………………………… 200

实验八　硬盘的使用和维护 …………………………………………… 212

第八章　磁盘数据恢复技术…………………………………………… 215

实验一　FAT32 文件删除与恢复 ……………………………………… 215

实验二　NTFS 文件删除与恢复………………………………………… 221

实验三　文件系统破坏后的数据恢复………………………………… 227

实验四　磁盘分区被格式化的数据恢复 ……………………………… 230

实验五　磁盘数据销毁 ………………………………………………… 237

实验六　软盘数据恢复 ………………………………………………… 239

第九章　光盘数据恢复技术…………………………………………… 245

实验一　光盘刻录……………………………………………………… 245

实验二　用 CDCheck 检测光盘 ……………………………………… 250

实验三　光盘数据恢复 ………………………………………………… 252

实验四　光盘的使用和维护 …………………………………………… 257

第十章　U盘、移动硬盘和数码存储设备数据恢复技术 …………………… 260
实验一　U盘数据恢复 …………………………………………………… 260
实验二　数码存储设备数据恢复 ………………………………………… 266
实验三　移动硬盘数据恢复 ……………………………………………… 268
实验四　移动硬盘的使用和维护 ………………………………………… 272
实验五　U盘的使用和维护 ……………………………………………… 275

参考文献…………………………………………………………………… 276
附表………………………………………………………………………… 278

上　篇

纸质档案保护实验技术

纸质档案的制成材料主要是纸张和字迹，它们的耐久性将直接影响纸质档案的寿命。纸质档案制成材料的变化过程也就是档案的损坏过程。在档案保管和利用过程中，由于纸张构成不同和环境因素的影响，档案制成材料会受到不同程度的损害，如：档案上沾有各种污垢；纸张变质，强度下降；档案纸张黏结在一起，形成“档案砖”；字迹模糊，褪色；等等。因此，为了延长档案的寿命，必须对破损的档案进行修复，去除对档案耐久性不利的因素，提高档案制成材料的强度，恢复档案原貌。

在档案库房中，档案有害生物是危害档案的主要因素之一，它主要包括档案有害微生物和档案害虫。档案有害生物能给档案造成很大的损害，所以全面了解其形态构造、代谢特征和生活习性，并采取有力的措施进行防治，最大限度地延长档案的寿命，是档案保护技术工作的一项重要任务。

纸质档案保护实验的主要目的是：了解纸质档案的制成材料；认识档案有害生物对档案的破坏作用；学会常用档案保护技术仪器设备的使用和维护；熟知档案修复原则和修复前的准备工作；掌握档案修复技术。

本篇主要包括纸质档案的载体材料和记录材料性能测定实验、档案有害生物防治实验和档案修复实验等内容。

第一章

纸张、字迹材料性能测定技术

本章要点

- 纸张、字迹测试仪器及设备的性能和使用
- 纸张物理性能、光学性能和化学性能测定
- 各种字迹材料性能测定

档案是由载体材料和记录材料组成的。在馆藏档案中，纸张是档案载体材料之一。纸张的耐久性直接关系到档案的寿命。因此，研究纸张的各种性能以及掌握纸张性能的测定方法是了解纸张保存性能和寿命的途径之一。

纸张的性能包括物理性能、化学性能和光学性能。

物理性能：包括纸的定量、厚度、抗张强度、撕裂度、耐折度、耐破度、湿强度、耐久性等。

光学性能：包括纸的颜色、白度、透明度、不透明度、光泽度等。

化学性能：包括纸中水分、黏度、α-纤维素、酸度、纤维原料、铜价等。

记录纸质档案的记录材料种类较多，如书写材料有墨水、墨、圆珠笔油墨、复写纸油墨等，印刷材料有印刷黑油墨、彩色油墨等。此外，还有印泥、印台油等印迹材料。由于各种字迹材料的组成、化学成分、性能各异，因而具有不同的耐久性。其耐久性关系到档案的寿命。因此，通过测定字迹材料颜色的褪变程度，便可以了解材料损坏的程度，以便采取有效措施，延长档案的寿命。

实验一 纸张纵横向和正反面的识别

造纸工艺过程决定了纸张具有方向性和两面性。在分析纸张性能、修复等活动中需要识别纸张纵向和横向、正面和反面。

一、实验目的

学会识别纸张的纵横向和正反面，掌握不同的测定方法和技巧。

二、实验步骤

（一）纸的纵横向的识别

（1）光测定法：在有光的条件下，使光与纸面大约成 45°角，再以 45°视线直接观察试样表面的纤维排列方向。纤维一般沿纵向排列，这与造纸机运行方向是一致的。

（2）水测定法：将试样裁切成 50mm 的方块纸，并标注出相当于原试样的边的方向，然后让试样漂浮在水面上。纸吸收水分后，开始卷曲，与卷曲轴平行的方向为纸的纵向。

（3）抗张强度和耐折度测定法：通过测定纸的抗张强度或纸的耐折度来分辨纸的纵向和横向。一般来说，抗张强度或耐折度数值大的为纸的纵向。

（4）手撕法：采取直接用手撕纸的方法，撕口处较为整齐的一般为纵向，偏斜度较大的一般为横向。

（二）纸的正反面的识别

（1）湿润法：将纸面经过水或稀氢氧化钠溶液浸渍后，放置几分钟，便可观察纸的特性，如纸面有清晰的网印，即为反面。

（2）直观法：纸贴向造纸机滤网的一面为反面，它表现为纤维结构疏松、纸面粗糙；而光滑的一面为正面，这是由于纸在网前形成湿纸层的过程中，浆料中部分填料和细小纤维被保留下来，因此纸面呈细腻状。相反，贴向网面的反面由于细小纤维及一些胶料粒子流失较多，因而结构不如正面紧密。有些纸正面和反面的特点较为明显，所以不必借助其他条件便可识别。

三、思考题

（1）识别纸张纵横向和正反面的意义是什么？

（2）识别纸张纵横向和正反面方法是什么？

实验二　纸样及试样的准备

纸张的试样是进行纸张实验的必备材料，纸样选取和纸样准备工作的好坏，是整个纸张的各种实验成败的关键因素。

一、实验目的

学会各种标准切纸工具的正确使用；了解试样检测必备的环境条件；掌握对纸张进行取样的方法和技巧。

二、实验原理

纸张的试样取样工具主要有标准切纸刀、可调距切纸刀和纸张定量标准试样取样器等三种切纸工具。

（一）标准切纸刀的结构及使用

标准切纸刀可作为纸的耐折度和纸的抗张强度实验中切取标准试样的工具。标准切纸刀的结构如图 1—1 所示。

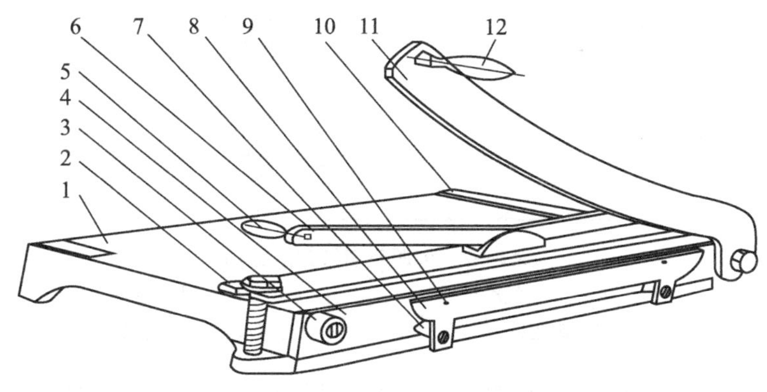

图 1—1　标准切纸刀的结构

1——底座　2——压纸板　3——下刀固定螺钉　4——下刀　5——手柄　6——压杆
7——定距板固定螺钉　8——定距板　9——挡纸板　10——尺板　11——上刀　12——上刀手柄

标准切纸刀由上刀、下刀、底座、压纸板、定距板等组成。下刀固定在底座上，上刀和下刀用螺钉轴连接，轴上装有防松垫圈，以保持上下刀经常靠紧。定距板里端平面至下刀刃口的距离为±0.1mm，使用时将试样齐边靠在定距上，可准确地切出 15±0.1mm 宽的标准纸条。压纸板手柄和压杆组成切刀的压纸机构，使用时压下手柄压杆推动压纸板，使其紧紧地压在被切纸面上，以避免被切纸移位。挡纸板内侧面与下刀刃口垂直，切纸时，纸的齐边应靠在此面上，以保证被切试样邻边相互垂直。

（二）可调距切纸刀的结构及使用

可调距切纸刀可作为纸张耐折度测定、抗张强度测定、撕裂度测定、厚度测定等物理性能检验的取样工具。切纸宽度尺寸误差为±0.15mm，试样切口平行度≤0.1mm（同一定距面）。

可调距切纸刀与标准切纸刀结构基本相同，只是增加了定距标尺装置，可随意调节纸的宽度。纸宽度范围为8～300mm，比标准切纸刀使用范围大。

可调距切纸刀由挡纸机构、上刀部件、压纸机构、底板部件、定距标尺机构和轴组件组成。可调距切纸刀的结构如图1—2所示。

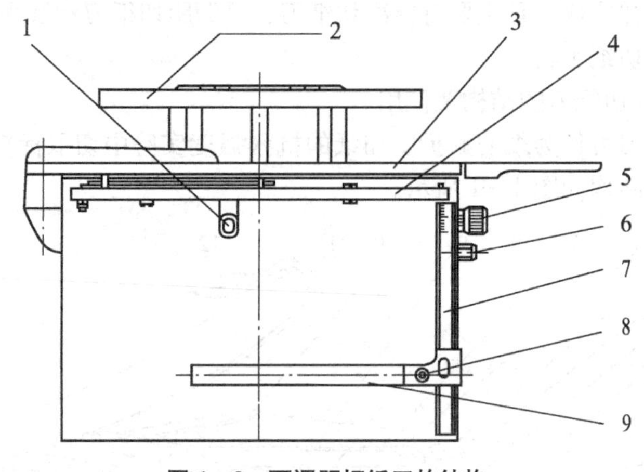

图1—2 可调距切纸刀的结构

1——手动按钮 2——挡纸机构 3——上刀 4——压纸机构 5——大旋钮
6——小旋钮 7——标尺座 8——滚花螺钉 9——滑尺

挡纸机构：由挡纸板、托纸板等组成，挡纸板的左面为试样定距面。托纸板托住试样。托纸板可折叠或伸长。

压纸机构：由外壳、连杆、按钮、立柱等组成。它可自动或手动压紧试样，避免试样移动。当上刀下压切纸时，由于机构的作用，将试样自动压紧，当刀上抬时，本机构自动脱开。

底板部件：由底板、鼓轮、钢丝绳、大旋钮、小旋钮组成。转动大旋钮时，与大旋钮同轴的鼓轮也跟着转动，大旋钮圆周等分100格，每格为1mm，根据试样尺寸，可以调节大旋钮到需要的位置，小旋钮作为锁紧定位。当大旋钮调到需要的尺寸后，转动小旋钮，就能把位置固定下来。

定距标尺机构：由滑尺和标尺座组成。滑尺在标尺座上滑动，标尺上附有刻度值，可以确定切刀刃口到滑尺端面的距离。距离调好后，可以旋紧滑尺上的螺钉，锁紧滑块。

（三）纸张定量标准试样取样器的结构及使用

纸张定量标准试样取样器是用于纸张定量测定时切取标准面积试样的专用工具，它由操作柄珠、操作手柄、上刀、下刀、底座和试样出口组成。

使用时，将厚度为 0.1～1.0mm 的任何纸张（单层或多层）放于上下刀之间，按下手柄冲切，圆形试样从底座侧面取出。试样圆边齐整、无毛刺即可使用。取样面积为 $100cm^2$，取样面积误差为 $\pm 0.35cm^2$。其结构如图 1—3 所示。

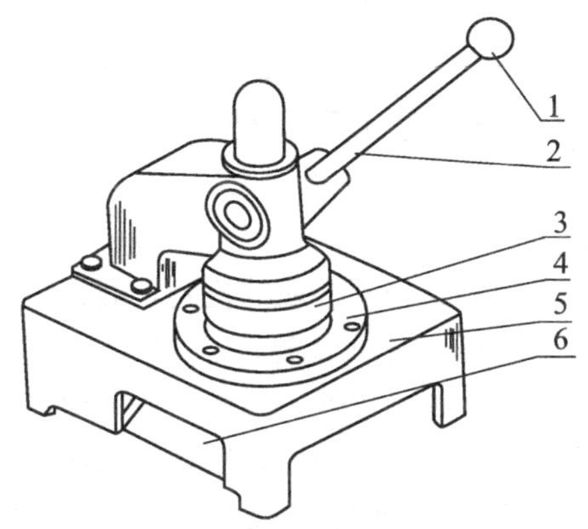

图 1—3　定量标准试样取样器的结构

1——操作柄珠　2——操作手柄　3——上刀　4——下刀　5——底座　6——试样出口

三、实验仪器及材料

（1）标准切纸刀。

（2）可调距切纸刀。

（3）定量标准试样取样器。

（4）纸和纸板若干。

四、实验步骤

（一）试样的选取

（1）测试试样要平整，不折不皱，边缘不能有毛刺、纸病，应避免光的照射及有害气体的影响。不能用手触摸试样，否则，会影响试样的化学、物理、光学、纸表面性能及其他特性。因此，凡是裁切或称量纸时，一定要带上干净手套，并保证试样裁切尺寸准确。

（2）为避免试样因裁切而造成实验误差，必须选用标准切纸刀。切出的试样标准尺寸为 15mm×270mm 和 15mm×150mm。切出的纸条最大偏斜度不超过±0.1mm。

（二）试样检测必备的环境条件

1. 测试环境的要求及温湿度调节方法

（1）测试环境的要求。

纸张是由许多纤维交织而成的，构成纸的纤维素具有亲水性，纤维之间的毛细孔具有吸附性。当周围环境的温湿度发生变化时，纸张中的含水量会随之发生变化。当环境湿度大时，纸张会从环境中吸收水分，从而增加自身的含水量，反之，则释放纸张含水量，纸张变得发脆。当环境相对湿度为50%～55%时，纸张含水量为7%，这是较为标准的情况。当测试环境相对湿度处于标准状态时，可避免测试时的数据误差，纸张物理性能的测试必须在恒温恒湿条件下进行。国际标准化组织（ISO）和国际电工委员会（IEC）于1990年决定采用温度23±1℃、相对湿度50%±2%为标准测试条件。

（2）温湿度调节方法。

既然纸张中的含水量影响着物理性能的检测，而且纸张中的水分又是随着环境的温度、湿度而发生变化的，那么试样就必须在一定的温湿度条件下进行测量，以保证测量数据的可靠性和可比性。为此，就要通过空调设备控制和调节室内的温湿度，形成恒温、恒湿的测试环境。纸张测试实验室一般采用集中式温湿度调节系统。这种系统将热源、冷源、喷雾集中为一体对空气进行处理。其调节温度、湿度的操作方法有：加热、加湿，降温加湿，冷却降湿—加热，冷却降温—降湿。然后根据湿度图进行调节，使室内的温度、湿度控制在标准环境条件之内，并且要稳定。

2. 试样恒温恒湿处理

试样必须由低湿向高湿状态进行预处理。当试样处于高湿状态时，应先放入温度低于40℃、相对湿度不大于35%的硅胶干燥器中存放24小时，并要求试样水分含量不高于标准环境的1/2，然后，将试样放入标准温湿度状态下进行处理。同时，要求试样分散开，悬挂在恒温恒湿的环境中，使试样能充分接触空气。

试样一般处理4～6小时，厚纸处理10～12小时，甚至48小时。试样处理平衡的标准是两次称重结果变化不超过0.1%。

在没有空调设备的条件下，应将试样放入已配制不同相对湿度的饱和溶液（参看附录1）的干燥器中进行预处理，然后迅速测试。这样测得的结果，虽然能减少因相对湿度而造成的误差，但只能作为对比实验的数据。

3. 温湿度对纸张物理性能的影响

（1）湿度对纸张物理性能的影响。

当相对湿度在一定的适宜范围时，也就是纸张的含水量在正常值时，纸张便具有较高的机械强度。一旦相对湿度发生变化，纸张的含水量相应增高或降低，纸张中纤维之间的结合强度就会被破坏。纸张纤维发生胀缩产生的内应力，能引起纸张变形，造成纸张机械强度降低，尤其是对抗张强度、耐折度、撕裂度的影响更为明显。几种性能随湿度变化的增减系数如图 1—4 所示。

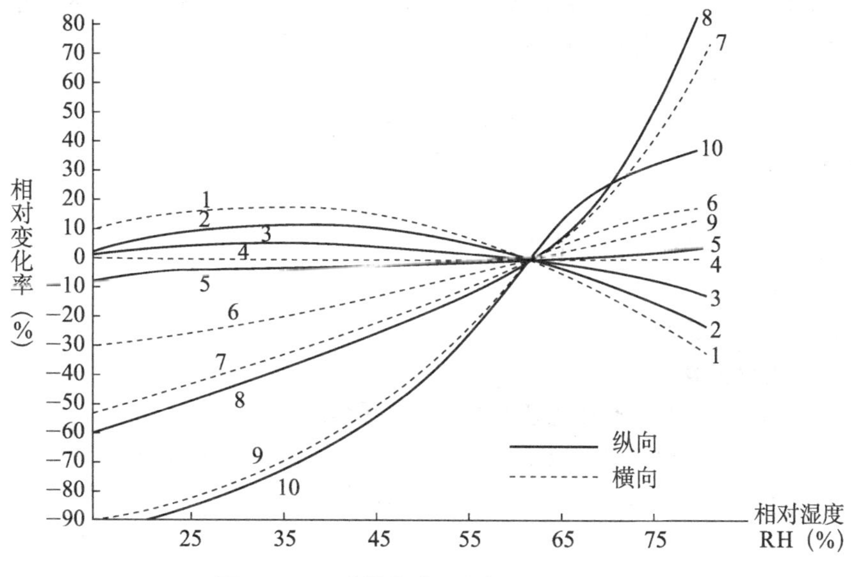

图 1—4　几种性能随湿度变化的增减系数

1、2——抗张强度　3——耐破度　4、5——定量、厚度　6——撕裂度
7、8——伸长率　9、10——耐折度

从图 1—4 中可以看出，抗张强度随着相对湿度增大而降低，撕裂度随着相对湿度增加而慢慢增大，耐折度受湿度影响最大。除此之外，湿度发生变化，会引起纸张的定量变化，从而导致计算上的变化。因此，做纸张物理性能方面的测试一定要严格控制环境的湿度，以保证测试数据的可靠性。

（2）温度对纸张物理性能的影响。

温度对纸张物理性能也有较大的影响。高温会使纸张发脆，降低耐折度。抗张强度是随着温度升高而降低的。在相同的抗张强度条件下，伸长率也随着温度升高而增大。另外，温度升高，纸张会老化、降解，从而影响纸张的白度。

五、思考题

（1）标准切纸刀有几种？各有什么特点？

（2）如何对试样进行恒温恒湿处理？

（3）温湿度对纸张物理性能有哪些影响？

实验三 纸张定量的测定

定量是纸和纸板最基本的指标之一。它是指纸或纸板每平方米的质量，以 g/m^2 表示。通常人们不仅注重纸张的使用面积，而且更加重视定量的大小对纸张性能的影响。定量与纸张的抗张强度、裂断长都有着密切的联系。

一、实验目的

掌握纸张定量的测定方法；根据纸张定量决定纸的用途，避免造成纸张原料的浪费。

二、实验仪器及材料

（1）纸张定量标准试样取样器。

（2）天平。

（3）纸和纸板若干。

三、实验步骤

（1）试样要求在标准环境条件下准备和平衡。

（2）测量不同的试样应选择不同的天平，例如，试样重 5g 以上，用感量 0.01g 天平，试样重 5g 以下，用感量 0.001g 天平。

（3）可直接用纸张定量标准试样取样器切取标准试样 $100mm^2$，也可以使用可调距切纸刀切取 100mm×100mm 规格的试样。

（4）切取 100mm×100mm 的试样 5 张（要求试样边长误差不超过 0.1mm），一并在天平上称重，然后分别计算面积，求出该试样定量。

四、实验结果

（1）采用如下公式计算定量：

$$W=\frac{g}{F}$$

式中：W——试样定量（单位：g/m^2）；

g——试样总重量（单位：g）；

F——试样总面积（单位：m^2）。

计算结果以算术平均值表示，取三位有效数字，并报出最大值和最小值。

（2）此实验要求将试样在标准温湿度环境中处理至平衡，并在此条件下称重。

五、思考题

（1）试样为什么要在标准温湿度环境中处理至平衡？

(2) 纸张的定量如何测定?

实验四　纸张厚度的测定

用非接触的方法测定纸的厚度，是得不到准确的测试结果的。这是由纸本身的性质所决定的。纸是具有弹性、薄厚不均、较为疏松的物质。因而必须采用接触的方法测量试样，而且要在一定的压力和一定的面积下测量，这样才能得到准确的测试结果。

纸的厚度的测定是指在一定压力和一定面积下，测得纸样两面之间的垂直距离。纸的厚度用百分表或千分表测量，以毫米（mm）表示。根据纸的薄厚，可采取多层测量或单层测量，以单层测量的结果表示纸的厚度。

一、实验目的

纸张厚度与纸张其他性能有直接或间接关系，在使用时一般要考虑纸张的厚薄情况。学会测定纸张厚度的方法，可以对纸的厚薄程度进行定量测定。

二、实验原理

厚度计是测量纸张厚度的仪器。厚度计有手动和电动两种。手动厚度计需要用手抬起和落下测量头。电动厚度计是在手动厚度计的基础上发展而成的，测量头通过电动机控制可自动起落。

厚度计的构造如图 1—5 所示。

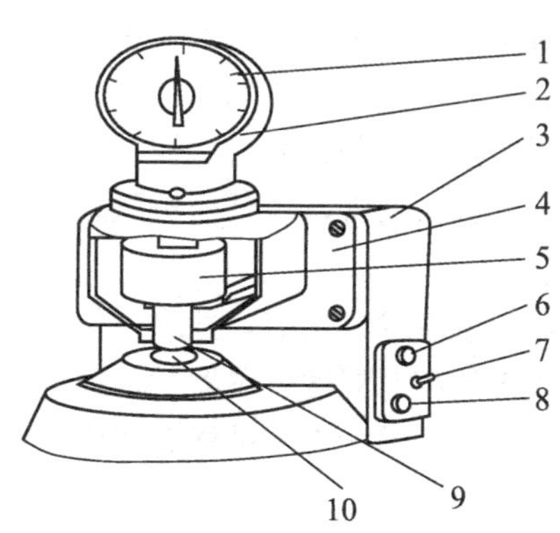

图 1—5　厚度计的构造

1——量表　2——表架　3——仪器座体　4——壳体　5——重砣
6、8——按钮开关　7——搬把开关　9——上测量头　10——下测量头

厚度计是由测量、指示、提升、支承等部分组成的。测量部分由测量头、重

砣组成。指示部分由一块量表组成。一般纸张用百分表，薄纸用千分表。提升部分由按钮开关及搬把开关组成。支承部分由壳体组成。仪器座体内部装有电机及杠杆等传动零件，可以调节测量头上下移动。

厚度计的工作原理如下：测量时，调节搬把开关，选择测量方式。搬向上为自动测量，搬向下为手动测量。外加负荷（重砣）可直接固定在座体上。当揿动按钮开关时，测量头被抬起，试样放入上测量头与下测量头之间，初始阶段上测量头与下测量头之间是紧密接触的。当再放下测量头时，两测量面之间便移动了一段距离。移动距离的大小，通过传动部分，在量表上即可指示出被测试样在该位置的厚度。

当试样处于两测量面之间时，是承受一定压力的。当试样的厚度通过测量杆传递给传动机构时，使指针转动一个角度而得到厚度读数值。

三、实验仪器及材料

（1）厚度计。

（2）纸张若干。

四、实验步骤

（1）测量之前，除调整仪器的零点操作外，还要按规定检查、校对仪器（根据仪器的要求进行）。

（2）按标准规定切取 100mm×100mm±0.1mm 的试样至少 5 张，测试点应在距样边缘 20mm 内的不同位置选取，每张样品至少测试二点厚度值，取其平均值。

（3）揿下按钮，测量头抬起，至足以放入一张试样的高度，将试样置于测量面之间。

（4）当再次慢慢揿下按钮时，测量面与试样相接触。要注意避免产生冲击作用，待指针稳定后，方可读数。通常，在试样被压陷下去前 2～5 秒时读数。

五、实验结果及要求

（1）每张试样测二点，取算术平均值，并取三位有效数字。

（2）厚度的测量受环境的相对湿度、仪器的精度等影响。当试样处于低湿的环境时，会发生收缩。相反，高湿状态下试样会膨胀。在这种情况下，测定的结果必然会有偏差。

（3）对单层厚度，每个试样进行一次测量，测量点离试样任何一边不应小于 20mm。

六、思考题

（1）测量纸的厚度时应注意什么？

（2）如何测量纸的厚度？

实验五　纸张抗张强度和伸长率的测定

纸张受到外力的作用时，本身具有一定抵抗外力的能力，纸张的尺寸会发生变化。当纸张所受到的外力超过纸的耐受能力，至使纸拉伸断裂到强度极限时，则纸被拉断。因此，纸抵抗外力拉伸的能力称之为抗张力。抗张力大小，取决于纤维与纤维间的结合力和纤维本身的强度。尤其是纤维与纤维的结合力更是起决定作用。另外，不同湿度下纸的抗张强度也不一样。当湿度增加时，纸中的水分含量会相应增加，使得纤维间的结合力下降，从而必然导致纸的强度下降。同时，温度对抗张力和伸长率的影响也是极大的，温度升高，抗张力下降，而伸长率便会提高。

在应用领域中，根据纸的用途不同，对纸的质量要求也不同，如书写纸、新闻纸、钞票纸等，在强度要求上都有不同的标准。所以，纸的抗张强度就成为研究和检验纸张机械性能的一个最重要的指标。抗张力以下面几种方式表示。

（1）绝对抗张力：一定宽度的试样断裂时所承受的最大拉力，即在肖伯尔拉力机上直接测得的数值。单位是 kgf（新标准单位为 N 或 kN，纸、纸板性能的国际单位与我国常用单位换算关系见表 1—1 和表 1—2）。

表 1—1　　部分米制常用单位换算关系

米制单位	SI 单位	换算关系
kgf gf	N（Newton，牛顿） mN（毫牛顿）	1kgf=9.807N $1gf=9.807\times10^{-3}$ N=9.807mN
kgf/cm^2 kgf/mm^2	Pa（Pascal，帕斯卡） $Pa=N/m^2$	$1kgf/cm^2=9.807\times10^4 Pa\approx10^5 Pa$ $1kgf/mm^2=9.807\times10^6 Pa\approx10^7 Pa$
kgf • m gf • cm	J（Joule，焦耳） J=N • m	1kgf • m = 9.807J $1gf\cdot cm=9.807\times10^{-5}$ J

表 1—2　　部分现行性能单位的换算

性能项目	我国现行单位	SI 单位	由现行单位换算为 SI 单位应乘系数
定量	g/m^2	g/m^2（克/米^2）	×1
		kg/m^2（千克/米^2）	$\times10^{-3}$
厚度或层积厚度	μm	mm（毫米）	$\times10^{-3}$
	mm	μm（微米）	$\times10^3$
特性黏度	ml/g	ml/g（毫升/克）	×1

续前表

性能项目	我国现行单位	SI 单位	由现行单位换算为 SI 单位应乘系数
抗张强度	kgf/15mm	kN/m（千牛顿/米）	×0.653 8
抗张指数	kgf/15mm/（g/m²）	N·m/g（牛顿·米/克）	$\times0.653\ 8\times10^3$
撕裂指数	gf	mN（毫牛顿）	×9.807
撕裂指数	gf/（g/m²）	（mN·m²）/g（毫牛顿·米²/克）	×9.807

（2）抗张强度：以绝对抗张力除以样品宽度来表示。单位是 kgf/15mm（新标准单位为 N/15mm 或 kN/m、N/50mm）。

（3）横断面抗张力：是为了比较绝对抗张力的大小而采取的计算手段，以试样绝对抗张力除以试样横断面积来表示。单位是 kgf/cm^2（新标准单位为 N/m^2）。

（4）裂断长：取一定宽度的纸条，将其一端悬挂起来，计算由其本身重量导致纸断裂时所需要的长度。单位为 m。

（5）伸长率：在肖伯尔拉力机上，可同时获得伸长率值。伸长率是指试样受力至断裂时所增加的长度与原始长度的百分比。

$$伸长率=\frac{L-L_0}{L_0}\times100$$

式中：L——试样断裂时的长度（单位：mm）；

L_0——试样测试前的长度（单位：mm）。

一、实验目的

纸的抗张力是衡量纸张质量要求的一个重要指标，是研究和检验纸张机械性能的一个重要参数。如果纸张抗张力很低，说明纸张强度低，抵抗外力能力差。通过实验掌握纸张抗张强度和伸长率的测定方法。

二、实验原理

目前，纸张抗张强度测定仪有摆锤式拉力机，通常称为肖伯尔拉力机和电子式拉力机。

（一）肖伯尔拉力机

肖伯尔拉力机是由传动变速机构、测量机构和伸长率测量机构三部分组成，如图 1—6 所示。

传动变速机构：由电动机通过三角皮带、盘式摩擦轮、齿轮和丝杠驱动下夹头升降。

当电机运转后，用右手操纵手柄，控制牙嵌离合器，使下夹头下降、停止或上升。下夹头的行程为 220mm，它到达上下极限位置时均能自动停止。启动后转动变速箱体左上的手柄，可以进行无级变速，变速范围为 40～500mm/分，下夹头上升（回程）速度比下降（工作行程）速度约快 3 倍。

测量机构：作用在下夹头上的牵引力，通过试样传到上夹头，此力通过链条作用在不变半径的扇形摆上，使摆锤缓慢而又均匀地向左摆动一定角度，至达到平衡。当试样被拉断时，摆被制动爪卡住在相应的位置。固定在摆杆上的指针在力度盘上指示出拉力的数值。力度盘上有三排刻度，上排是 A 砣，中排是 B 砣，下排是 C 砣。使用时，可以根据实际被测试样拉力的大小选择适当的砣。

伸长率测量机构：用来指示下夹头与上夹头在测量过程中的位移之差。伸长标尺通过拉杆、滑块及钩子与下夹头连接在一起，当试样断裂时，挂钩脱开，使伸长标尺不再随下夹头下降，指示牌在伸长标尺上指出试样的伸长量（mm）和绝对伸长率（%）。

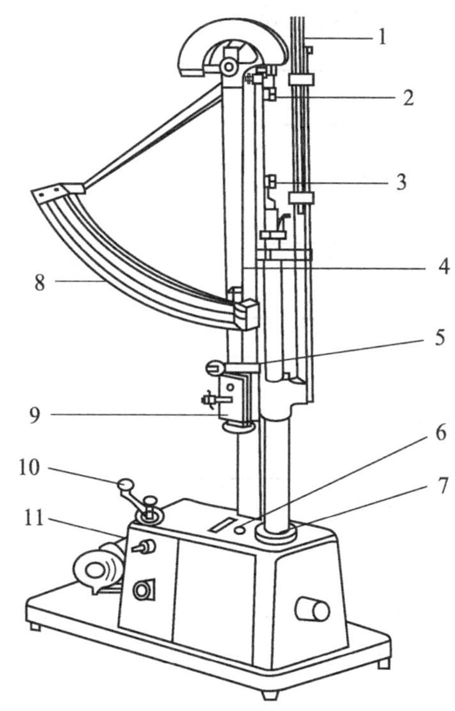

图 1—6 肖伯尔拉力机

1——伸长标尺 2——上夹头 3——下夹头 4——摆杆 5——操作手柄 6——开关 7——传动箱 8——扇形摆 9——重砣 10——调整盘 11——电机

肖伯尔拉力机是根据摆锤平衡原理设计的。它采用机械传动和无级变速，并设有自动装置控制下夹头，按一定的速度上下运动。通过试样传到上夹头，链条使摆偏转一定角度，至试样断裂时，摆立即停止在刻度盘上。这样便可指示出纸的绝对张力数值。

纸的绝对张力按下式计算：

$$T_r = PR\sin Q$$

式中：T——试样绝对张力（单位：kg 或 N）；

P——摆的重力（单位：kg 或 N）；

R——摆的重心与摆轴之垂直距离（单位：mm）；

r——扇形的半径（单位：mm）；

Q——摆所摆动的角度。

（二）DL—03 型电子式拉力机

它由传动机构、测量机构和控制面板等三部分组成，如图 1—7 所示。

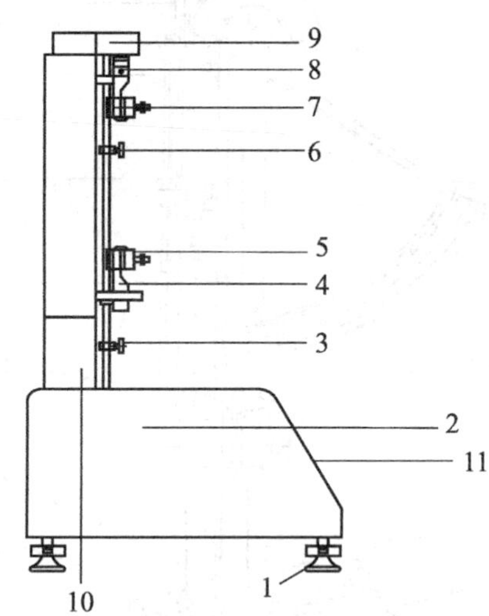

图 1—7　DL—03 型电子式拉力机主机结构示意图

1——调平支足　2——控制箱体　3——下行程调解块　4——移动横梁　5——下夹具
6——上行程调解块　7——上夹具　8——万向节　9——传感器　10——打印机　11 控制面板

三、实验仪器及材料

（1）肖伯尔拉力机。

（2）电子式拉力机。

（3）纸张若干。

四、实验步骤

根据国家标准规定切取宽 15mm、长 270mm 的试样，纵横向至少各 5 条，并进行恒温恒湿处理。

（一）肖伯尔拉力机的操作方法

（1）仪器校对。如果用未经校对的仪器进行测试，测试的结果误差会很大。因此，这里有必要对仪器的校对作一简单的介绍。

a. 零点校验：将仪器调节至水平。其方法是将制动爪打开，再松开固定销，看摆针是否在力度盘标尺零点上。要求偏差应小于 0.5mm。

b. 调节上下夹具间的距离：用游标卡尺或精度较高的钢板测量上下夹具间的距离。要求误差小于 0.5mm。

c. 力度盘刻度值的校验：将制动爪垫起，在上夹头部位悬挂专用校验砝码，让摆与所挂砝码慢慢达到平衡。所读取的数值应与砝码数值一致。误差应小于 1%。

（2）根据被测试样的拉力范围挂砣。A 度盘不另加砣，对 B 度、C 度盘分别挂上 B 砣或 C 砣，并以插销固定。

（3）加荷速度的确定。只有满足试样必须在 20±5 秒的时间内断裂的条件，才能正式进行试样检测。因此，必须调节加荷速度，其方法是：开动机械进行空白实验，纸条断裂后，停机，这时将摆回复到原位，测量上、下夹具间的距离。根据测量出的这个距离求出下夹头实际运行距离，用下夹头实际运行距离乘以 3，便计算出相应的加荷速度。机械运行时，在调速盘上调好加荷速度。例如，试样初始时夹具间的距离为 180mm，试样断裂后，夹距为 220mm，下夹头实际运行距离为 40mm，加荷速度就等于 40×3=120mm/分。

（4）松开摆的固定钩，掀起制动爪，检查力度盘，看指针是否对着零，指针不在零点可调节水平螺钉。然后扣上摆的固定钩，落下制动爪。

（5）调节拉杆，使伸长标尺对准伸长指示牌的零线。

（6）拧紧上夹头的固定螺丝，分别按纵横向将试样平整地加入上夹头上，然后松开此螺丝，使上夹头自然悬挂，再将试样另一端拉直，夹紧下夹头。松开摆的固定钩，右手压下手柄，使下夹头下降，摆向左移动。当张力达到 300g 以上之后，轻轻拨开垫板，当纸条断裂时，下夹头靠自重下落，钩子即与滑块脱开，伸长标尺与伸长指示牌均停止移动。此时，力度盘上所指示的值为纸的绝对抗张力。读准三位有效数字，并读取伸长标尺上所指示的值。伸长标尺是以 180mm 夹距为准计算的，若夹距不采用 180mm，则在伸长标尺上所读得的数为伸长量（mm），再根据计算伸长率的公式，重新计算伸长率。

(7) 纸条断裂后，上抬手柄，使下夹头上升至起始位置，右手扶住摆杆，左手掀起棘爪，轻轻将摆杆放回零位，用固定销扣住摆杆，同时将伸长标尺对准零点。此时，可继续作下一条试样。

注：若试样较短，可选用10mm、50mm、100mm、150mm的夹距。实验结果要加以注明。

(二) DL—03型电子式拉力机使用与操作方法

(1) 控制面板示意图如图1—8所示。

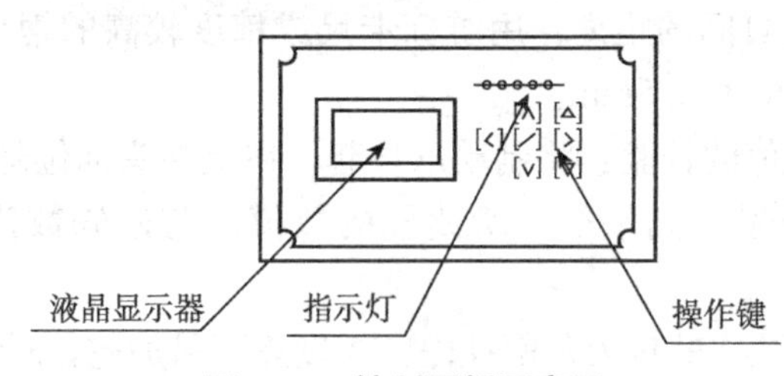

图1—8　控制面板示意图

液晶显示器：显示功能项目及测量值等。

指示灯：依次是开机指示灯、上限位指示灯、下限位指示灯、按键指示灯(按键时闪烁，测量时灯亮)、电机运转指示灯。

操作键具体如下。

[∧] [∨] ——上下键：配合设置键选择设置项目，光标停留在所选项目的参数上，通过左右键选择相应的参数，配合浏览器选择浏览次数。

[<] [>] ——左右键：选择功能项目或在设置界面里选择所选项目的相应参数，输入定量时选择数位，光标停留在所选参数或数位上。

[✓] ——确认键：可进入所选功能项目界面或确认所输数据。如在测量状态下，夹上试样，按动此键，进入实验状态，并开始计时；如按 [△] 键或 [▽] 键下夹头上下运动时，按此键可使夹头停止运动测量，同时运行对应的指示灯灭。

[▽] [△] ——上升/下降键：按下此控制电机运动转带动夹头上升或下降，同时其所对应的指示灯亮。

(2) 当某一试样的实验不成功时，按 [∧] 或 [∨] 键使光标停留在 [删除] 上，按动 [✓] 键可把当前数据清除掉，不参加统一运算，数据及次数自动恢复到上一次状态。

(3) 如果想要浏览本组数据，按 [<] 或 [>] 键使光标停留在 [浏览]

上，按动［╱］键进入浏览状态，然后按［＜］、［＞］键即可浏览。

（4）打印实验报告。当一组实验结束（默认10个为一组）时，打印机自动打印出实验报告（数据2）：如果想打印10个以内任意一个实验报告，就按［＜］或［＞］键使光标停留在［打印］上，按［╱］键进入打印界面，再按［＞］或［＜］键使光标停留在［数据1］或［数据2］，按［╱］键可打印。然后按［＜］或［＞］键使光标停留在［返回］上，按［╱］返回到主界面，数据及次数自动清零。

注：数据2比数据1多了标准偏差和变异系数，如果报告中不要求这两项参数，打印数据1即可。

（三）操作举例

（1）打开电源开关，显示开机界面，几秒钟后进入主界面，光标自动停留在设置项目上，并且预热五分钟后，进行下列操作。

（2）进入设置界面，光标停留在校零上，按［╱］键进入校零状态，此时零点数据应在15N左右，如果不符，请调节仪器后盖板上的旋钮至15N左右（此数据是为避免零点负温漂，测量时自动清除，不能影响测量结果）。

（3）进入设置界面，检查夹头间距是否与指针所指刻度一致，如不一致，用［△］、［▽］键移动夹头，使夹头间距离指针所指刻度一致，按［╱］键停止。

注：若想改变夹头间距，一定要保证指针所指位置与设置界面内当前夹头间距一致，然后按［＜］或［＞］键选择夹头间距，按［╱］键后下夹头会自动调整到所选择的位置停止，同时界面返回到主界面。如果因误操作导致撞限位，需关闭电源重新开机再按上述要求操作。

（4）输入参数：光标在［设置］上时，按［╱］键进入设置界面，按照界面操作的要求，设定好“试样宽度”、“试样定量”、“试样方向”，并按［╱］键返回主界面。

（5）按［＜］或［＞］键使光标停在［测量］上。

（6）安装试样（卡在上夹头）。

（7）按［╱］键试拉一张，试样拉断，下夹头自动返回至零点，CPU将据此自动计算出适合于该试样（20±5s）拉断的速度。

（8）再安装试样。

（9）按［╱］键进入实验。

（10）试样拉断，下夹头自动返回至零点，等待下一次实验，显示屏上显示出本次实验的力值、伸长、拉断时间及次数。

（11）做完一组（10个）实验后，打印机自动打印出实验报告，如果不足10个，任意一个也可在打印界面选择［数据1］或［数据2］，按［⁄］键打印实验报告，然后按［<］或［>］键使光标停留在［返回］上，按［⁄］键返回到主界面，数据及次数自动清零。

五、实验结果和要求

（1）绝对抗张力：即在肖伯尔拉力机上直接测得的数据。以kN /m（kgf/15mm）表示，准确至小数点后面一位有效数字。

（2）裂断长：按下式计算。

$$L=\frac{G_p}{B\cdot W}$$

式中：L——裂断长（单位：m）；

G_p——试样的绝对抗张力（单位：g或N）；

B——试样的宽度（单位：m）；

W——试样的定量值（单位：g/m^2）。

（3）横断面抗张力：按下式计算。

$$P=\frac{G_p}{F}$$

式中：P——试样的横断面抗张力（单位：N/m^2）；

G_p——试样的绝对抗张力（单位：g或N）；

F——试样横断面积（宽×厚）（单位：m^2）。

（4）伸长率。

若试样选用夹距为180mm，试样断裂时，在拉力机上直接读取伸长率。准确至0.2%。

若试样选用夹距为10mm、50mm、100mm、150mm、200mm，在拉力机上所读的伸长标尺数值为纸的伸长量值。读后再根据公式计算纸样的伸长率：

$$S=\frac{L_2-L_1}{L_1}=\frac{\Delta L}{L_1}$$

式中：ΔL——试样伸长量（单位：mm）；

L_1——初始两夹具间距离（单位：mm）；

L_2——裂断时两夹具间距离（单位：mm）。

（5）试样的抗张强度和伸长率的测定值均以算术平均值表示。准确至三位有效数字。

（6）当试样在距夹口10mm以内断裂时，应舍弃该试样。

六、思考题

（1）抗张强度测定时，为什么要控制在 20 秒左右时断裂？

（2）如何计算裂断长？

实验六　纸张耐折度的测定

耐折度是指在一定张力条件下，将试样折叠一定角度至其断裂时的折叠次数。它直接以折叠次数来表示。

耐折度是一项强度指标，纸折叠的次数越多，纸的耐折能力则越高。

纸的耐折度与纸张的纤维长度、纤维的柔韧性、纤维与纤维的结合力有着密切的关系。不同种类的造纸植物纤维原料的不同，抄造出的纸的强度、耐折度是有很大区别的。如棉纤维、韧皮纤维原料造出的纸张，耐久性都比较好，寿命较长。

相对湿度对纸张耐折度的影响同样是很显著的。含水量低的纸，纤维失去了原有的柔韧性，纸张发脆，耐折度就低。适宜的含水量，有利于纸张耐折度的提高。但含水量超过一定限度时，耐折度就会降低。同样，不适宜的温度也会影响纸张耐折度。

一、实验目的

学习纸张耐折度的测定，有利于研究纸张的耐久性，提高纸的使用寿命。

二、实验原理

用于测定纸张耐折度的仪器大致有两类：一类是卧式，即肖伯尔式；另一类是立式，即 MIT 式。这两类仪器的区别在于折叠角度不同及负荷大小不同。两种仪器均可测定纸和纸板的耐折度。MIT 式耐折仪应用较为广泛，而且也更适用于低强度纸的测定。

（一）MIT 式耐折仪的结构及工作原理

（1）仪器结构。它主要由传动部分、夹头部分、计数器部分等组成，如图 1—9所示。

传动部分：由电动机、皮带轮组成，通过齿条、小齿轮带动下夹头左右摆动。

夹头部分：包括上、下夹头。上夹头采用左右旋螺杆结构，锁紧或松开十分方便。试样用螺丝夹紧，通过压力弹簧给试样施加张力，根据纸的强度不同，可选择不同的张力，由加荷钮调节。下夹头采用斜楔式夹紧机构。夹紧试样，钳口也是折叠口，下夹头的左右摆动辐度为 135°并且往复折叠。

计数器部分：使用电磁计算器自动记录，试样断开时则自动停止。

技术特性：载荷 0.5～1.5kg。折叠角度 135°。

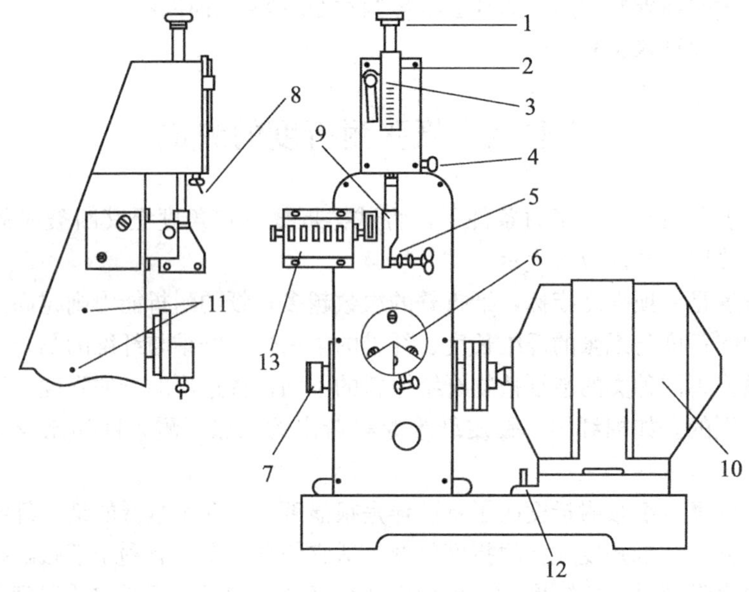

图 1—9　MIT 式耐折度测定器

1——加荷钮　2——弹簧筒　3——刻度标尺　4——控制钮　5——上夹头
6——下夹头　7——旋转钮　8——控制钮　9——上夹杆　10——电动机
11——加油孔　12——开关　13——计数器

(2) 工作原理。采用摆动头对试样进行折叠，这种摆动头是模拟纸张实际使用中的折叠情况设计的。下夹头钳口按 135°左右折叠，在折叠过程中，折口处强度随着折叠次数增加而逐渐降低。当试样折叠区的纤维松懈、强度降低到不能承受张力时，试样断裂。断裂时的折叠次数即为试样的耐折度。

(二) 肖伯尔式耐折仪的结构及工作原理

(1) 肖伯尔耐折仪的结构。它由试样夹持机构、折叠机构、偏心传动机构、电磁铁定位机构和电子计算机构组成。

试样夹持机构：由前、后两组夹持装置组成。两组夹持装置均由夹头、夹板、旋钮、按钮、定位销及弹簧组成。

折叠机构：由两套折叠装置组成。折叠装置中包括刀片夹座、压片、折头座、折叠片及刀夹座。

偏心传动机构：由主轴套、皮带轮、偏心轮组成。

电磁铁定位机构：由铁芯、铝壳、导向端盖、控制板等组成。

电子计算机构：由显示器、清零按钮和启动、停止按钮组成。经过电器元件，折叠一次计数一次，实测数值就是试样的耐折度值。

技术特性：试样初始张力为770g，最大张力1 000g。折叠角度180°。

（2）工作原理。肖伯尔式耐折仪是测定纸张耐折叠疲劳强度的仪器。测定时，试样被夹持在同一水平高度上的夹内，通过张力弹簧对试样施加770g的初始张力和1 000g的最大张力。折叠刀片通过偏心传动装置，带动试样作180°的往复折叠，试样折叠处的强度逐渐降低，至其强度小于所受张力时试样就会断裂。

在偏心传动机构运动中，试样每折叠一次，电子计算机构则计数一次。当一组试样断裂后，试样夹被弹簧拉回，计数停止；而另一组试样仍在继续工作。如两组试样均断裂，便自动停机。显示器上所记录的数字即为试样的耐折度值。

三、实验仪器及材料

（1）MIT式耐折仪。

（2）肖伯尔式耐折仪。

（3）纸张若干。

四、实验步骤

（一）MIT式耐折仪的实验步骤

（1）按纸张纵横向分别切取宽15±0.1mm、长150mm的试样，置于标准温湿度的大气中处理至平衡。

（2）确定试样弹簧张力，一般为1kg。然后将试样垂直地置于上下两夹头间，松开张力弹簧的螺丝，打开启动电钮，进行折叠，至试样断裂，同时计数器停止，读取指示值。此值即为试样的耐折度。如此反复测定每一个试样。

（二）肖伯尔式耐折仪的实验步骤

（1）按纸张纵横向分别切取宽15±0.1mm、长100mm的试样，置于标准温湿度条件下处理至平衡。

（2）打开电源开关，显示器红绿灯亮。

（3）分别将按钮提起，使夹头处于相对最近位置。将试样分别夹于夹头与夹板之间，转动旋钮将试样夹紧。再握住夹头尾部相对拉开至按钮落下锁住为止。此时两夹头相对距离最大。

（4）按下启动开关，两组显示器同时工作，两组夹头使试样进行180°的折叠。当其中一组试样因折叠而断裂时，夹头停止动作，显示器显示出折叠次数。而另一组试样继续折叠，至试样断裂，同样显示器显示此试样的折叠次数。记录两组试样的耐折度。

五、实验结果及要求

(1) 对试样按纵横向和正反面计算测试结果，并取算术平均值来表示被测定结果，同时写出最大值和最小值。

(2) 统计结果，保留整数。

(3) 使用 MIT 式耐折仪时，应注意以下几点：

第一，由于试样的正反面性质差异较大，测试时应使试样一半正面一半反面地朝向实验者。

第二，为避免实验人员的呼吸对试样的温湿度产生影响，实验人员应与仪器保持一段距离。

第三，实验人员需戴手套，以保证试样折叠处的清洁。

第四，为降低夹头处的温度，不影响试样的测定，应采取停机方法来降温。

(4) 在测量过程中，为确保试样数据的准确性，应对 MIT 式耐折仪的弹簧张力进行校准，也应校准肖伯尔式耐折仪的折叠辊与刀片的间距。

六、思考题

(1) 使用 MIT 式耐折仪测量纸的耐折度时，为什么还要按正反面进行测定？

(2) 使用 MIT 式耐折仪测量时应注意什么？

实验七　纸张撕裂度的测定

档案在提供利用和保管过程中，不仅对纸张的强度、定量有一定的要求，而且对纸张的耐撕裂能力也要有一定的质量标准，这样才能保证纸张在使用中不被损坏。因此，有必要对纸张进行撕裂度测量。

撕裂度是指撕裂预先切口的纸或纸板至一定长度所需要的力，单位是毫牛顿(mN)，此种撕裂度通常称为内撕裂度。还有一种撕裂度叫做边撕裂度，是指没有预先切口的试样撕裂至一定距离所需要的力。

评价纸张撕裂度的大小，要看纸的纤维长度及纤维本身的强度。也就是说，纸抵抗撕裂时的力来自纤维与纤维的结合力及纤维本身的强度。纤维交织的状况，也决定了撕裂度的大小，如纸的横向撕裂度值大于纸的纵向撕裂度值。

纸在撕裂的过程中抵抗撕裂的力，一方面表现为纤维与纤维间的结合力，纸的撕力要克服结合力才能把纸纤维拉出，另一方面则表现为来自纤维本身的强度，即将纤维拉断时所需之力的大小。只有这两方面力的结合，才能够体现出纸耐撕裂的能力。

造纸过程中，打浆度是决定纸的撕裂度的主要因素。打浆度低的纸，纤维本身显得僵硬，彼此间的结合力小，相应的撕裂度就低。适宜的打浆度，可以提高纤维彼此间的结合力，纤维被拉出的摩擦阻力就会增大，有利于提高纸的撕裂度。当然，打浆度过大，会降低纸的撕裂度。影响纸的撕裂度的因素是较为复杂的问题，因此，在测试过程中，要注意试样的层数选择。层数少，撕裂度值就低。随着层数的增加，撕裂度值也相应地增加。

一、实验目的

学会测定纸张撕裂度的方法，了解纸张本身的物理特性。

二、实验原理

目前测定撕裂度的仪器为爱利门道夫式撕裂度仪及电子撕裂度测定仪。前者为手动操作，后者采用计算机技术、机械技术、传感技术，实现人机对话、数据处理、数字显示、打印输出、操作提示和报警功能，属机电一体化智能仪器。这种仪器测试数据快而准确。

爱利门道夫式撕裂度仪的结构如图 1—10 所示，它由座体、试样夹、扇形摆、指针、限制机构等组成。座体上悬挂一个扇形摆，在摆和支架的右侧装有两个夹头及固定切刀，扇形摆上附有标盘，标盘上指示出量程范围（根据纸的撕裂度大小，选择不同的量程），量程分为 0～20g、0～50g、0～100g、0～800g、0～1 000g几种。摆轴上装有指针，用来调节零点及指示撕裂度值。

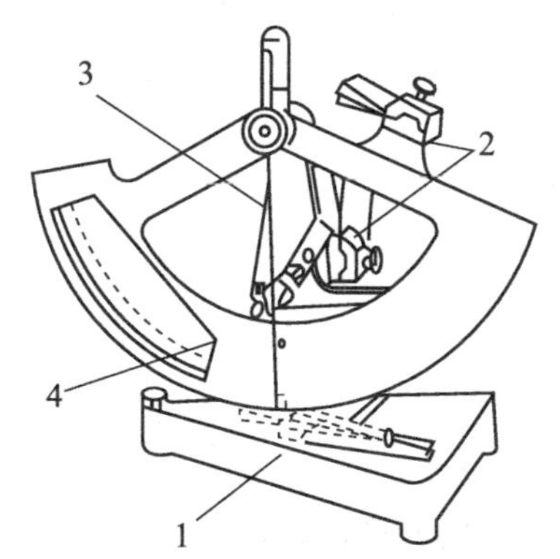

图 1—10　爱利门道夫式撕裂度仪的结构

1——停止器　2——夹具　3——指针　4——力度盘

爱利门道夫式撕裂度仪的工作原理如下：

撕裂试样时，扇形摆在最高位置时，纸具有一定的位能。当摆体落下时，预先切口的试样，通过扇形摆由位能转换成动能，对试样做功，从而将试样撕开。

这种以摆动体往复摆动的过程中能量的转换规律为设计原理制造出的仪器便称为纸的撕裂度测定仪。

三、实验仪器及材料

（1）爱利门道夫式撕裂度仪。

（2）纸张若干。

四、实验步骤

（1）仪器的校准：包括仪器水平校对、指针零点校对、扇形摆摩擦的校对等。以下着重叙述指针零点校对。其方法是：将摆抬起，把指针放在指针限位器上，然后松开摆限制器，使摆落下，当扇形摆摆动到最高位置后摆重新返回时，用手轻轻接住摆，看指针是否指在标尺零点上。如不在零点上，调节限制器，直至指向零点。

（2）将试样按纵横向分别裁切出 63（±0.5）mm×76mm 规格的纸片若干层（一般采用 1～16 层），将试样长边夹置在两夹头之间，并要求试样正、反面各一半叠放，确定试样方向应以是否与短边相平行为准。如纸的横向与裁切的试样短边相平行，则纸为横向，反之为纸的纵向。测量的结果，应在标尺 20%～60% 的范围内。若不符合要求，应重新确定纸样层数。数值大减少层数，数值小增加层数。

（3）用仪器上的刀将试样预先切口 20mm 长，保证试样被撕开的距离是 43mm±0.5mm。

（4）按下制动器，使扇形摆由最高位置自由落下，对纸进行撕裂，纸被撕开。扇形摆转至初始位置时，按住摆。记下指针在扇形摆标尺上的读数。此值为指针指示的刻度读数。

五、实验结果及要求

（一）撕裂度计算

其公式为：

$$C=\frac{a\times 16}{b}$$

式中：C——撕裂度（单位：mN）；

a——实验时指针指示的刻度读数；

b——一次实验时试样层数；

16——仪器设计常数。

（二）撕裂指数计算

撕裂指数由平均撕裂度除以定量求得，其值按下式计算：

$$x=\frac{C}{W}$$

式中：x——撕裂指数（单位：mN·m²/g）；

C——撕裂度（单位：mN）；

W——试样定量（单位：g/m²）。

（三）计算结果要求

（1）试样纵横向至少按 5 个试样进行测定，测定值以算术平均值表示，并报出最大值和最小值。

（2）计算结果为 100mN 的精确至 1 位小数，100mN 以上的精确至整数。

（3）如果计算单位是 g，需换算成 mN。

（4）若试样撕裂线的末端刀口延长线左右偏斜超过 10mm，在 10 个试样中有 1～2 个试样偏斜，则弃之。再重新裁切纸样，补足所需试样。若有两个以上试样偏斜至 10mm，其结果可以保留，但要注明偏斜情况。

六、思考题

（1）如何测定纸张撕裂度？

（2）对测定结果有何要求？

实验八　纸张加速老化实验

纸的耐久性是纸在长期保存过程中可保持其原有物理性能的能力。

档案中的纸质材料，受光、温度、湿度及有害气体的破坏，会发生降解反应，变黄发脆，这一现象称之为纸的自然老化。纸张老化实验，就是利用人工加速纸的老化，观察其性能的变化。

一、实验目的

研究纸质档案材料的老化原因；测试纸张的老化速度；预测纸张的寿命。

二、实验原理

人工加速纸的老化的方法有干热老化、光老化、湿热老化、全气候老化（模拟自然环境老化）等。

德国产 150S 氙光老化仪的特点是更接近于自然老化环境，将光、温度、湿度融为一体，操作较为简便。用这种仪器进行的实验称为模拟自然环境老化实验。

美国国家标准局进行的老化实验表明：干热老化与自然老化有一定的相关性。用干热老化作为模拟自然老化对纸进行耐久性实验能够很好地表达测试结果。纸的耐久性与纸的老化条件有着密切的关系。纸的物理性能和化学性能随着老化时间以及温度的变化产生不同的测试结果。另外，由于纸的 pH 值和纸的材料不同，纸的耐久性也是不一样的。因此，就干热老化实验方法而言，采用105±2℃为干热老化处理的温度条件是最适宜的。如果温度过低，对加速老化效果不明显。对耐久性较好的纸进行干热老化实验时，可采用延长老化时间的办法。通常用纸的特性强度保留率（%）表示干热老化后纸的耐久性，保留率值越高，则表示纸的耐久性越强。

模拟自然环境老化实验可采用150S氙光老化仪，如图1—11所示。利用150S氙光老化仪中的氙灯所产生的紫外光照射在试样上，根据需要可任意调节温度、湿度。温度测量范围可达90℃，湿度可达95%。当确定好老化条件后，试样便以5转/分的速度绕光源旋转。而且可模拟昼夜交替的过程自身作150°旋转。此仪器是集湿热老化及光老化为一体的理想老化仪。

图1—11　150S氙光老化仪

150S氙光老化仪的工作原理如下：

通过150S氙光老化仪模拟自然环境中的光（紫外光）、温度、湿度对纸张进行加速老化，用以评价纸的颜色（白度）和其他物理性能的变化。

三、实验仪器及材料

（1）150S氙光老化仪。

（2）纸张若干。

四、实验步骤

（一）干热老化实验步骤

（1）根据测试的项目裁切试样，如测试试样的耐折度，可裁切15mm×150mm

的试样纵横向各 40 条。将试样的一半置入标准温湿度环境中处理至平衡，并在此条件下进行性能测试。另一半试样用以测定老化后的物理性能。

（2）将试样的一半置入 105±2℃的恒温箱中人工处理 72 小时，相当于纸在自然条件下老化 25 年。试样在烘箱中不能互相重叠，而且试样需在距烘箱内壁不少于 100mm 处悬挂。

（3）将干热老化处理后的试样移入相对湿度为 30%的硫酸干燥器中，待冷却后，在按标准规定的恒温、恒湿的大气中处理至平衡，再进行物理性能的测定。测定结果取算术平均值。

（二）模拟自然环境老化实验步骤

模拟自然环境老化与干热老化法的实验步骤相同，区别在于试样的老化处理是在 150S 氙光仪中进行。因此，本实验的步骤可参照干热老化实验步骤进行。

五、实验结果及要求

将测量得到的老化前、后试样的算术平均值代入公式中：

$$L\ (\%) = \frac{\text{老化后测量的数值}}{\text{老化前测量的数值}} \times 100$$

式中：L——试样特性强度保留率值。

保留率数值用以评价纸的耐久性程度。

六、思考题

（1）研究纸的耐久性的意义何在？

（2）干热老化实验和模拟自然环境老化实验有什么区别？

实验九　纸张纤维成分的测定

纸张纤维成分、纸浆的种类及其配比是研究纸张耐久性、确定纸的生产年代的重要依据。

一、实验目的

用显微镜观察各种纤维的形态特征及对染色试剂的显色反应，鉴别纤维及纸浆的种类；测定纸中不同纤维含量的重量百分比。

二、实验仪器及材料

（1）显微镜：放大倍数为 50～400 倍。目镜上装有十字测微尺或指针，载物台带推进尺。可采用 15～20W 的日光灯作为光源，且有蓝色滤光片。

（2）烘干设备：能控制温度为 50～60℃的烘箱、电热板或红外线灯。

（3）过滤器：网目为 105 目/英寸，直径为 60～70mm 的滤碟，也可采用孔径为15～40mm的多孔玻璃过滤器。

(4) 玻璃滴管：长约为100mm，内径约为8mm。滴管的一端接一橡皮球，另一端为平滑而不缩小的管口。管壁上有一刻度，标志每次滴出量为0.5ml。75mm×25mm载玻片、22mm×22mm盖玻片、250ml带橡皮塞的玻璃广口瓶、玻璃珠若干。解剖针、镊子、血球分类计数器、可在玻璃上写字的特种铅笔。

(5) 赫兹波格（Herzberg）染色剂：它是一种纤维染色剂，主要用于鉴别化学浆、机械浆、破布浆等浆料的纤维。由于它使用方便，染色时颜色差别鲜明，因而被广泛采用。其他纤维染色剂还有格拉夫“C”(Graff) 染色剂、舍律格尔（Selleger）染色剂等。

赫兹波格染色剂对各种纤维的显色反应如下。

棉浆和漂白麻浆：酒红色。

化学木浆和化学草浆：蓝紫色。

半化学木浆和半化学草浆：黄绿色。

磨木浆和机械草浆：黄色。

赫兹波格染色剂由溶液A和B混合配制而成。其配制方法如下。

溶液A：溶解20g无水氯化锌于10ml蒸馏水中。此溶液的比重应为1.8 (28℃)，若大于此比重值时，可加水调整。

溶液B：溶解2.1g碘化钾及0.1g碘于5ml蒸馏水中。

待溶液B冷却后，将其逐滴加入溶液A中，并不断搅动，使之均匀混合。将混合后的暗褐色混浊液移至干燥的、带有磨口塞的玻璃瓶中，加入1～2粒碘片，放置暗处，待其完全澄清后，将澄清液倒入带有磨口塞的棕色试剂瓶中，置于暗处备用。

使用时，若对机械木浆呈色太浅，可加几滴碘液于染色剂中；若对化学浆呈色过深或对破布浆呈蓝色时，则应加适量蒸馏水稀释之。

三、实验步骤

(一) 试样的制备

1. 分离试样

取有代表性的试样约0.2g，根据不同的纸种，按下述方法将其分离。

(1) 普通纸。

对于不施胶或施胶度较低的试样，可用水将其湿润并撕成小片，然后置于烧杯中，用热蒸馏水浸泡或煮沸。用手指将纸片揉成小球，放入试管或盛有玻璃球的广口瓶中，加少许蒸馏水，轻轻摇动，待水被试样完全吸收后，再加水少许，重复振荡，至纤维充分分散为止。

对于施胶度较高或不易分散的试样，可用 1%氢氧化钠煮沸几分钟，倾去碱液，用蒸馏水洗净。然后用 0.05N 盐酸浸润几分钟，倾弃酸液，用蒸馏水充分洗涤。再按上述方法将纤维分离。

分散了的纤维试样用过滤器滤干后备用。

(2) 特种纸。

加有特殊添加剂或经过特殊处理的纸，一般纤维结合较为紧密，且含有影响纤维染色的物质。因此，试样必须先经预处理，然后再按普通纸的处理方法使纤维分离，从而获得预期的染色效果。处理方法因试样和所含添加剂的种类、含量而异。

a. 沥青纸。

煤油处理法：将试样置于玻璃容器中，加入煤油使之全部被浸没，在沸水浴中加热 1 小时。取出试样，用吸水纸将其挤干，再放入煤油中，于沸水浴中加热 1 小时。取出试样，放在吸水纸中挤干。然后用冷的苯抽提，直至抽出液呈无色为止。将试样取出，待其风干后，按常规方法分离纤维。

四氯化碳处理法：取几个烧杯，分别倒入四氯化碳溶液至半满。将试样放入第一个烧杯中，不断搅拌。几分钟后，用镊子将试样移至第二个烧杯中。按此法不断用新的四氯化碳溶液浸泡试样，直至浸泡液呈无色为止。取出试样，风干后，按常规方法分离纤维。

b. 色纸。

根据染料的性质，选择下列任一脱色法对纸进行脱色，然后按常规方法分离纤维。

氧化法：用硝酸或过氧化氢漂液脱色。

还原法：用亚硫酸氢盐或氯化亚锡脱色。

溶出法：用乙醇、氨水、醋酸或盐酸脱色。

c. 湿强纸。

将试样撕成碎片放入烧杯中，用乙醇浸泡 15 分钟，风干后，再用 5%硫酸铝溶液煮沸 20 分钟。倒出硫酸铝溶液，用水洗涤试样数次并分散备用。

d. 植物羊皮纸。

盐酸处理法：将试样放在浓盐酸中浸泡 6 分钟，用水洗涤，再放在 0.5%氢氧化钠溶液中煮沸，再次洗涤。加入 0.05mol 盐酸使其呈酸性后，用水洗涤。最后加入少量水并煮沸，纤维即分散。

硫酸处理法：将 1∶1 的硫酸冷却至 50～60℃，然后把试样浸入其中，不断搅动 2～5 分钟。当试样开始分散时，加快搅动速度，并立即倒入水。将此悬浮液过滤，用水洗净备用。

e. 用乳胶处理的纸。

用异丙醇浸泡或抽提。

f. 用粘胶处理的纸。

用 50%硝酸硼钙溶液煮沸约 5 分钟，用水洗净后，再用 1%氢氧化钠煮 15～20分钟，然后洗涤分散。

2. 制备试片

将试样在滤网上滤干，取少许置于洁净且干燥的载玻片上，加上 1～2 滴染色剂。用解剖针和镊子将纤维均匀分散，盖以盖玻片，并注意防止试片中产生气泡，最后用滤纸吸去多余的染色剂，即可于显微镜下观察。

理想的试片应是纤维分散良好、染色均匀、无气泡且纤维疏密程度适宜。

（二）纤维种类的鉴别

在 50～100 倍的显微镜下观察试片，根据纤维的形态特征及染色现象鉴定试样中纤维的种类。在观察纤维细微特征时可放大 250～400 倍。

每个试样至少应观察两个纤维试片。

各种纤维的主要形态特征如下：

(1) 棉纤维：纤维壁光滑无节纹或纹孔，纤维壁薄，纤维柔软常扭曲成带状。端部一端尖削，另一端多呈肘形，与赫兹伯格染色剂作用呈酒红色。

(2) 韧皮纤维：我国的古代纸或近代的手工纸，许多都是由韧皮纤维制成。韧皮纤维包括各种麻和树皮。纤维一般较长，纤维壁较厚并有节状加厚，与赫兹伯格染色剂作用多呈酒红色或暗酒红色。在桑皮和构皮纤维的外壁上常附着一层透明胶衣，这是区别麻类纤维与桑皮等纤维的重要特征。

(3) 针叶木纤维：纤维较长，早材纤维壁薄，端部钝尖，径向侧壁上有其缘纹孔，交叉场部位有一组组小纹孔。晚材纤维较早材纤维细，壁较厚，壁上的纹孔稀少，胞腔较窄。针叶木的细胞类型有两种，纤维细胞和木射线细胞。

(4) 阔叶木纤维：纤维较针叶木细、短，两端尖削，壁上纹孔稀少。细胞类型多于针叶木，除纤维细胞、木射线细胞外，还有导管。导管两端有穿孔，一般有舌状尾部，壁上有纹孔或其他结构。

(5) 竹类纤维：竹纤维较针叶木纤维细、短，两端尖削，壁上有节状加厚。导管较宽，端部略微倾斜，管壁上有规则排列的纹孔。薄壁细胞多呈长方形或枕形，大小较为均匀。无杆状细胞或锯齿形表细胞。

(6) 禾草类纤维：包括稻草、麦草、蔗渣、芦苇、龙须草、高粱秆等。此类原料的特点是细胞类型较多，除纤维细胞外，还含有大量的杂细胞，如表皮细胞、薄壁细胞、导管等。这些细胞的形态和数量是鉴别禾草类原料品种的主要依据。

龙须草纤维细长，杂细胞略少，锯齿状表皮细胞齿峰较为短平，且均匀。

芦苇杂细胞较龙须草多，锯齿状表皮细胞的齿形较均匀，多呈等边三角形，在酸法或中性盐法纸浆中常连成片。

麦草锯齿状表皮细胞较大，齿峰长短不一，齿形不均匀。

稻草纤维细而短，薄壁细胞细小，常出现逗号形的边毛细胞，其锯齿形表皮细胞远比麦草表皮细胞细少，齿端平钝，齿形均匀。

蔗渣纤维较宽，是常用禾草纤维中最宽的一种。其薄壁细胞体积大且壁薄。

(7) 化学纤维：在干法纸、某些特种纸以及破布浆中，常含有化学纤维。如粘胶纤维、维尼纶纤维、涤纶纤维、尼龙纤维等。它们的特点是纤维长，没有自然端部，断口整齐。

粘胶纤维与赫兹伯格染色剂作用呈深紫色，纤维壁上有许多纵向粗条纹，纤维断面多呈锯齿形。

维尼纶纤维与赫兹伯格染色剂作用时多呈棕色，纤维壁上有两条纵向条纹，好似纤维细胞的细胞腔，故称为假腔。纤维断面多呈腰子形。

涤纶和尼龙纤维对赫兹伯格染色剂基本上不着色或略呈浅黄色。纤维壁光滑，断面多呈圆形。

同一种化学纤维常因加工方式不同，其断面和表面现象亦有所不同，必要时应采用化学分析的方法加以验证。

(8) 羊毛纤维：与赫兹伯格染色剂作用呈浅黄色。纤维粗大，纤维壁上布满了鳞片状纹。

(三) 纤维配比的测定

当试样中含有两种以上的纤维，并要求定量地获知各种纤维的成分时，则需测定纤维的配比，即各种纤维的百分含量。测定方法有估计法和计数法。

1. 估计法

由有经验的分析人员通过在显微镜下对试片的观察，估计试片中各种纤维所占的比例，或与已知样品对照进行估计。这种方法具有一定局限性，且易造成人为的误差。

2. 计数法

用显微镜推进尺移动试片，使目镜十字测微尺的中心正对盖玻片的一边，从距顶角 2～3mm 处开始，沿水平方向慢慢移动试片，读取穿过十字测微尺中心的各种纤维数。可以每移动一行读一种纤维通过数。若一根纤维或纤维段穿过中心多于一次，则每通过一次记录一次；若纤维或纤维段（大于 0.1mm）不穿过中心，而在视野中心沿中心平行移动，则每通过一个记录一次。对于纤维束，束中有几根纤维，则记几个数。纵裂了的纤维，据其宽度折算成相当的纤维数记录。对于小于 0.1mm 的纤维碎片或杂细胞忽略不计。测定时，应保持试片不作垂直方向的移动，当一条线上的纤维观测完毕后，将试片垂直移动 5mm，并采用同样的方法记录通过的纤维数。若测取 4 条线上的纤维，则每个试片上的纤维总数约为 200～300 根。每种纤维的总数乘以各自的重量因子（见表 1—3 和表 1—4），即得每种纤维的相对重量。每个试样分别测定两个试片。

四、实验结果及要求

（1）绘制所观察试片的纤维图，并确定纤维的种类。

（2）计算纤维的配比。

纤维配比计算公式如下：

$$X_n=\frac{f_nN_n}{f_1N_1+f_2N_2+\cdots+f_nN_n}\times 100\%$$

式中：X_n（$n=1$，2，3…）——各种纤维配比（%）；

f_1，$f_2\cdots f_n$——各种纤维的重量因子；

N_1，$N_2\cdots N_n$——各种纤维的通过数。

实验结果按两个试片的平均值表示，若相对误差与表 1—3 和表 1—4 不符，则需重新制片，再次计定，并以所测数的平均值报告结果。实验结果准确至整位数，其含量小于 2%的，以痕迹报告结果。

表 1—3　不同类型纸浆纤维的重量因子（参考件，原轻工业部造纸工业科学研究所提出）

纤维种类	重量因子
棉浆	1.00
亚硫酸盐鱼鳞松浆	0.90
硫酸盐红松、鱼鳞松木浆	1.10
硫酸盐杨木浆	0.45
硫酸盐桦木浆	0.50
硫酸盐蔗渣浆	0.80
硫酸盐毛竹浆	0.75
硫酸盐荻浆、芒秆浆	0.80
硫酸盐龙须草浆	0.55

续前表

纤维种类	重量因子
硫酸盐麦草浆、高粱秆浆	0.50
硫酸盐稻草浆	0.50
硫酸盐苇浆	0.70
硫酸盐落叶松浆	1.50
硫酸盐云南松浆	1.30
亚硫酸盐苇浆	0.50
棉短绒浆	1.20
马尾松机械木浆	1.80
红白松、杨木混合机械木浆（红白松 50%，阔叶木 50%）	1.20

表 1—4　TAPPI 标准采用的不同类型纤维的重量因子（供作进口浆分析参考）

纤维种类	重量因子
破布棉纤维	1.00
棉短绒	1.25
漂白亚麻与苎麻	0.50
针叶木：	
漂白与未漂亚硫酸盐和硫酸盐浆（西部铁杉、花旗松和南方松除外）	0.90
西部铁杉	1.20
花旗松	1.50
南方松	1.55
α 浆（北方）	0.70
α 浆（南方）	1.50
阔叶木：	
苏打、硫酸盐或亚硫酸盐浆（橡树及 α 浆除外）	0.60
橡树	1.00
α 浆（北方）	0.55
磨木浆（决定于纸浆细度）	1.30
未漂蔗渣浆（用于制造纸板）	0.90
漂白和未漂蔗渣浆（用于造纸）	0.80
西班牙草	0.50
剑麻和黄麻	0.55
龙舌兰	0.60
稻草（用于纸板）	0.65
漂白稻草	0.35

纤维配比（%）	<20	20～80	>80
允许误差（%）	±3	±5	±3

五、思考题

(1) 赫兹伯格染色剂对各种纤维具有哪些呈色反应？使用时应注意哪些问题？

(2) 简述棉、韧皮类纤维的形态特征。

实验十　纸张中水分的测定

水分的测定是纸张检验中一项必不可少的重要指标。纸张中的含水量是随着空气中的相对湿度而发生变化的。当空气中的相对湿度增大时，纸中水的含量要与空气中的湿度相适应，就必须从空气中吸收水分才能维持水分平衡。纸中水分含量增加，会加速纤维素水解，引起纸张质量和强度的下降，环境湿度加大到一定程度会滋生霉菌和害虫。纸中水分的测定，是指纸在规定的烘干温度（105±2℃）下烘至恒重时，所减少的质量与原试样质量之比，以百分数表示。

一、实验目的

纸中的水分多少影响着纸的化学性能和物理性能，因此，有必要掌握纸中水分的测定方法；学会纸中水分的测定，改善档案的保管条件。

二、实验原理

纸张水分测定采用FD—G1型高周波纸张水分仪，如图1—12所示。

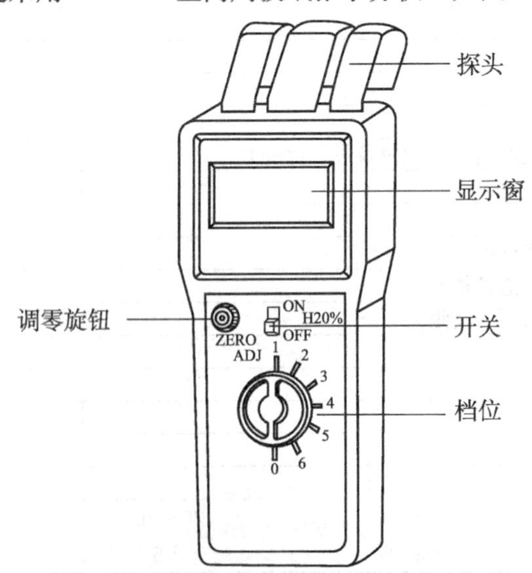

图1—12　FD—G1型高周波纸张水分仪

仪器采用高周波原理，数字显示、传感器与主机合为一体，设有 6 个档位用来测量各种纸张、纸板、瓦楞纸、纸箱、浆板的水分。

其工作原理如下（见图 1—13）：

此仪器机内设有一固有频率，被测物水分不同，通过传感器传进机内频率不同，二频率比较之差通过频率电流转换器转换成电流，再通过模数转换器转换成数字显示。

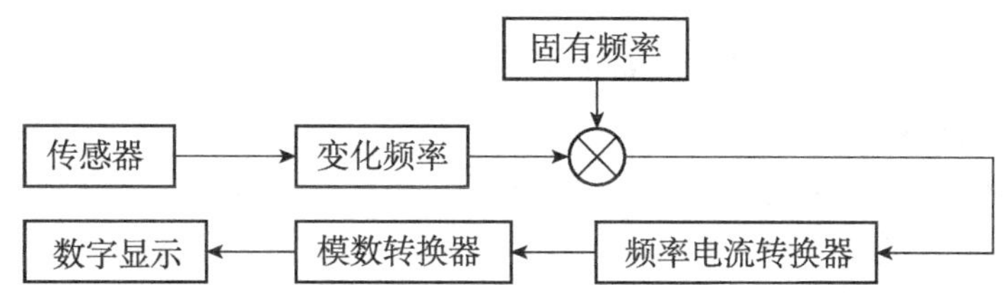

图 1—13　FD—G1 型高周波纸张水分仪的工作原理

三、实验仪器及材料

(1) 分析天平（感量 0.001g）。

(2) 粗天平（分度值为 0.2g）。

(3) 扁形称量瓶（要求密封性好）。

(4) 干燥器。

(5) 恒温烘箱（能调制恒温为 105±2℃）。

(6) 纸张水分测量仪。

四、实验步骤

(一) 干热失水测量法

在粗天平上称取大约 2g 的纸样，然后再精确称取已撕成 5mm×5mm 的试样 2g（误差不超过 0.000 1g），放入已烘干至恒重的扁形称量瓶中。打开称量瓶盖，连盖一起放入烘箱中，在 105±2℃下烘至 2 小时后，在烘箱内盖好盖子，取出并移入干燥器中冷却半小时再称量。以同样的程序再次放入烘箱中烘至 1 小时，然后取出移入干燥器中，冷却半小时后称重。重复上述操作，直至恒重。

注意：撕纸时要戴上手套，而且不能用任何工具撕纸。

实验结果及要求。

计算公式：

$$水分\% = \frac{G_1 - G_2}{G_1 - G} \times 100\%$$

式中：G_1——称量瓶与试样烘干前重量；

G_2——称量瓶与试样烘干后重量；

G——称量瓶重量（烘箱中烘至恒重）。

试样应平行作两个，取其算术平均值作为测定结果。两次测定值之间的误差不得超过0.2%。

（二）纸张水分测量仪测定

（1）根据被测物不同选择档位。

1档：铜板纸、复印纸、传真纸。

2档：新闻纸、白板纸、涂布板纸。

3档：瓦楞纸、书写纸、牛皮纸、箱板纸。

4档：50克以下纸张。

5档：浆板纸。

6档：纸箱、瓦楞纸板。

（2）手持仪表（探头勿与被测物接触），打开开关（将开关拨到ON），数字显示在±00.5以内，若不在其范围内，应慢慢调整调零旋钮，使数字显示在±00.5以内即可。

（3）测量：将探头压紧纸面（纸厚应在1cm以上），传感器圆头与纸面接触为一直线，即仪表与纸张保持平行，打开开关（将开关拨到ON），待数字稳定后，显示的数字为被测物水分值。

注意：由于高周波有较强的穿透性，因此，在测量时被测物底部及周围不能有铁板或磁铁。

五、思考题

如何计算纸中的水分含量？

实验十一　纸张中α-纤维素的测定

纸张的基本成分是纤维素，纤维素的物理、化学性质决定了纸张的耐久性。纤维素的化学性质稳定，不溶于水，也不溶于有机溶剂及弱酸、碱等。在适宜的温湿度条件下，纸张能保持正常的含水量，从而有效地保持耐久性。

α-纤维素的测定，通常采用重量法，用17.5%氢氧化钠溶液处理试样，根据处理后所得不溶残液量来求得α-纤维素的量。

用重量法测定α-纤维素，因操作条件不同（如试样的制备方法，碱液浓度、处理湿度及时间，已分离的纤维素过滤及洗涤的方法），所得的结果也不同。因此，要获得准确的结果，必须严格地控制实验所规定的条件。

一、实验目的

掌握纸张中α-纤维素的测定方法，可以判断档案纸张的质量及耐久性，检查纸张损坏的程度，在档案修复时，科学地选用纸张。

二、实验原理

α-纤维素的测定方法，有重量法及滴定法。用17.5%氢氧化钠溶液处理试样，根据处理后所得不溶残渣量以求得α-纤维素量，此法称重量法。一般多采用重量法测定α-纤维素。

三、实验仪器及材料

（一）实验仪器

（1）分析天平（感量0.001g）。

（2）恒温水浴（温度控制在20±0.5℃）。

（3）恒温烘箱（温度控制在105±2℃）。

（4）吸滤瓶。

（5）玻璃滤器（1G1或1G2型）。

（6）扁头玻璃棒（一端压扁，直径为1.5cm）

（7）烧杯：150ml或100ml，两个。

（8）量筒：50ml、100ml各一个。

（9）洗瓶：一个。

（10）表面皿：两个。

（11）温度计、比重计各一支。

（二）实验材料

1. 17.5%氢氧化钠溶液及9.5%氢氧化钠溶液

配制方法：将化学纯的（固体）氢氧化钠溶于等量新煮沸并已冷却的不含CO_2的蒸馏水中，静置5～10天，以使Na_2CO_3以及其他残渣沉积，然后用虹吸法吸出上层清液，用比重计测定其在20℃时的比重。根据测定结果，加入适量不含CO_2的蒸馏水稀释之，调节至所需比重，以制得17.5%及9.5%氢氧化钠溶液（17.5%氢氧化钠溶液在20℃时比重为1.192；9.5%氢氧化钠溶液在20℃时比重为1.103）。

2. 2N醋酸

配制方法：量取120ml醋酸（比重1.05）于盛有870ml水的1 000ml的容量瓶中，稀释至容量瓶标明的刻度（每个试样仅需5～10ml）。

四、实验步骤

将试样沿纵向撕成小块，放入已恒重的称量瓶中，用减量法精确称取1g的试样（精确至 0.000 1g），将已称准的试样放入 100ml 或 150ml 杯中（平行作两份试样）。用干量筒加入 15ml 浓度为 17.5%的氢氧化钠液浸渍纸样。碱液按下列程序加入：先加入约 8ml，用扁头玻璃棒小心搅拌 2～3 分钟，使之成为均匀的糊状物，再将剩下的一部分碱液加入；同时均匀而仔细地搅拌 1 分钟，并应避免剧烈的搅拌。然后，盖上表面皿，放在 20±0.5℃的恒温水浴内进行丝光化作用（用 17.5%氢氧化钠液处理纤维素的过程叫丝光化作用）。45 分钟后（包括碱液浸渍时间，即从加碱时算起），立即加入 15ml 20±0.5℃的蒸馏水于烧杯中，小心搅拌 12 分钟，然后将烧杯内的糊状物移入已恒重并称过重量的玻璃滤器内，使其均匀铺于滤器内，再用真空泵缓缓吸滤。

在滤液将近滤尽时，加入 20±0.5℃的 9.5%氢氧化钠溶液洗涤烧杯和滤器，每次 10ml 左右，洗涤三次。每次洗涤在前一次洗液将滤尽时，即加入新的洗涤液，避免空气通过。洗涤时间应为 2～3 分钟。当全部洗涤液滤尽后，再用 100ml 20℃蒸馏水分次洗涤纸糨糊状物，在不使用真空吸滤的情况下，加入 18～20℃的 2N 醋酸溶液于滤器中，至 α-纤维素全被浸泡（5～10ml）。浸泡 5 分钟后，再用吸滤法滤去醋酸溶液（因碱不好洗，酸好洗，经过酸浸泡后，可加速把碱彻底洗净）。洗涤完毕，继续吸干水分，至滤器下端无水滴为止。取下滤器，用蒸馏水冲洗滤器外部，并移入烘箱中，温度控制在 105±3℃，烘干至恒重（2～3 小时），滤器增加的重量即为 α-纤维素的重量。

五、实验结果及要求

（1）计算公式如下：

$$\alpha\text{-纤维素含量（\%）}=\frac{G_1-G}{G_2（1-W）}\times 100\%$$

式中：G——空玻璃滤器重（单位：g）；

G_1——试样重（单位：g）；

G_2——盛有已烘干的 α-纤维素的玻璃滤器重（单位：g）；

W——试样水分含量（%）。

（2）试样平行作两个，取两次测定的算术平均值。精确至第二位小数，两次测定计算值间误差不应超过 0.40%。

（3）测 α-纤维素的同时，取同样试样测纸中水分含量。

六、思考题

（1）掌握 α-纤维素测定原理，为什么选择浓度为 17.5%的氢氧化钠溶液？测试中应注意什么？

（2）计算 α-纤维素的含量。

实验十二　纸张酸度的测定

纸张中的酸是引起纸张老化的最主要因素。纸张中的酸主要来源于造纸过程的添加物、空气中的酸性有害气体等。酸会使纤维素降解，以致引起纸张强度降低。酸的浓度越大，纸张老化变质越严重。因此纸张的酸性大小，是衡量纸张性能的一项很重要的指标。

一、实验目的

纸张含酸是影响其耐久性的主要内在因素之一，掌握测定纸张酸度值有利于改善档案的保护条件。

二、实验原理

纸中酸度值的测定，可采用冷法或热法抽出液来测定。其测定原理为：2g试样用100ml冷的或沸腾的蒸馏水抽提1小时，在20～25℃时测定抽提液的氢离子浓度，以pH表示。

冷抽法测定纸张的pH值易于接近纸的正常pH值。热抽法比冷抽法采用得广泛。一般用松香胶施胶的纸，用热抽法比冷抽法测的值低；这是由于铝盐高温水解度增加的缘故。但用三聚氢胺甲醛树脂处理的纸，热抽法测的pH值比冷抽法高；因为树脂水解，生成碱性物质，使抽出液的pH值增高。因此，采用不同的方法测定纸中的酸度值其结果是有差异的。所以，在填写实验报告时要注明所选用的测酸方法。

要获得档案纸张准确的pH值数据，需破损档案进行测试，在不破损档案的情况下，即可测定纸张表面氢离子浓度的高低，这是指纸表面润湿时所测得的pH值。

酸度计利用电分析法，即电位分析法，通过精确测量电池的电动势，根据能斯特方程直接测定待测离子活度。

（1）仪器（pHs—25C型酸度计）结构，如图1—14所示。

（2）仪器的显示屏有多种参数和状态显示，如图1—15所示。

（3）键盘。仪器共设有5个键。

[ON/OFF]：电源键，开启、关闭电源。

[MODE]：功能键。pH、mV、Temp测量模式切换；在“CAL”状态下，按[MODE]键，返回pH测量模式；连续按[MODE]5秒钟，仪器恢复出厂设置。

[CAL]：校准键，显示电极低斜率值。

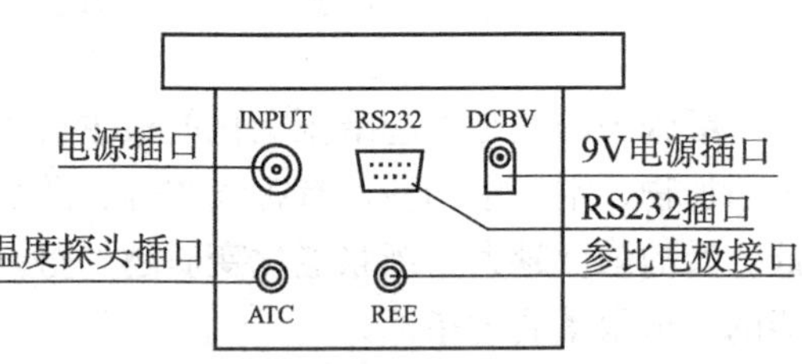

图 1—14 酸度计

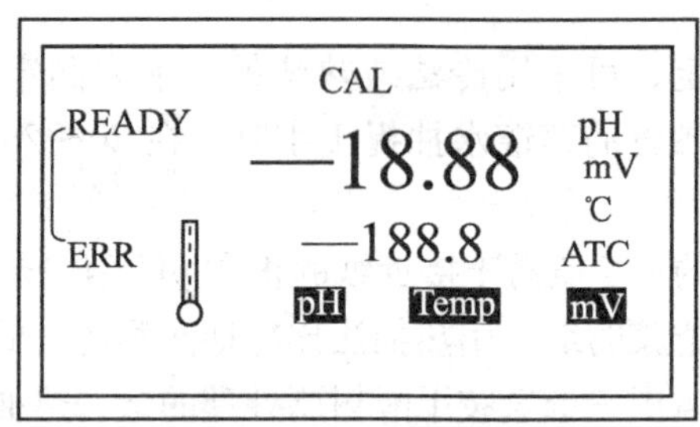

图 1—15 状态显示

CAL：校准状态显示，仪器在校准时显示“CAL”。

READY：当电极信号稳定后，仪器显示“READY”。

ERR：当仪器校准时出错或测量超量程时显示“ERR”。

ATC：自动温度补偿指示，当温度探头插上时显示“ATC”。

▭----○：电极状态显示，4 格时性能优良，当低于 1 格时建议更换电极。

[▲]：向上滚动键，在手动温度补偿时，提高设定温度；在“CAL”状态下，选择校准模式。

[▼]：向下滚动键，在手动温度补偿时，降低设定温度；在“CAL”状态下，选择校准模式。

测量时显示出被测溶液的 pH 值。

三、实验仪器及材料

（一）实验仪器

(1) pHs—25C 型酸度计。配 PH 复合电极（由敏感玻璃电极和银—氯化银参比电极复合而成的电极），适用于测量抽提液的 pH 值。配 PH 平面复合电极（由玻璃平面电极和参比电极复合而成的电极），适用于无破损方法测量纸的表面 pH 值。

（2）台秤。

（3）水浴锅（温度控制在 100℃）。

（4）锥形瓶、容量瓶、橡皮塞、烧杯、量筒、玻璃棒、表面皿、温度计、移液管、抽提器（无抽提器时可采用 250ml 锥形瓶，上边接 60～70cm 长的玻璃管，作为冷凝器用）。

（5）自制封闭罩一个，硅胶垫一块，如图 1—16 所示。

（6）计时器。

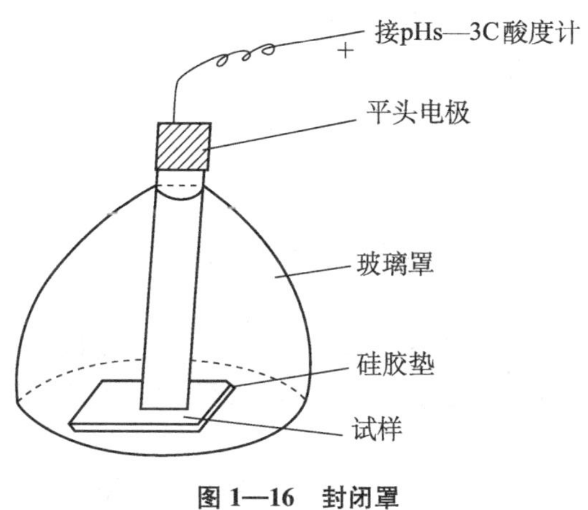

图 1—16 封闭罩

（二）试剂

标准缓冲溶剂：pH＝4.00（25℃）

pH＝6.86（25℃）

四、实验步骤

（一）冷抽法实验步骤

准确称取 2g 试样（平行作两个试样），称准至 0.1g，将试样撕成 10mm×10mm 的小块置于锥形瓶中，用移液管量取 100ml 蒸馏水注入此瓶中，使试样全部浸泡在水中。用磨口玻璃塞塞好锥形瓶。也可以将试样浸泡在烧杯中，用表面皿盖住，在 20～25℃条件下放置 1 小时。在浸泡期间至少摇动一次。浸泡完毕后，不需过滤，将部分抽提液倒入小烧杯中，用酸度计进行测定。每个溶液测 2～3 次。

（二）热抽法实验步骤

（1）准确称取 2g 试样（平行作两个试样），称准至 0.1g，将试样撕成 10mm×10mm 小块置于锥形瓶中。

（2）用移液管量取 100ml 蒸馏水放入一个与装有试样的锥形瓶同样大小的

另一锥形瓶中，将冷凝管装在包有铝箔纸的橡皮塞的孔中（若用抽提器可直接装上冷凝管），将水加热近沸，移去冷凝管，将此近沸的水倒入装有试样的锥形瓶中，再重新接上冷凝管，在恒温水浴中煮沸 1 小时，温度控制在 95 ～100℃。

（3）加热 1 小时后，在不移去冷凝管的情况下，迅速冷却至 20～25℃，使小块试样沉到瓶底。不需过滤，将上部清液倒入小烧杯中，用酸度计进行测定，每个溶液测 2～3 次。

（4）酸度计的使用方法（限于冷抽或热抽）。

1）电极的使用方法和维护。

测量前取下电极浸泡瓶，将电极在去离子水中清洗干净，并查看电极前端玻璃球泡是否有气泡，如有，则应将电极向下轻轻甩动，以清除球泡内的气泡。

电极使用时，电极前端的敏感下部不能与硬物接触，任何破损和擦毛都会使电极失效。

电极测量完毕应套上浸泡瓶，浸泡瓶内为 3.3molKCL 溶液（不可用蒸馏水代替），电极频繁使用或较长时间不用时，请倒去浸泡瓶中溶液，将空浸泡瓶套上即可。

电极插头必须保持高度干燥和清洁，如有沾污可用医用棉花和无水酒精擦净并吹干。

电极敏感玻璃表面污染也会使电极钝化，此时应根据污染物的性质用适当的清洗液清洗。

2）测量溶液之前，首先对仪器进行校准。

pH 校准。

按［▲/▼］键：设置好溶液温度值。

同时按［MODE+CAL］键 2 秒钟，仪器进入三点校准模式。

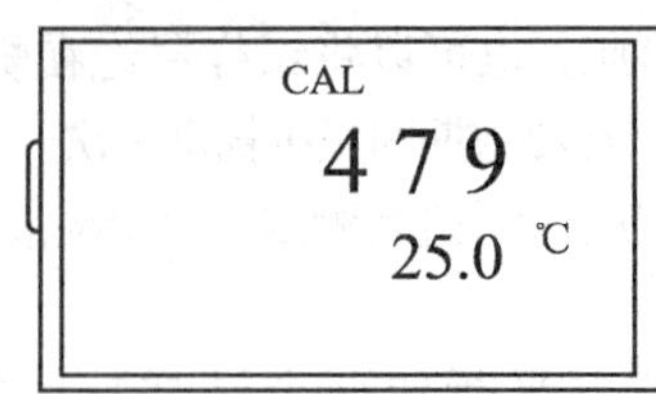

如要选择二点校准模式，按［▲］或［▼］键。

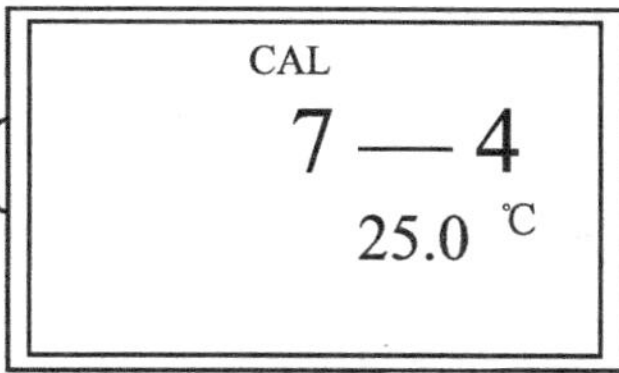

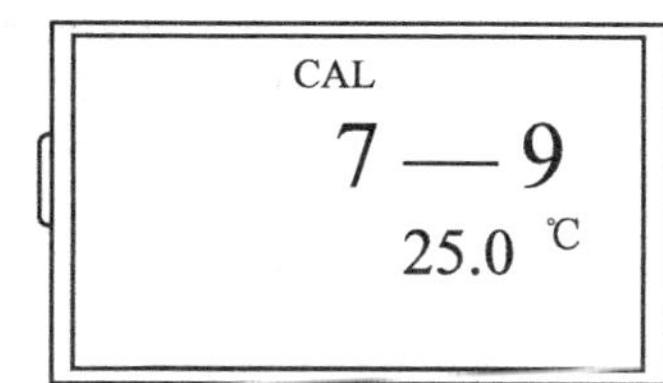

三点自动校准（4—7—9）。

选好校正模式后，按［CAL］键，仪器开始自动校准程序。按照仪器显示，选择对应的标准溶液，屏幕显示的是设定温度下标准溶液的 pH 值。

CAL
READY
6.86
pH
mV
—011

将电极用去离子水清洗干净并用滤纸吸干水珠，插入 pH 为 7 的溶液中。待读数稳定后按［CAL］键，仪器提示您需要使用下一个溶液（pH 为 4）。

CAL
READY
4.00
pH
mV
—178

说明：当电极从溶液中取出清洗或放错标准溶液时，会有出错提示“ERR”，这不是故障，只需将电极插入正确的溶液中即可。

将电极洗净并用滤纸吸干水珠，插入 pH 为 4 的溶液中，待读数稳定后按［CAL］键，仪器提示需要使用下一个溶液（pH 为 9）。

CAL
READY
9.18
pH
mV
125

将电极洗净并用滤纸吸干水珠，插入 pH 为 9 的溶液中，待读数稳定后按［CAL］键，仪器显示电极斜率值，然后切换到 pH 测量模式，校准结束。

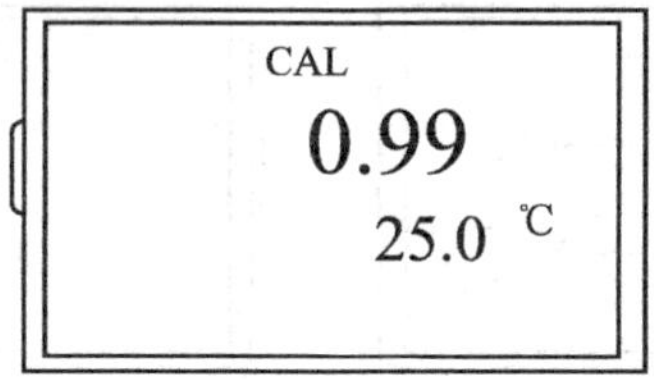

CAL
0.99
25.0 ℃

二点校准（7—4 或 7—9）。

选好校准模式（7—4 或 7—9）后，按［CAL］键，仪器开始自动校准程序。按照仪器提示，选择对应的标准溶液。操作方式同三点校正。

仪器标定后，即处于测量状态，将电极用蒸馏水冲洗干净，再用被测溶液冲洗电极，然后，将电极插入欲测的溶液中，摇匀待测。

揿下“读数”开关，电极所指的 pH 值，即被测溶液的 pH 值。

（三）无破损测纸张 pH 值的步骤

测量时换上平头电极。

（1）仪器标定。步骤同前。

（2）仪器标定完毕，即处于测量状态。首先，应用蒸馏水冲洗电极，并用滤纸吸干。

（3）打开自制封闭罩，将电极插入孔内。再将试样放入罩内软硅胶垫上，用带刻度的滴管加 20～25℃的蒸馏水 1～2ml 于纸面（蒸馏水的量以渗湿试样的面积比电极头面积稍大为标准），同时，按下秒表计时，迅速将罩盖上，让平头电极紧密地与被蒸馏水润湿的纸面接触，并给予一定压力，此时组成一个微小的测量体系。按下秒表 2 分钟后，开始进入测量阶段。

（4）按下酸度计的测量键，开始测量，显示屏上开始显示数值，至 30 秒后读出读数，此值为该试样的酸度值。

准备测下一试样时，应注意用蒸馏水彻底冲洗电极，以保证读数的准确性。

四、实验结果及要求

（1）在一张试样上取两点测试。用两次测定的算术平均值表示 pH 值，并精确至 0.1。

（2）用无破损法测定纸的 pH 值，应严格控制测量时间，以防止蒸馏水渗入纤维内部，影响测量的准确性。

五、思考题

（1）怎样使用酸度计？

（2）测定纸的表面 pH 值时应如何控制测量时间？为什么？

实验十三　纸张白度的测定

光照射到纸面上时，会出现吸收、反射、透射和散射现象，纸的这一光学性质，是纸张特性的重要组成部分。根据纸的光学性质而采取的检验纸张质量的方法有：纸的光泽度、纸的透明度、纸的不透明度以及白度的测定。通过对纸的光学性能的检验，可以了解到纸张老化的程度，以便采取保护措施，延长档案的寿命。

一、实验目的

掌握测定纸张白度的方法及仪器的使用方法。

二、实验原理

光照在纸面上的状况如图 1—17 所示。

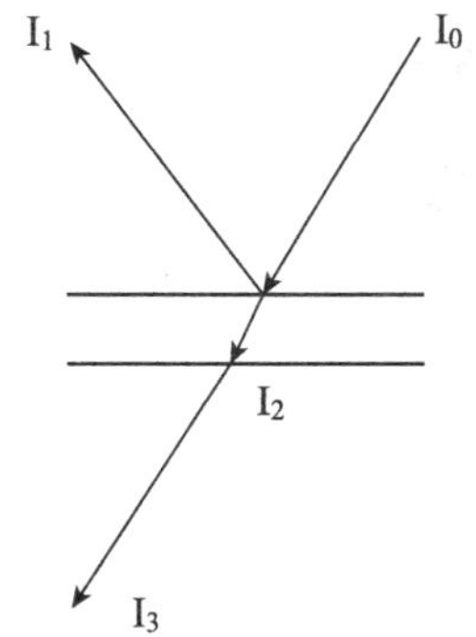

图 1—17　光照纸面的状况

I_0——照射在纸面上的光　I_1——反射光

I_2——吸收光　I_3——透射光

光泽度：光照射到纸面上时，一部分光从纸的表面上呈镜面反射出去，这个反射量的大小用光泽度表示。纸的光泽度关系到纸张是否有高度的表面平滑度和良好的印刷性能。印刷要求纸面有光泽，彩色胶印的纸张必须有高度的光泽度，才能表现出印刷品的色彩光亮。

透明度：光照射到纸上时，如果一束光全部透过，就说明纸是绝对透明的；反之，这束光透过纸的量低，则说明纸的透明度低。具有不同用途的纸张对于透明度的要求是不一样的，如描图纸就要求有一定的透明度，而新闻纸、书写纸则不能透明，否则，影响字迹的清晰度。

白度：是指纸张受到光照后全面反射的能力。白度也是颜色的一种。当光照射到纸上时，该纸颜色的漫反射光量大时，纸就越白，光的反射率达到 100%时，则纸为理想的白。根据不同的造纸工艺过程，以及纸的用途不同，所需求的纸的白度也是不一样的。因此，纸的白度测量就成为纸的产品检验项目之一。纸张的老化程度与白度有一定的相关性，老化程度越高，纸张越发黄，白度下降，因此测量纸张白度是判断纸张老化程度的一种定性方法。

影响纸张白度的原因一方面来自造纸植物纤维的蒸煮方法、原料成分、填料、施胶等，另一方面是由于纸的老化和热降解所引起的纸张由白变黄。通过对纸张白度的测量，可以掌握纸的老化程度。国际标准化组织（ISO）规定以爱利夫白度计作为测定纸张白度的国际标准仪。凡符合 ISO 标准规定的纸张白度称为 ISO 白度。我国目前采用 ZBD 型及 SBD 型白度计测定纸张白度值。为了尽可能采用国际标准，以 D_{65} 光源的蓝光反射因素（R_{457}）表示白度。白度值是以百分率来表示的。

WSD—3C 全自动白度计的结构如图 1—18 所示。

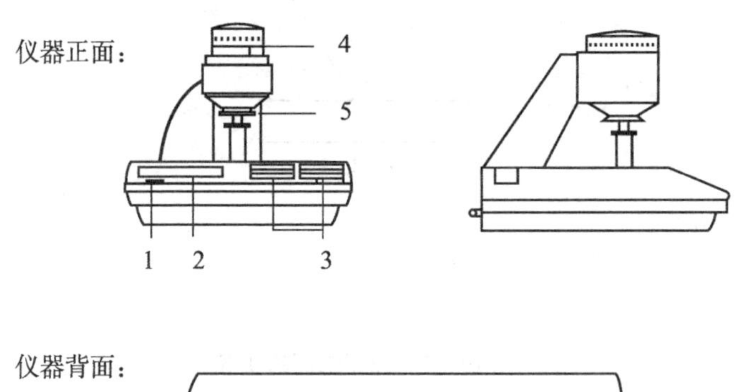

图 1—18　WSD—3C 全自动白度计

1——主机部分　2——液晶显示器　3——操作键盘　4——光学测试头　5——反射样品测试台　6——电源开关　7——电源线插座　8——保险管　9——打印机及通讯接口

白度计测量的光路如图 1—19 所示。

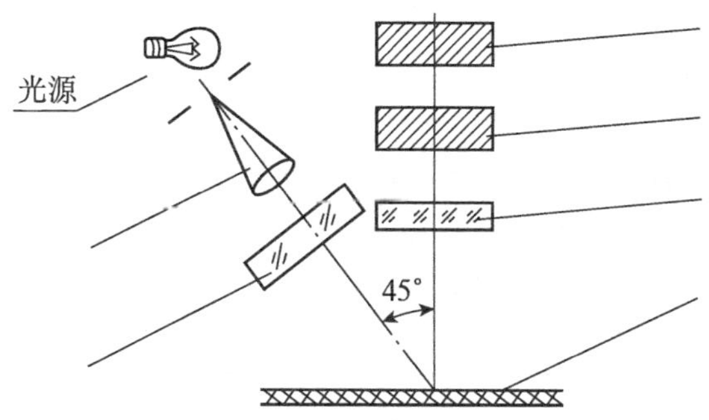

图 1—19　白度计测量的光路圈

白度计采用钨卤素灯作为光源。入射光经过入射光斑孔投射到聚光镜上，聚光后成平行光束。入射光束的轴线与样品表面线成 45°夹角照射在试样上，而在法线方向，由硒光电池接收试样漫反射的光通量。试样越白，光电池接收的光通量就越大，输出的光电流也就越大，试样的白度与光电池输出的光电流呈直线关系。在光源和试样之间有一滤光片，它吸收了波长 500nm 以上的可见光，而对波长从 360～440nm 的光，即蓝光、紫光、紫外光却有较高的透明度，当 360～440nm的光投射在试样上时，在试样的上方，即入射光的法线方向又有一个滤光片（第二滤光片），将紫光与紫外光消除，而使照射到光电池上的光仅仅为蓝光（波长为 440nm）。纸张在蓝光（457nm）照射下，反射能力最敏感，而且所测量的光反射率大小与人眼目测白度的高低最适合。因此，测量纸张白度采用蓝光法。纸的白度就是指白色或接近白色的纸表面对蓝光的反射率，以相对于蓝光照射氧化镁标准板表面反射百分率来表示。其白度计照明和观测条件如图 1—20 所示。

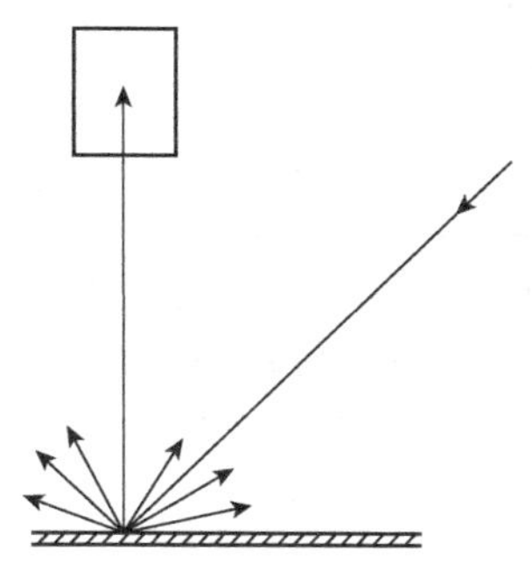

图 1—20　白度计的照明和观测条件

三、实验仪器及材料

(1) WSD—3C 全自动白度计。

(2) 标准白板。

四、实验步骤

(1) 将试样裁切成 100mm×100mm 的纸片 8～12 层，层数应以光不能透过为准，试样的表面一定要平整。

(2) 打开电源开关，仪器开始预热。

开机。液晶显示为

KANGGUANG WSD—3C 白度计

仪器面板上的七个红色发光二极管闪烁大约 15 秒钟，然后仪器发出蜂鸣声，自动进入调零状态。

调零操作。当仪器液晶显示器显示

调零 请放黑筒按［执行］键

并且调零指示灯“调零”亮时，可进行调零操作。左手轻轻压下测试台，右手将调零用的黑筒放在测试台上，对准光孔压住，按［执行］键仪器开始调零，显示为

正在调零

当仪器发出蜂鸣声时，提示调零结束，进入调白操作。

调白操作。调零结束后，仪器显示为

调白 请放白板按［执行］键

同时标准灯亮，提示可进行校对标准（调白）操作。这时将黑筒取下，放上白板，对准光孔压住，按［执行］键，仪器开始调白。液晶显示为

正在调白

当仪器发出蜂鸣声时，仪器调白结束。进入允许测试状态（测量样品）。

测量样品。调白结束后，仪器显示为

> 测量样品
> 请放样品按［执行］键

同时“样品”灯亮，提示可进行样品测量。将准备好的目标样品放到测试台上，对准光孔压住，直接按［执行］键即可测定其白度值。当按下［执行］键后，仪器显示为

> 测量样品　　　第 1 次

表明进行第一次测量，当蜂鸣器响时，指示测试结束，显示为

> 测量样品　　　第 1 次
> 显示/打印

如果再次按下［执行］键，则仪器再次进行测试，显示的测量次数为“2”，依次类推，最多可测定 9 次。其测定的结果将与上几次测定的结果做算术平均值运算，直到按下［显示］键显示测量结果，这个测量结果为所测次数总平均数。连续按［显示］键可显示所有的数据。

按［打印］键可直接打印出显示的测定结果（或已与计算机相连，可把测量结果发送给计算机）。传输过程中按任意键可以返回，仪器显示为

> 正在打印
> 按任意键返回

然后，自动回到显示数据状态。

继续测量样品。按［复位］或［样品］键，仪器可以回到测量样品状态。

> 测量样品
> 请放样品 按［执行］键

（3）以 100mm×100mm 的正方形纸片的一边为纸的纵向，将纸片叠放 8～12 层。然后，以正方形纸片的对角线与仪器的前后方向平行的位置放在“测试台”上，开始测试样品最上面一层的白度值。得到数值后取下最上面的一层试样放在这一叠试样的底部，重复测试第二张试片。用同样方法依次测试 3～5 张试片。记下测量试样的白度值，并取测定值的算术平均值。

注意：当仪器处于测量或显示数据状态时，如果按下［调零］键或［标准］键，则仪器回到调零或调白状态。在测量过程中，如果发现数据偏差较大，应重新调零或调白。

五、实验结果及要求

(1) 根据试样的正反面测试 3～5 张试片，并取其算术平均值。

(2) 由于仪器的线性误差引起的测试数据的误差较大，因此，可以采用不同白度的白板来标定仪器来克服。纸的光泽度对白色的测试结果也有一定的影响，光泽度越大，对纸的影响也越大。

(3) 造成测试样品误差的另一原因是，测试时试样在仪器上放置的方向所引起的误差。目前标准方法规定，测试时纸张的纵向与仪器入射光线应平行。这样导致测试的白度值与按照纸的横向所测定的白度值差别很大。因此，要想使测试结果准确，应该对纸的纵向和横向、正面和反面都进行测试，并取算术平均值，但这样导致测量工作量太大。因此，采用试样沿纵向 45°角测定白度值的方法比较科学、准确，而且操作也比较简单。

(4) 试样测量之前，用干净白纸包好，以免将试样弄脏。

六、思考题

影响白度测试结果的因素是什么？应如何避免？

实验十四　字迹材料颜色测定

档案字迹材料有墨、墨水、圆珠笔、油墨、复写纸油墨、印刷油墨、彩色油墨、印油等。它们以不同的色彩表现于载体上。这些字迹之所以能呈现不同的颜色，是由于字迹材料的色素成分吸收了光谱中不同波长的光，从而产生红、绿、蓝、黑的色彩。色素成分影响着字迹材料的耐久性。字迹材料受到光、温度、湿度等条件的影响，颜色会发生不同程度的褪变。例如，以染料作为色素成分的字迹材料，如纯蓝墨水、红墨水等，受光照射后，鲜艳的颜色会变得暗淡，甚至褪变到无颜色。通过仪器进行测量，才能对颜色的变化用量值来加以评述。颜色的测量，就是依据色度学的原理，对字迹材料进行光老化、热老化处理后，测定字迹颜色老化前后的变化情况，用数值表示字迹颜色之间的差别。

一、实验目的

通过色差计测量字迹颜色，了解档案字迹褪变的程度，从而采取有效措施，加强档案的保护工作。

二、实验原理

物体有不同的颜色，这是由于在光的照射下物体有选择地吸收和反射的结果。因此，人眼所能看到的物体的颜色与两个条件有关。一是物体对光的吸收反射的能力，如字迹颜色是蓝色，被光照射后，字迹会吸收绿光和红光，而反射出蓝光；又如字迹颜色是红色，当光照射字迹时，字迹会吸收其他色光，而反射出红光。二是光源的颜色对物体颜色的影响。同一光源，由于物体对光的吸收反射不同，而使物体呈现不同的颜色。那么同一物体虽然它的吸收、反射情况相同，但如果光源发生变化，物体的颜色也随之发生变化。如：白光下看绿色的字迹，呈绿色；而在暗室红灯下看绿色字迹则不一样，几乎是黑色。

物体的颜色具有三个基本特征：色调、明度、饱和度。它们是区别物体颜色的主要标志。

色调是色彩借以彼此相互区分的特征。色调决定于该光线的波长，不同波长的光波，给人的眼睛以不同的感觉。不同的色调可以用光谱中的不同波长表示。

明度是人眼对色彩的明亮感觉。物体的表面光反射率越高，它的明度越高，人的眼睛感觉越明亮。相同颜色的物体，由于明亮程度不同，颜色会有深浅之别。明度是沿坐标垂直方向而变化的，越往上色彩越明亮，越往下色彩越暗淡。

饱和度是指颜色的纯度。颜色中含白色成分越多，物体的颜色越不饱和；颜色中含彩色的成分越高，物体的颜色越饱和。

物体的颜色只有在阳光辐射刺激人的眼睛时，才会引起视觉反应，因此，颜色与光的辐射有关，又与人眼的视觉生理和心理特征有关。一般根据颜色的色调、明度、饱和度的特征，就可以标出颜色。由于工作对象和实际的需要不同，世界上有各种各样的表示颜色的系统。为测定“档案字迹材料颜色的褪变”，我们选用“CIE标准色度学系统”（CIE—*XYZ* 系统），这是国际照明委员会（CIE）所规定的颜色测量方法。

CIE—*XYZ* 系统是国际照明委员会所规定的一套颜色测量方法。由于每一种颜色都能用三种原色适当地混合而组成，而人的视觉又具有相应的对这三种色光的感受能力，所以用三刺激值来表示颜色，即 *XYZ* 表色系统。*X* 代表红原色刺激值，*Y* 代表绿原色刺激值，*Z* 代表蓝原色刺激值。

为了便于用图表示三刺激值，CIE 规定用下式求出三色系数，即色品坐标，如图 1—21 所示。

根据 x、y 值可画出以 x 为横坐标，y 为纵坐标的色品图，代表由红到紫的所有光谱颜色。测得任何一种颜色的三刺激值——X、Y、Z，便可求出 x、y 的色品坐标值，根据坐标样品在色品图中该颜色点的位置，即被测样品的色调，确定颜色的明暗程度的这一特征，一般采用 L 值作为明度值，以反射率的形式表示出来。

CIE—$L^* a^* b^*$ 表色系统：根据色品坐标图，可以准确地表示被测样品的颜

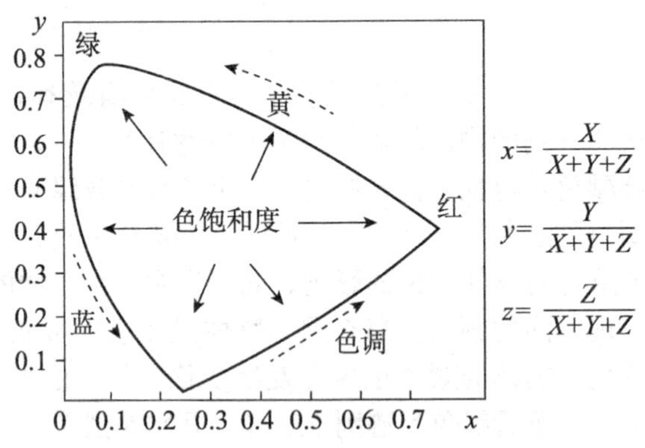

图 1—21　*XYZ* 表色系统色度图

z 值代表立体坐标中的一个方向，图中之所以只提到 *x*、*y*，是因为在档案纸张实验中只需要画平面坐标即可。

色。如果比较两种颜色，通过色品坐标图是得不出准确的判断的。这是因为在 CIE 色品坐标图中，颜色点距离的大小与颜色视觉差别的大小不一致。为此采用 L^*、a^*、b^* 表示颜色数值，可以用一个颜色空间来描绘。

L^*、a^*、b^* 值是由 *X*、*Y*、*Z* 三刺激值计算得来的。

$L^*a^*b^*$ 是由互相垂直的坐标点组成的一个球体色空间，如图 1—22 所示，球心为坐标原点。L^* 是垂直坐标，是亮度的计量单位。色变化由下至上变明亮，当 L^* 值为 0 时，则物体吸收光，呈黑色；当 L^* 值为 100 时，则表示物体全部反射光，呈白色。a^*b^* 组成的平面坐标包括色调和色饱和度计量单位。从 $L^*a^*b^*$ 色度图（如图 1—23 所示）看出，a^*、b^* 表示不同的色彩方向，即表示色度指数：a^* 表示红—绿方向，b^* 表示黄—蓝方向，a^* 为正值时，说明颜色偏红，a^* 为负值时，说明颜色偏绿。饱和度的变化从圆心到圆周变大，色调围绕着圆周变化。

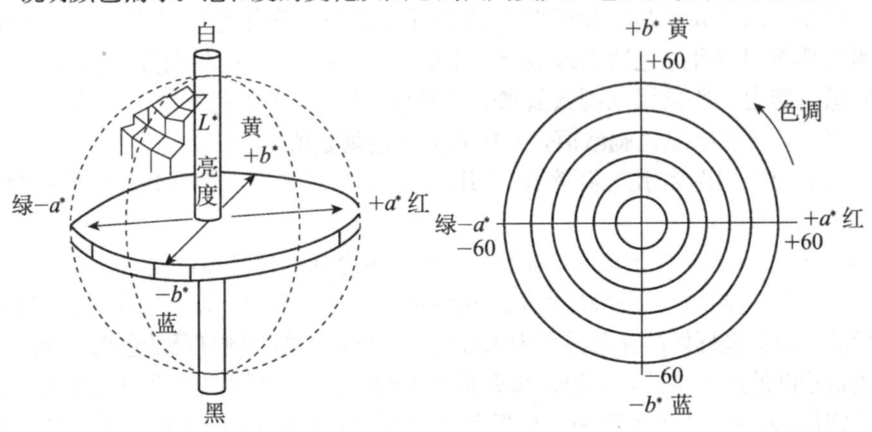

图 1—22　$L^*a^*b^*$ 表示的色度图

色差的测量：利用数值可以读出两种不同的色彩，并能通过色彩的数值来表示不同色彩之间的微妙差别，从而可以用数值表示色差。具体到我们测量色差是表示对档案的原始字迹颜色与褪变后的字迹颜色进行定量评价，用色差值（ΔE）表示。ΔE 表示 U^*、V^*、W^* 三维空间的两个颜色点之间的距离。它适用于观察者平均日光，在白色或灰色背景上观看同样大小的两种颜色，并能准确地表达两种颜色的视觉差异。通过计算公式，便能准确计算试样的色差值（ΔE）。

三、实验仪器及材料

（一）仪器

1. 色差计

随着科学技术的不断发展，目前测量颜色的仪器一般都配有计算机和数据处理系统，可直接准确地测量样品的数值。

(1) YQ—Z—48A 白度颜色测定仪如图 1—23 所示。

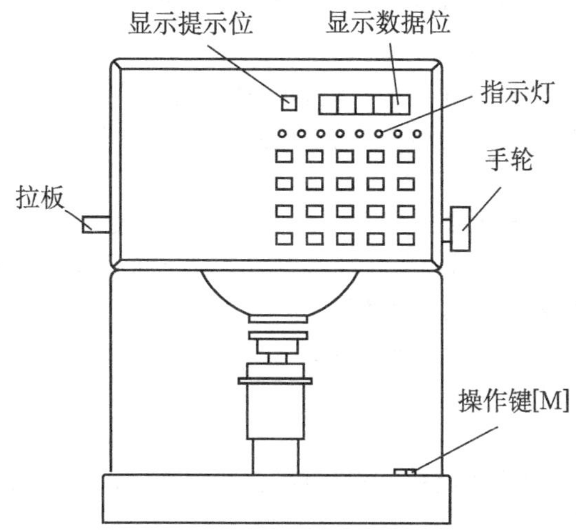

图 1—23　YQ—Z—48A 白度颜色测定仪

技术特性：YQ—Z—48A 仪器属 d/o 几何条件仪器（ISO 2469），即漫射照明垂直探测测量；模拟 D_{65} 照明体照明，采用 CIE 1964 补充色度系统和 CIE 1976（$L^*a^*b^*$）颜色空间色差公式。

测量样品区域：直径不小于 30mm，厚度不超过 10mm。

(2) 色差计的工作原理。

色差计是评价两种颜色彼此接近程度的仪器。它利用仪器本身设有的标准光源照明，能够对反射物体或透射物体进行精确的测量，并且能够快速地将两种样品的红、绿、蓝三色漫反射因数（R_X、R_Y、R_Z），色品坐标 x_{10}、y_{10}，刺激值 X_{10}、Y_{10}、Z_{10}，CIELAB 色空间明度指数 L^*，色度指数 a^*、b^*，彩度 C_{ab}，色调角 h_{ab}，明度

差 ΔL^*，彩度差 ΔC_{ab}，色调角差 ΔH_{ab} 和总色差 ΔE_{ab} 通过显示器显示出来。

2. 恒温烘箱

将被测样品放入温度控制在 105±2℃的恒温烘箱进行热老化处理，老化时间为 48 小时。

3. 150S 氙光老化仪

（1）150S 氙光老化仪的结构。

照射在试样上的光是由一支氙光灯产生的，灯的四周设有滤光片装置，此装置可以根据试样所需光的强弱任意调节。

温度控制。

试样仓中的温度是由氙光灯射线中的红外部分获得的。通过调节气流及红外过滤片装置，可使仓内温度高达 90℃。

相对湿度控制。

仓内由超声波喷雾装置进行加湿，相对湿度可调节到 95%，并且可以模拟雨淋。

试样仓内的样品夹，可以一次老化 20 个 135mm×45mm 的试样。试样架的转速为 5 转/分，试样架绕光源一次旋转，而且可以自身作 180°旋转，这样可以模拟昼夜交替的过程。若选择试样完全光照条件，试样架即停止自身 180°旋转，只绕氙光灯旋转。

此外，150S 氙光老化仪的最大特点是可以连续使用。若试样较多时，可分数次完成。试样可以在相同的温度、湿度等条件下进行老化实验。

（2）150S 筒光老化仪的工作原理。

150S 氙光老化仪是模拟大自然条件中的光（紫外光）、温度、湿度等条件对字迹材料进行加速老化的。

（二）材料

蓝圆珠笔油、红圆珠笔油、碳素墨水、红蓝墨水、复写纸（蓝色、红色）

四、实验步骤

（一）试样的制备

将字迹材料（墨汁、红墨水、蓝墨水、黑墨水、复写纸等）用毛笔分别涂布在统一的白纸上。

墨水采用流条法。取 120g/m² 胶版纸裁切成长 180mm，宽度为 30mm 的纸样若干份，固定于桌面呈 45°角的专用流条板上，用 0.5ml 刻度吸液管抽取墨水 0.3ml。在每一间等分的中间以管下端距纸上端 10mm 处与纸面垂直接触，使墨水自然流下，待其在无阳光直射的室内干燥 24 小时后，截取每等分的 45～95mm和 95～135mm 两部分作为试样块，每一试样块以 7：3 的比例分成两部分，大的部分作为被测样，小的部分为对照原样。此制作可参见图 1—24。

圆珠笔油墨和复写纸采用画线法。取 70g/m² 胶版纸裁成长 273mm，宽

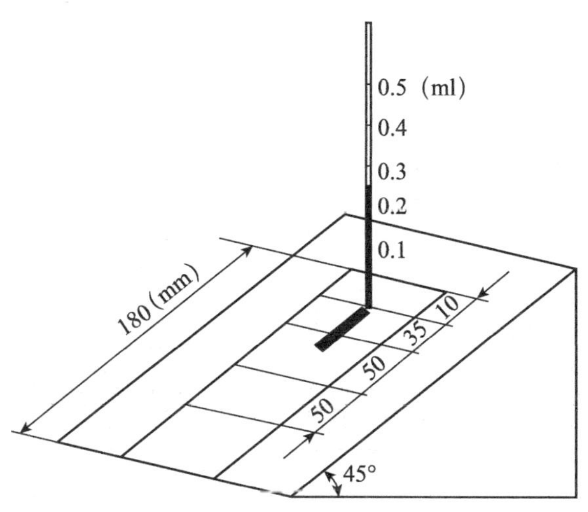

图 1—24　流条法制作试样示意图

197mm 的纸样，视需要在纸张中都分成或干长 50mm，宽 20mm 的试样块，在距试样上下宽度为 5mm 的中心带用被测字迹材料划不少于 16 条的平行线，在垂直方向划三部分（称作可测试区）分布较均匀宽度为 5mm、每一部分不少于 8 条的垂直线，每一试样块以 7：3 的比例分成两部分，大的部分作为被测样，小的部分作为对照原样，此制作可参考图 1—25。

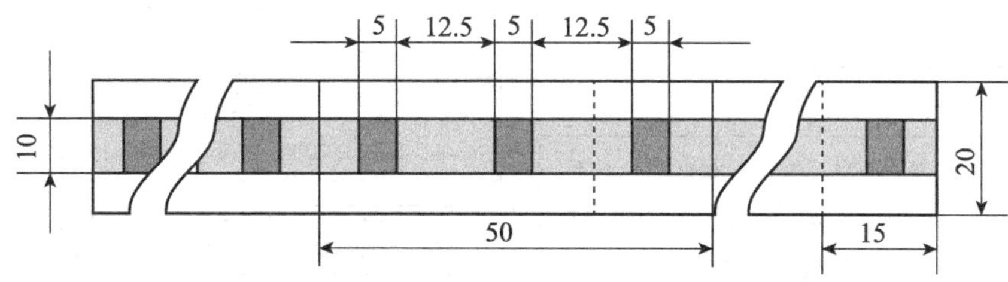

图 1—25　画线法制作试样示意图

每一种字迹材料平行作两个；一部分试样在 150S 氙光老化仪上作光老化处理，另一部分试样在烘箱中作热老化处理。待试样晾干后，标出测试点的位置。要求：

（1）老化前后测试点的位置应一致，否则影响测试数值的准确性。

（2）测试点的面积一定要大于测量头的出光孔径，并保证试样的表面平整，不被污染。

（二）试样的测量

在每一被测样的可测试区选取三个测试点，用色差仪测出初始色差值 ΔE_1 并记录，现以 YQ—Z—48A 白度颜色测定仪为例阐述使用操作，方法如图 1—26 所示。

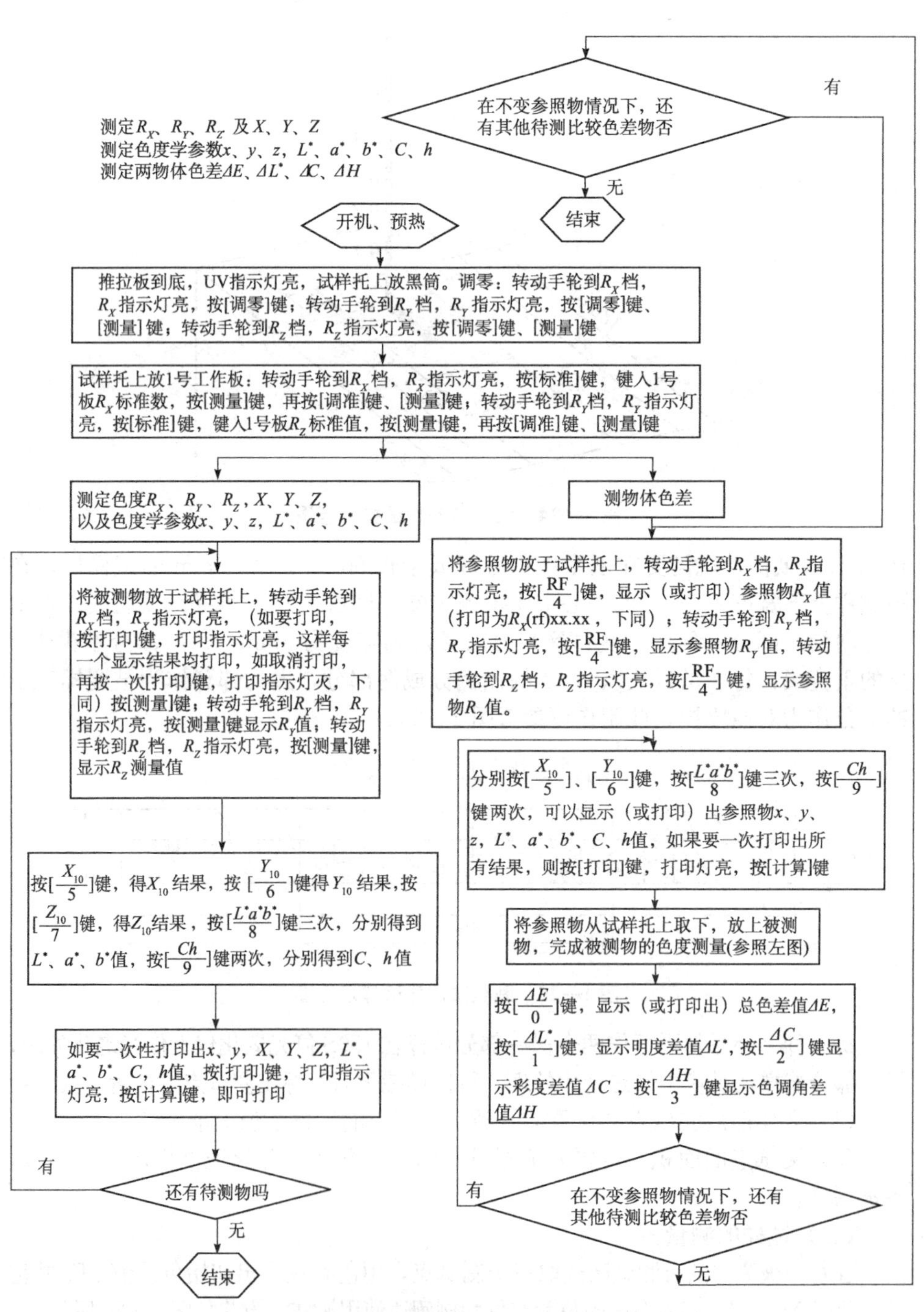

图 1—26　YQ—Z—48A 白度颜色测定仪操作流程图

第一个试样测试完毕，打印机便会打印出一组试样的所有数值。如：

$Y=$

$Y=$

$Z=$

$x=$

$y=$

$L^*=$

$a^*=$

$b^*=$

$\Delta E=$

…

将第二个试样放在测试台上，使测量头的光孔对准样品的表面压住。按下测量键，这时，显示屏上会出现第二个试样的数据。

如此反复操作，直至将所有不同字迹材料的试样全部测量完。将此数据保存好，待试样老化后作为颜色比较值。

（三）试样光、热老化处理

对测试完的试样分别进行光老化和热老化实验处理。其方法是：将一部分试样夹入 150S 氙光老化仪的试样夹中，采用紫外光照射 10 小时，在温度为 21±2℃、湿度为 38%的条件下进行试样处理，避光保存 24 小时后待测。

对另一部分试样作干热老化处理，将试样分别悬挂在恒温烘箱中，各被测样之间应有一定间隔，温度控制在 105±2℃，老化时间为 72 小时，实验完毕后，待箱内温度降至室温后取出，避光保存 24 小时后待测。

（四）测出老化后的色差值并记录

用色差仪测出老化后的色差值 ΔE_2 并记录。

五、实验结果及要求

计算每一被测样老化前后的三个色差值，从而得出每一试样的算术平均值。将所得的 ΔE 值与标准数据进行比较分析，从而认定被测字迹材料的耐久性。实验报告应注明仪器型号、照明观测几何条件等。

六、思考题

（1）怎样操作 150S 氙光老化仪和色差计？

（2）根据测量出的数值，在色度图中标出老化前及老化后颜色点的位置，并运用物体颜色的三个基本特征，叙述老化前后的颜色变化。

第二章 档案有害微生物防治实验技术

本章要点

- 霉菌的形态观察
- 培养基的制备和灭菌
- 微生物的接种、分离培养和保藏
- 环境因素对微生物的影响
- 防霉药效的测定

档案库房中生活的一些微生物属于仓库有害微生物，能够在档案库内的一般条件下生存，对档案造成一定危害，其中霉菌分布较广，危害较大，是危害档案的主要微生物，因此，认识对档案有害的微生物，了解它们对档案的破坏过程，掌握它们的生活习性，对防治有害档案微生物十分重要。

实验一　霉菌的形态观察

凡生长在营养基质上形成绒毛状、蜘蛛状或絮状菌落的真菌称为霉菌。霉菌的个体微小，需借助光学显微镜或电子显微镜进行观察。

一、实验目的

掌握霉菌的制片方法；观察根霉、曲霉、毛霉、青霉的形态特征。

二、实验仪器及材料

（1）显微镜、高压蒸汽灭菌锅、培养皿、载玻片、盖玻片、无菌吸管、U形玻璃棒、解剖刀、接种针、滤纸等。

（2）乳酸苯酚固定液（苯酚 10g、乳酸 10g、甘油 200g、蒸馏水 10ml）、20%甘油、培养基、无菌水。

（3）根霉、毛霉、曲霉、青霉。

三、实验步骤

（一）霉菌的观察方法

1. 一般制片观察法

（1）加一滴乳酸苯酚固定液于载玻片上，用解剖针从霉菌菌落的边缘处取少许带有孢子的菌丝于乳酸苯酚固定液中。

（2）用接种针将菌丝挑散开，盖上盖玻片，注意避免气泡的产生。

（3）镜检。用此法所制标本的细胞不易变形，不易干燥。乳酸苯酚具有杀菌防腐作用，可使标本保存较长的时间。

2. 载玻片培养观察法

为了观察霉菌在自然状态下的形态，常采用载玻片培养观察法，即接种霉菌孢子于载玻片上的培养基中，经培养后用显微镜观察。其方法如下。

（1）将略小于培养皿底内径的滤纸放入皿内，将U形玻棒放入，再将载玻片置于棒上。把两个盖玻片分别斜立于载玻片的两端，盖上皿盖。将如此装置的若干培养皿叠起，包扎好，灭菌备用。

（2）将6～7ml已灭菌的马铃薯葡萄糖培养基倒入直径为9cm的灭菌平皿中，待培养基凝固后，用无菌解剖刀将其切成约1cm^{2}的琼脂块并放在培养皿内的载玻片上，每片上放置两块。

（3）用接种针取少许菌种置于琼脂块的边缘处，将盖玻片盖在琼脂块上，然后将皿盖盖上。

（4）在培养皿内的滤纸上滴加数毫升无菌的20%甘油，直至滤纸湿润为止。

（5）将培养皿置于28℃的培养箱内培养。

（6）取出载玻片于显微镜下观察。

3. 玻璃纸透析培养观察法

此法是利用玻璃纸的半透膜特性和透光性，让霉菌生长在培养基表面的玻璃纸上，然后镜检。其方法如下。

(1) 加 5ml 无菌水于霉菌斜面试管中，洗下孢子，制成孢子悬浮液。

(2) 将已灭菌的、直径与培养皿大致相同的圆形玻璃纸覆盖于查氏培养基平板上。取 0.2ml 孢子悬液滴于玻璃纸上，并涂抹均匀。

(3) 在 28℃条件下培养 48 小时后，取出培养皿，用镊子将玻璃纸与培养基分开。

(4) 剪取一小片上述玻璃纸置于载玻片上，用显微镜观察。

(二) 几种霉菌的形态观察

1. 根霉的形态观察

(1) 形态特征。

根霉的菌丝为单细胞，不分隔。在培养基上营养菌丝体产生弧形的匍匐菌丝向四周蔓延，接触培养基处伸入培养基内呈分枝状的假根，从假根相反方向伸出直立的孢子囊梗，顶端膨大形成孢子囊，成熟的孢子囊呈球形，为无色、浅灰色或浅褐色，内有许多孢子。如图 2—1 所示。

(2) 观察方法。

用肉眼观察根霉在斜面或平皿上生长的情况。

置培养皿于显微镜下，用低倍镜观察孢子囊柄、孢子囊、假根。

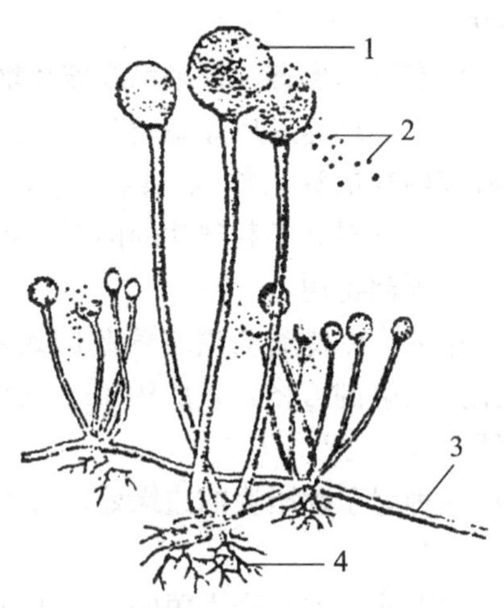

图 2—1 根霉的孢子生殖

1——孢子囊 2——散放出来的孢子 3——菌丝 4——假根

制片。滴加一滴乳酸苯酚棉蓝染色液于载玻片上，用接种针挑取少许菌丝体，加盖盖玻片，于显微镜下观察其孢子囊柄、囊轴、孢子形状和厚垣孢子等形态。

2. 毛霉的形态观察

(1) 形态特征。

毛霉的菌丝无隔，菌丝体能在基质上或基质内广泛蔓延，其菌落呈棉絮状。毛霉无假根和匍匐菌丝，孢子囊直接由菌丝体生出，单生或分枝。顶端膨大的孢子囊呈球形，囊壁上常有针状的结晶。如图 2—2 所示。

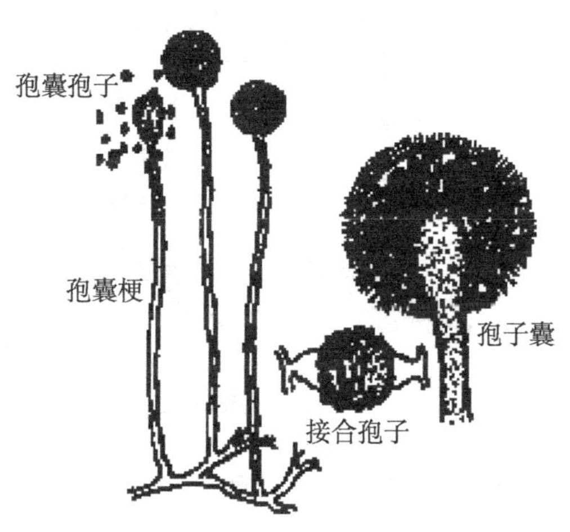

图 2—2　毛霉示意图

(2) 观察方法。

用肉眼观察毛霉在斜面或在培养皿上生长的情况。

置培养皿于显微镜下，用低倍镜观察孢子囊柄的粗细、孢子囊的形状、大小、色泽。

制片（方法同上）。

3. 曲霉的形态观察

(1) 形态特征。

曲霉的菌丝为多细胞，有分隔。接触培养基的菌丝分化出厚壁的足细胞，并由此向上长出直立的分生孢子梗，梗顶端膨大成半球状的顶囊，在顶囊表面以辐射方式长出一层或双层的小梗，小梗顶端分生孢子串生，使顶端呈菊花状。分生孢子为球形或柱形，有黄、绿、蓝、棕、黑等色。如图 2—3 所示。

(2) 观察方法。

用肉眼观察曲霉在斜面或平皿中生长的情况。

置培养皿于显微镜下，观察曲霉分生孢子的形状。

制片。观察菌丝有无横隔以及分生孢子着生的情况。

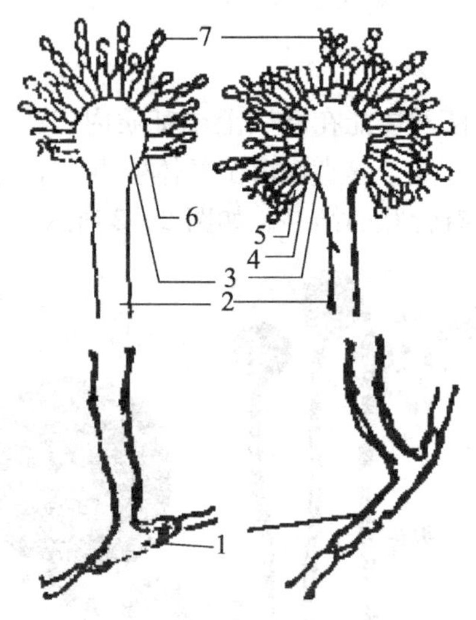

图 2—3　曲霉各部示意图

1——足细胞　2——分生孢子梗　3——顶囊　4——初生小梗
5——次生小梗　6——小梗　7——分生孢子

4. 青霉的形态观察

(1) 形态特征。

青霉的菌丝有分隔，无足细胞和顶囊。青霉的分生孢子梗由营养菌丝分化而成，分生孢子梗顶端有多次分枝，最后的分枝称为小梗。由小梗上生出成串的分生孢子，形似帚状。分生孢子为球形或椭圆形，颜色一般为蓝绿色。如图 2—4 所示。

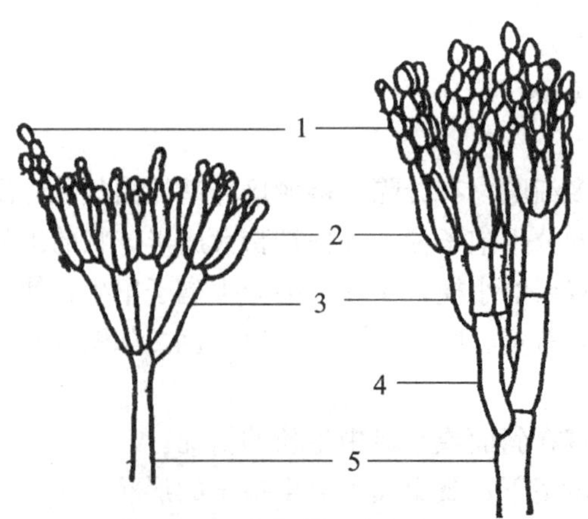

图 2—4　青霉的形态示意图

1——分生孢子　2——小梗　3——梗基　4——副枝　5——分生孢子梗

（2）观察方法。

用肉眼观察青霉菌菌落的颜色、组成的同心环及菌落背面的颜色。

用低倍镜观察培养皿中青霉菌帚状形态。

制片。观察菌丝的分隔情况，分生孢子梗、小梗、分生孢子的形状和颜色等。

四、实验结果及要求

（1）将所观察的霉菌绘图，并注明各部分的名称。

（2）列表比较各种霉菌在形态结构上的异同。

五、思考题

比较上述霉菌的形态。

实验二　培养基的制备和灭菌

培养基是根据微生物生长的需要，以人工的方法用多种原料调制而成的一种营养基质，它是有害微生物防治研究中必不可少的物质。培养基的制备技术主要包括：准备器皿、配制培养基、分装以及灭菌等。

一、实验目的

（1）掌握所用器皿洗涮、干燥的方法及灭菌前的准备工作。

（2）了解培养基的种类、特性，掌握其配制方法。

（3）掌握几种常用的灭菌方法。

二、实验仪器及材料

（1）高压蒸汽灭菌锅、电烘箱、天平、电炉。

（2）试管、培养皿、三角瓶、吸管、烧杯、漏斗、玻璃棒、牛皮纸、棉花、棉绳、止水夹、pH 试纸。

（3）配制牛肉膏蛋白胨培养基、查氏培养基、马铃薯葡萄糖琼脂培养基、麦芽汁琼脂培养基所需原料和试剂。

三、实验步骤

（一）器皿的清洗和包装

清洁的玻璃器皿是获得正确实验结果的重要条件。因此，在制备培养基前必须对所用器皿进行刷洗，有的则须包装。此项准备工作也是微生物实验人员最基本的操作技术。

1. 器皿的清洗

一般的玻璃器皿，如三角瓶、培养皿等，可用毛刷蘸洗衣粉洗去灰尘、油垢、无机盐类等物质，然后用自来水冲洗干净。对于洁净度要求较高的器皿，可先放于洗液中浸泡数十分钟，再用自来水冲洗，最后用蒸馏水洗涤2～3次，以水在器皿内壁均匀分布成一薄层而不出现水渍时为净。洗涤干净的玻璃器皿沥干或烘干后备用。

含有琼脂培养基的器皿，可先用小刀将器皿中的琼脂培养基刮除，或通过用水蒸煮，将琼脂融化，然后趁热将琼脂倒出，再进行洗涤。

载玻片与盖玻片在使用前应在2%盐酸溶液中浸泡1小时，然后用清水冲洗，最后用蒸馏水洗2～3次。洗净后烘干或浸于95%酒精中保存备用。

对于已使用过的载玻片和盖玻片，应先擦去其油垢，再放入洗衣粉溶液中煮10分钟，后立即用清水冲洗，烘干备用。

凡染菌的玻璃器皿，洗涤前应经高压蒸汽灭菌处理。

2. 器皿的包装

为了使灭菌后的器皿保持无菌状态，洗净干燥的器皿在灭菌前需进行一定的包装。

(1) 培养皿。5～10套叠放在一起，用牢固的纸卷成筒状，外面用糨糊粘住，以防散开，也可将培养皿放入专用金属圆筒内，然后进行干热灭菌。

(2) 吸管。在吸口的一端用铁丝或针塞入棉花少许（约1～1.5cm），以防止将菌吸入口中或把口内菌吹入吸管而造成污染。棉塞的松紧度以吹时能通气而不使管内棉花下滑为宜。此外，棉花不应露在吸管口的外面。裁宽度为4～5cm的纸条，将塞好棉塞吸管的尖端放在纸条的一端，以45°角折叠纸条，将管尖包住，然后一手握住管身，另一手将吸管压紧于桌面上，并向前滚动，以螺旋式包扎。将剩余的纸条折叠打结或用糨糊粘住。最后把包好的吸管分批成捆扎好，以备灭菌。

(3) 试管和三角瓶。管口和瓶口需塞棉塞。将塞好棉塞的试管放入筐内或用绳捆在一起，蒸汽灭菌时，棉塞外用牛皮纸包扎。三角瓶应用纸包扎棉花塞。若试管配有专用滤菌塑料帽，则可用来代替棉塞。

（二）培养基的配制

1. 配制培养基的一般过程

棉塞的外观和制作如图2—5和图2—6所示。

(1) 配制溶液。将所需水量的1/2～2/3放入容器，按照培养基配方，称取各种原料，依次加入容器内，并使之溶解。待原料完全溶解后，加水至所需量。

(2) 调整pH值。将溶液冷却至室温，用洁净的玻璃棒蘸一滴培养基，点于

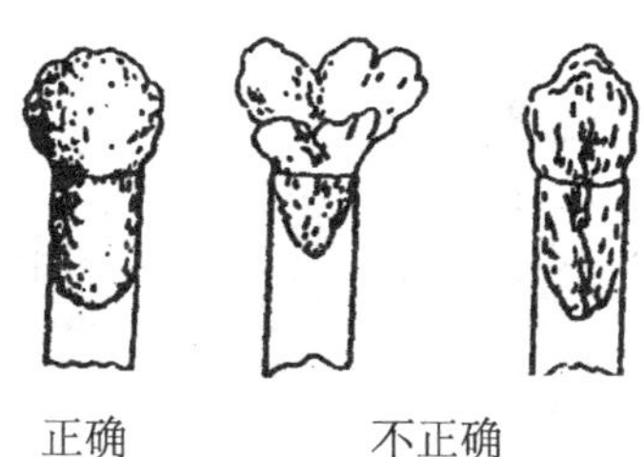

图 2—5　棉塞的外观

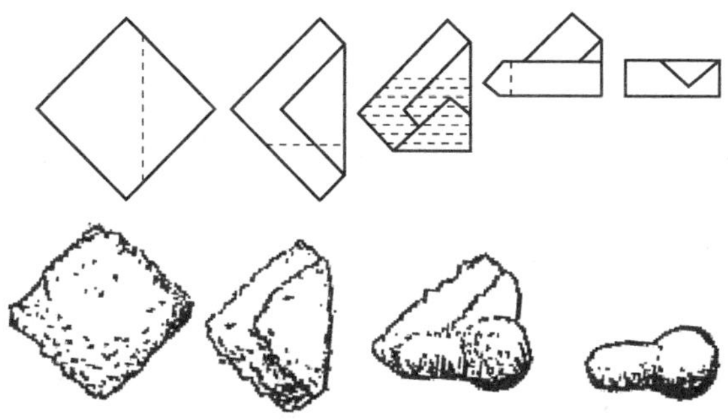

（折叠方向也可自上而下）

图 2—6　棉塞制作示意图

pH 试纸上，然后进行比色测定。对于有些对 pH 值要求较为精确的微生物，可用 pH 计测定其培养基的酸碱度。经测定，若溶液的 pH 值与培养基配方所要求的 pH 值不符，则需调整。由酸调碱，可用氢氧化钠或碳酸钠；由碱调酸，可用盐酸或磷酸。调整溶液 pH 值时，应先取少量培养基，用低浓度（如 1%）的碱液或酸液进行调整，然后按此碱液或酸液的加入比例，调整剩余的培养基，避免因反复调整而影响培养基内各离子的浓度。当培养基配方为自然 pH 值时，则不用调整。

（3）溶化琼脂。配制固体培养基时，应先将琼脂加热使之完全溶化。加热时，要不断搅拌，以防琼脂糊底烧焦。琼脂全部溶化后，加热水补足所蒸发的水分。

（4）过滤。用滤纸或两层纱布将培养液趁热过滤。

（5）分装。将培养基分别装入试管或三角瓶中，加有琼脂的培养基应趁热分装。为了避免将培养基沾在容器上造成污染，可采用分装装置，如图 2—7所示。

玻璃漏斗下接一段胶皮管，皮管下接一段玻璃管，中间夹一弹簧止水夹，整

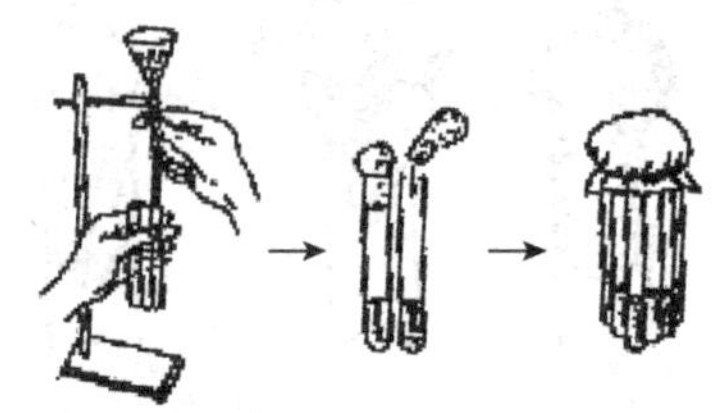

图 2—7　培养基的分装、塞棉塞、包扎

个装置安装在铁架上。分装时，用左手持试管中部，将漏斗下边的玻璃管嘴插入试管中部偏下处，用右手拇指和食指开放弹簧夹，中指及无名指夹住玻璃管嘴，使培养基直接流入管内。

分装入容器中培养基的量，视容器的大小而定。一般制作斜面培养基时，每支试管（15mm×150mm）装 3～4ml，使液体的高度占整个试管的 1/4～1/5。如制作平板培养基时，每支大试管（20mm×200mm）装 12～15ml。如容器为三角瓶，则装入量为其容积的 1/3～1/2。

（6）灭菌。分装完毕，塞好棉塞，用牛皮纸包扎，然后进行灭菌。

（7）制作培养基斜面。琼脂培养基灭菌后，可趁热制作培养基斜面。

培养基斜面的制作：将分装后已灭菌的琼脂培养基趁热斜放于玻璃棒或细的木棒上，或置于支架上，使之成适当的斜度，待培养基凝固后即可，如图 2—8 所示。斜面的长度应适宜。斜面过短，则使用面积不足；斜面过长，则易干燥。

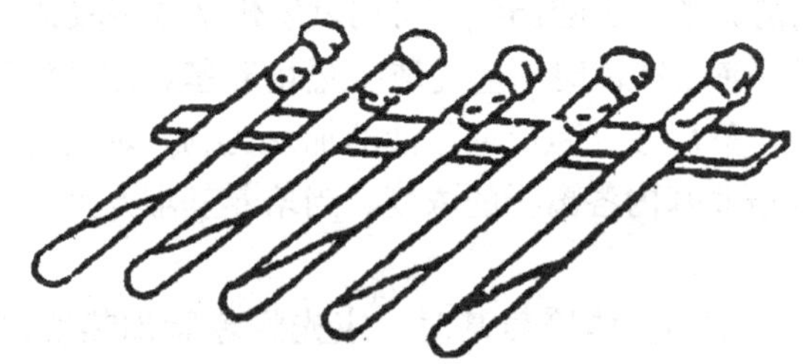

图 2—8　摆斜面

2. 几种培养基的配制

（1）牛肉膏蛋白胨琼脂培养基。

这种培养基适宜于培养细菌。

成分：牛肉膏 3.0mg，蛋白胨 5.0g，琼脂 18g，自来水 1 000ml。

配制方法：用小烧杯称取牛肉膏和蛋白胨（蛋白胨具有较强的吸湿性，称取时动作应快）。用少量水将其洗入大烧杯内，加足水量，然后加热煮溶。加入琼脂于溶液中，不断搅拌，待琼脂全部溶化后，补足失水（预先在烧杯上划一刻度），用 pH 试纸测培养基的 pH 值，用 1N 氢氧化钠调整其 pH 值至 7.2～7.4。趁热分装，于 121℃加压蒸汽灭菌 30 分钟。

（2）马铃薯葡萄糖琼脂培养基。

这种培养基适宜于培养放线菌和霉菌。

成分：马铃薯 200g，葡萄糖 20g，琼脂 18g，自来水 1 000ml。

配制方法：将马铃薯洗净去皮，称取 200g，切成小块，放入 1 000ml 水中煮沸半小时。用双层纱布过滤，加水补足因蒸发而减少的水量。在滤液中加 20g 葡萄糖，再加入 18g 琼脂，加热待其完全溶化后，补充失去的水分，趁热分装，于 121℃加压蒸汽灭菌 30 分钟。

（3）麦芽汁琼脂培养基。

这种培养基适用于培养霉菌。

成分：大麦若干，琼脂 18g，自来水若干。

配制方法：取普通大麦浸泡 24 小时，置于木制或草制筐内，盖上一层湿布，于 20℃条件下使其发芽，每天用水冲 1～2 次。待麦芽与麦粒等长时，取出风干，研碎即得麦芽粉。

取麦芽粉 1 000g，加 2 000ml 水，在 55～60℃下糖化，至加碘液不呈蓝色为止（需 6—7 小时），用纱布过滤。测其浓度（比重）。培养微生物以 10 巴林为宜，比重为 1.060。滤液浓度过大，可加水稀释；浓度不够时，则煮沸滤液使其水分蒸发。

取 10 巴林麦芽汁培养基 1 000ml，加琼脂 18g，加热使其完全溶化，补足水量，趁热分装，于 121℃加压蒸汽灭菌 30 分钟。

（4）查氏培养基。

这种培养基适宜于培养霉菌。

成分：硝酸钠 0.3g，磷酸氢二钾 0.1g，硫酸镁 0.5g，氯化钾 0.05g，硫酸铁 0.001g，蔗糖 3g，琼脂 1.5g，蒸馏水 100ml。

配制方法：将各种盐类依次称好放入 100ml 蒸馏水中，待其溶解后，加入蔗糖与琼脂，加热待琼脂完全溶化，调整其 pH 值至 6.7，趁热分装，于 121℃加压蒸汽灭菌 30 分钟。

（三）灭菌

常用的灭菌方法有：干热灭菌、高压蒸汽灭菌、间歇蒸煮灭菌、过滤除菌等。

1. 干热灭菌法

干热灭菌是利用干热的空气进行灭菌，通常在恒温的电烘箱中进行。由于空气的传热性能与穿透能力不及饱和蒸汽，同时，菌体蛋白质在干燥无水的条件下不易凝固，所以，干热灭菌需要较高的温度（160～170℃）和较长的时间（1～2小时），这样才能达到彻底灭菌的目的。此方法常用于玻璃器皿的灭菌。

操作方法：将待灭菌的物品放入电烘箱内，物品不宜放得过于紧凑，以免阻碍热空气的流通，也不应与电烘箱内壁的铁板接触，以防止包装纸烤焦起火。关闭电烘箱门，开启开关，旋动恒温调节器至红灯亮即开始升温，当温度达160～170℃时，借助恒温调节器的自动控制，保持恒温1～2小时，即可达灭菌的目的，灭菌完毕后，待烘箱自然降温至70℃以下时，打开箱门，取出灭菌物品。当电烘箱温度未降至70℃前，不要打开箱门，以免器皿因突然降温而炸裂。

2. 高压蒸汽灭菌法

亦称饱和蒸汽灭菌法。它是利用水的沸点随水蒸气压力的增加而上升，从而达到高温灭菌之目的。与干热灭菌法相比，用此法灭菌时所需温度较低，时间较短。其原因有三：一是在湿热中菌体吸收水分，蛋白质较易凝固，因蛋白质含水量增加，所需凝固温度降低；二是湿热的穿透力大于干热；三是湿热的蒸汽有潜热存在，每克水在100℃时，由气态变为液态时可放出2.26千焦的热量，这种潜热能迅速提高被灭菌物体的温度，从而增加了灭菌效力。高压蒸汽灭菌是在高压灭菌锅（见图2—9）内进行。一般培养基在1.05kg/cm^2 压力、121.3℃条件下，经15～30分钟即可达到彻底灭菌的目的，它是最为有效的灭菌法，适用于一般培养基和玻璃器皿的灭菌。

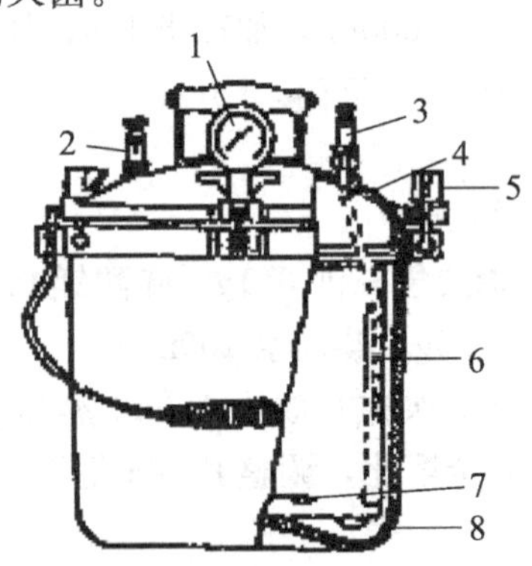

图2—9　手提式灭菌锅

1——压力表　2——安全阀　3——放气阀　4——软管
5——紧固螺栓　6——灭菌桶　7——筛架　8——水

操作方法：加入一定量水至灭菌锅内，将待灭菌的物品放入灭菌桶中，待灭菌物品之间应留有适当的空隙，以利于蒸汽的流通。把盖上的软管插入灭菌桶的槽中，上下对齐，以两两对称的方式同时旋紧相对的两个螺栓，使螺栓松紧一致，避免漏气。将灭菌锅放至电炉上加热，打开放气阀，使水沸腾以排除锅内的冷空气，否则当锅内压力达 1.05kg/cm² 时，其温度不能升至 121℃，而仅为 100℃，不能达到彻底灭菌的目的。待冷空气排尽，关闭放气阀，使锅内温度随压力逐渐上升。当压力至 1.05kg/cm² 时，控制热源，维持此压力至所需时间。最后切断电源，使锅内温度自然下降，当压力表的压力为零时，打开放气阀，待气排尽，开启锅盖，取出灭菌物品。注意切勿提前打开锅盖，否则会因压力骤减，使培养基剧烈沸腾，冲至管口或瓶口，污染棉塞。

灭菌完毕，应将锅内水放净，以防生锈。

3. 间歇蒸煮灭菌法

有些培养基，如明胶培养基、牛乳培养基等用干热灭菌和高压蒸汽灭菌均会受到破坏，因而必须采用间歇灭菌法。此外，许多抵抗力强的细菌芽孢，在流通蒸汽下经较长时间亦不能将其完全杀死，但在热力作用下，芽孢的休眠状态易被打破，在适宜环境中很快萌发成营养体，从而丧失其特有的抵抗力。间歇灭菌法正是基于此原理，达到完全灭菌的目的。

操作方法：将待灭菌的物品放入流动蒸汽灭菌锅内，用 100℃的蒸汽蒸煮 30 分钟，连续蒸煮三次。第一次蒸煮后，已将物品中微生物的营养体杀死，但有一部分芽孢未被杀灭，需将灭菌物品置于温箱（或适宜的室温下）内培养 18—24 小时，使芽孢萌发为营养体，再进行第二次蒸煮，将萌发的营养体杀灭。此时，仍可能残存有未萌发的芽孢，故需再保温培养 24 小时，然后进行第三次蒸煮，即可达到完全灭菌。

4. 过滤除菌法

此法是将带菌的液体通过细菌过滤器，由于过滤板的孔眼很小，使细菌不能通过而滞留于板上，从而将菌除去。它适用于不耐热的液体物质（如血清、糖溶液等）的除菌。

操作方法：过滤除茵通常采用蔡氏过滤器，如图 2—10 所示。

使用前应将过滤器及接收器皿进行高压蒸汽灭菌。过滤时，用螺旋把石棉板紧紧地夹在上、下两节滤器之间，然后将溶液置于滤器中抽滤，每过滤一次需更换一块新的过滤板。

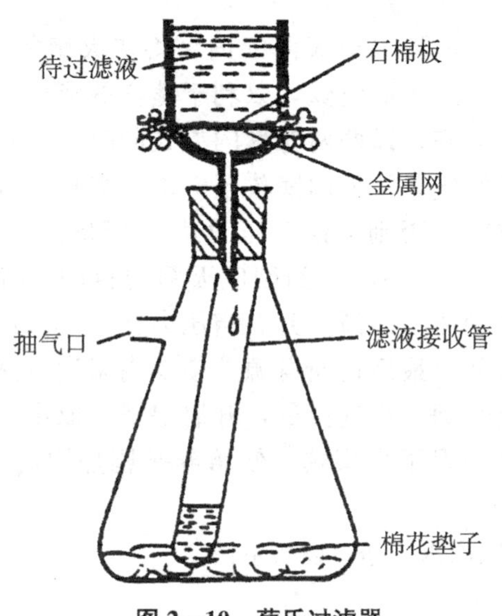

图 2—10　蔡氏过滤器

四、实验结果及要求

(1) 配制马铃薯葡萄糖琼脂培养基和查氏培养基。

(2) 高压蒸汽灭菌的整个操作过程。

五、思考题

(1) 培养不同种类的微生物能否用同一种培养基？为什么？

(2) 进行高压蒸汽灭菌前，为何要放尽器内冷空气？灭菌后，为何要待锅压降至零时开盖？

实验三　微生物的接种和分离培养

自然界的微生物几乎都是杂居在一起的。要研究某种微生物的特性，则必须从自然界（如土壤或其他基质）或一定种类的微生物中进行分离，得到纯粹培养的菌种。因此，微生物的纯种分离和接种技术是微生物学研究中的一项基础实验。

一、实验目的

掌握无菌接种技术；学会微生物的平板画线与稀释分离。

二、实验仪器及材料

(1) 接种针、接种环、天平、酒精灯、无菌培养皿、移液管、试管、三角瓶、涂布棒。

（2）牛肉膏蛋白胨琼脂培养基、麦芽汁琼脂培养基、马铃薯葡萄糖琼脂培养基、无菌水。

（3）菌种。

三、实验步骤

（一）微生物的接种方法

将微生物菌种移植在培养基上的过程称为接种。为了避免杂菌的污染，接种操作必须在无菌条件下的超净工作台中进行，如图 2—11 所示。为此，接种前应清洁超净工作台，并开启紫外灯灭菌半小时，全部接种用具必须经灭菌处理。接种用的试管等应做好标记，注明菌种名称及日期。操作前用 75%的酒精溶液擦手。

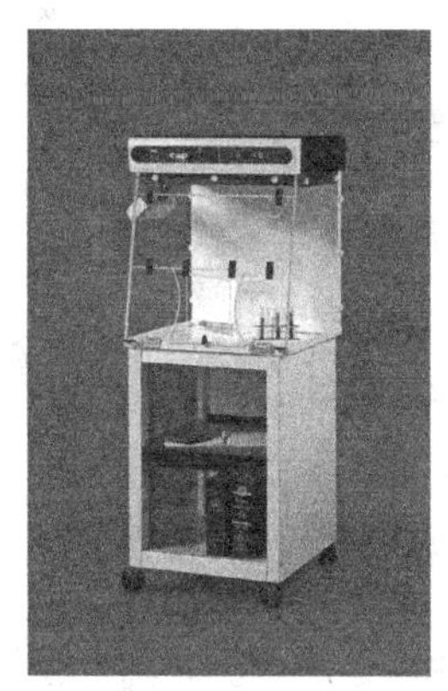

图 2—11　超净工作台

微生物的接种方法主要有：斜面接种、三点接种、穿刺接种和液体接种。

1. 斜面接种法

斜面接种法是从已生长好的菌种斜面上挑取少量菌种，移接至另一斜面培养基上的接种方法。

操作步骤如图 2—12 所示。

（1）点燃酒精灯。

（2）将菌种和斜面培养基的两支试管分别夹在左手的食指、中指和无名指之间，斜面向上，管口齐平，近似呈水平状。

（3）用右手将棉塞旋松，以便接种时拔出。右手持接种环，将环端在火焰上烧红灭菌，然后将接种时可能进入试管的接种环部分过火灭菌。

（4）用右手的小指、无名指和手掌同时夹住两个棉塞，拔掉棉塞后，用火微烧试管口，这样可杀灭试管口上的杂菌。

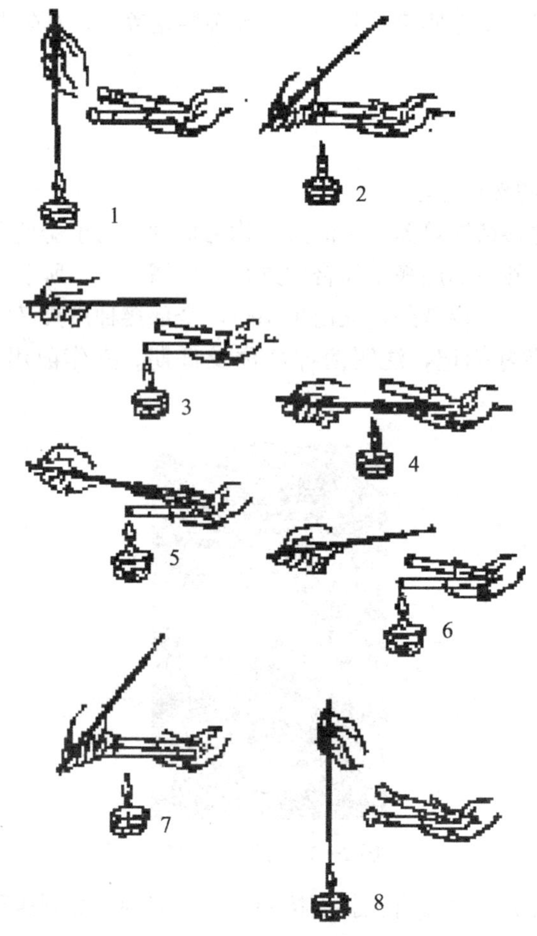

图 2—12　斜面接种操作示意图

(5) 将烧过的接种环伸入菌种管内，先将环接触未长菌的培养基处，使其冷却，以免烫死被接种的菌体。然后轻轻接触菌体，取出少许，将接种环慢慢从试管中抽出。注意勿使占有菌的环碰到管壁，抽出的环不可通过火焰。

(6) 迅速将接种环伸入另一试管内，先将沾有菌苔的接种环在斜面中部触一下，使一部分菌体黏附在培养基上，再把环从斜面底端开始向上轻轻画线，注意不要划破培养基斜面。

(7) 抽出接种环，将两支试管口同时在火焰上烧灼，将两棉塞塞上。注意不要用试管口去迎棉塞，以免试管在运动时进入杂菌。

(8) 将接种环烧红灭菌，放下接种环，用右手将棉塞塞紧。

2. 三点接种法

要获得霉菌的单菌落，宜在平板上用三点接种法接种，即用接种针取少量霉菌孢子，在琼脂培养基表面点接成等边三角形的三点。经培养后，每一个培养皿上可形成三个同种菌落，在菌落彼此相接近的边缘，留有一条狭长的空白区域，此处菌丝生长稀疏，较为透明，还可分化出稀落的典型子实器，因而可直接将培养皿置于显微镜下，用低倍镜观察。

三点接种法有垂直与水平两种操作方法，其操作步骤如下：

(1) 用记号笔或蜡笔在平板底部以等边三角形状标上三点。

(2) 将接种针在火焰上烧红灭菌，并于平板培养基的边缘处冷却且蘸湿。

(3) 用接种针蘸取少量霉菌孢子，然后，用垂直法或水平法将接种针上的孢子以垂直的方向轻轻点接至平板培养基表面有标记的部位。注意点接时勿刺破培养基，如图 2—13 所示。

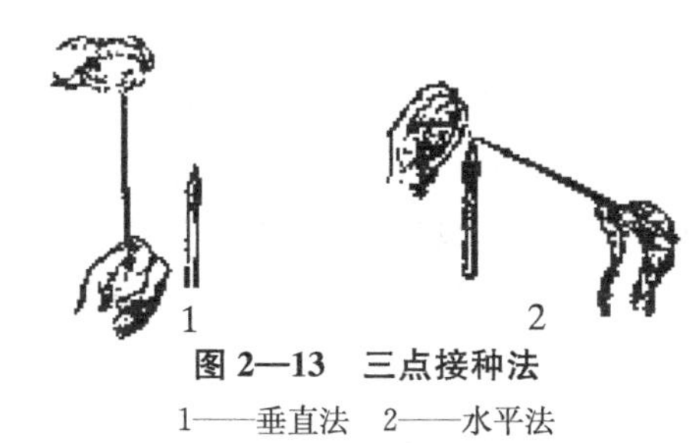

图 2—13　三点接种法

1——垂直法　2——水平法

3. 穿刺接种法

穿刺接种法是将菌种接入深层固体培养基，有水平与垂直两种操作方法，如图 2—14 所示，即用笔直的接种针由菌种斜面上挑取少量菌体，然后将接种针自培养基的中心垂直地刺入培养基的底部，沿原接种线将接种针抽出。

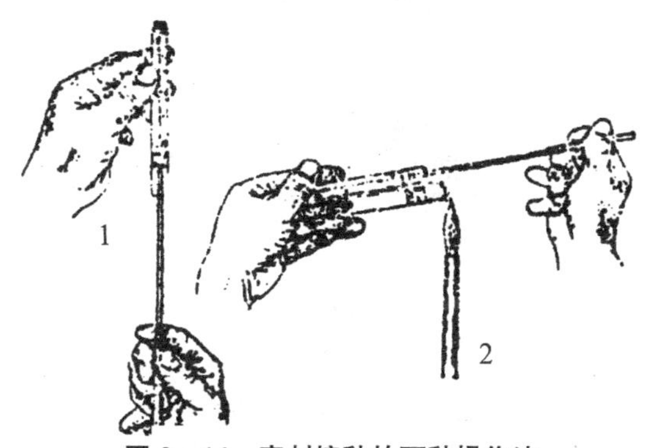

图 2—14　穿刺接种的两种操作法

1——垂直法　2——水平法

4. 液体接种法

方法一：将斜面菌种接入液体培养基中。操作方法同斜面接种。但试管口应略向上，以免培养液流出。接种时，将接种环在液体培养基表面的器壁上轻轻摩擦，使菌体研开落下。接种后塞好棉塞，摇动试管，使菌体均匀分散于液体培养基中。

方法二：将液体菌种培养液接入液体培养基。接种时，可用无菌滴管或移液管吸取菌液而后接入液体培养基中或直接将菌液倒入液体培养基内。

（二）微生物的分离方法

微生物的分离是通过一定方法从混杂的微生物群体内获得纯种微生物，即将待分离的样品进行稀释，使微生物的细胞（或孢子）尽量以分散状态存在，而后接种于固体培养基上培养，使单个菌体繁殖成纯种单菌落。

微生物的分离方法主要有：平板画线分离法和稀释涂布分离法。

1. 平板画线分离法

（1）制平板：将固体培养基在沸水中融化，冷却至 60℃左右，即可倒平板。若温度过高，则会在培养皿的盖上形成过多的凝结水，不利于观察实验结果；若温度过低，则培养基凝固不易倒出。

平板的制作必须在无菌操作下进行。操作方法有皿架法和手持法两种，如图 2—15所示，即右手持装有培养基的三角瓶，左手反转手掌，用无名指与小指

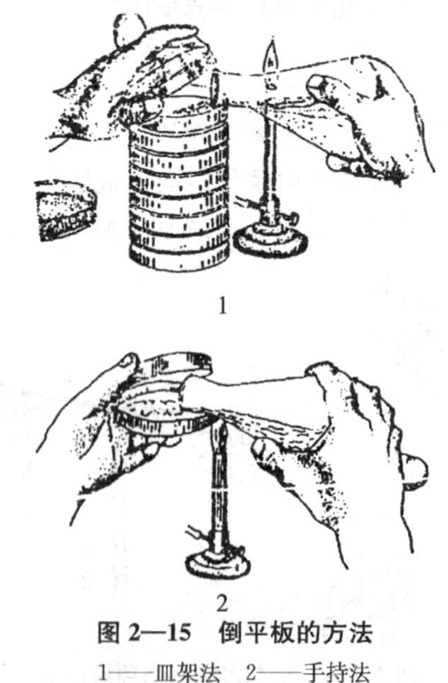

图 2—15　倒平板的方法

1——皿架法　2——手持法

拔出棉塞，在火焰上烧灼瓶口。用左手将皿盖打开一条缝使瓶口伸入皿中，将培养基倒入培养皿内，迅速盖上皿盖。将培养皿平放桌上，轻轻旋转，使培养基均匀分布于皿底，待培养基凝固后，即成平板备用。

（2）画线：平板画线分离的方法有多种，如图 2—16 所示，以斜线法为例。画线时，将烧红的接种环在菌种管内冷却片刻，然后挑取少量菌种。同时，用左手将装有平板培养基培养皿的皿盖稍抬起，靠近火焰，用右手将接种环伸入皿内，先在平板的 A 区轻轻画 3～5 条密集的平行线，注意勿将平板表面划破。

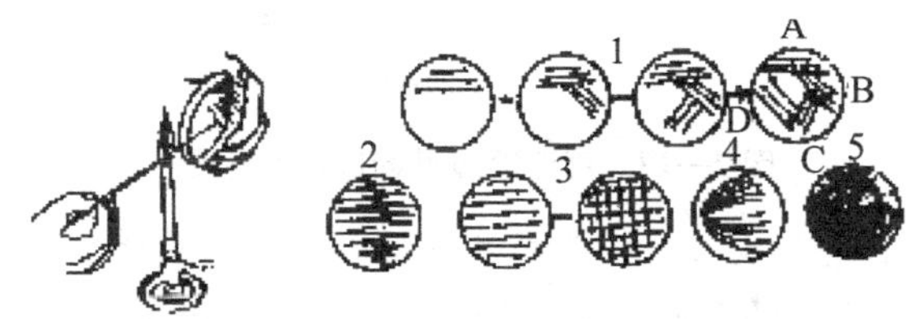

图 2—16　平板画线分离法

1——斜线法　2——曲线法　3——方格法　4——放射法　5——四格法

灼烧接种环，以杀灭环上剩余的菌种，将烧红的接种环在平板培养基边缘冷却，然后将培养皿转动 60°～70°，用接种环在 A 区划过线处稍接触一下后，在 B 区划往复的平行线，同样再由 B 区向 C 区划线，最后由 C 区向 D 区划线。画线时应注意勿使 D 区的线条与 A、B 区的线条相接触。

（3）培养：在培养皿底贴上标签，注明分离试样的名称、日期。将培养皿倒置于适宜温度的恒温箱内培养。

2. 稀释涂布分离法

（1）倒平板：将琼脂培养基加热熔化后，冷却至 60℃，将培养基倒入培养皿中，制成平板备用。

（2）编号：取若干支无菌试管，依次编号为 10^{-1}、10^{-2}……10^{-6}，凝固后的平板编号为 10^{-4}、10^{-5}、10^{-6}。每个稀释度各为三只平板。

（3）分装无菌水：按无菌操作法用 5ml 移液管分别吸取 4.5 ml 无菌水于各无菌试管中。

（4）稀释：首先将试管中菌液轻轻摇匀，用一支 1ml 的无菌移液管在菌液管中吹吸数次，再吸取 0.5ml 菌液于编号为 10^{-1} 试管中。另取一支 1ml 的无菌移液管，用同样的方法，从 10^{-1} 的菌液管内取 0.5ml 菌液放至编号为 10^{-2} 试管中。依此类推，直至 10^{-6} 时为止。稀释过程如图 2—17 所示。

（5）取样：分别吸取 10^{-4}、10^{-5}、10^{-6} 三个稀释度的菌液 0.2 ml，加至相应编号的平板上。此时，应用涂布棒迅速将菌液涂开，方法是：左手握培养皿，

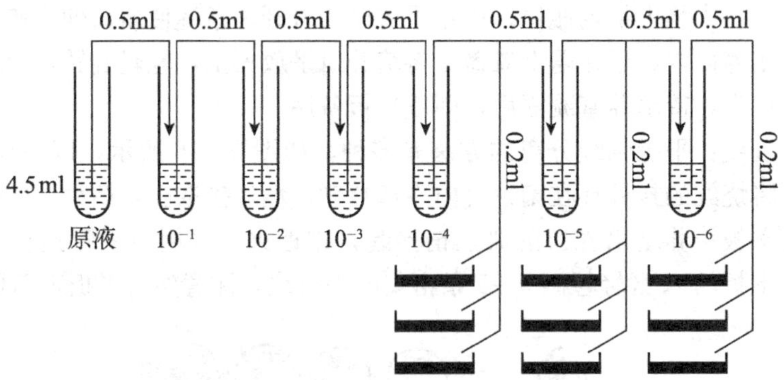

图 2—17　菌液逐级稀释过程示意图

使皿盖稍打开一缝，靠近火焰，右手持涂布棒在培养基表面涂布。

（6）培养：将涂布后的平板倒置于适宜温度的恒温箱中培养后观察分离效果。

（7）选取单菌落：挑选典型的单个菌落，移植于适宜的斜面培养基上培养，即获纯种微生物。

四、实验结果及要求

（1）观察接种后培养菌的生长情况。

（2）将画线分离的结果绘图记录之。

五、思考题

（1）在平板画线法中，为何每次都需将接种环上剩余物烧掉？

（2）为何将培养皿倒置培养？

实验四　微生物对大分子物质的分解

档案库房可为档案微生物提供营养物质，一旦库房环境温湿度适宜，微生物在档案库房内就很容易生长繁殖，从而给档案带来严重的危害。

一、实验目的

观察细菌、霉菌对碳水化合物及含氮化合物的分解利用情况；了解微生物代谢类型的多样性；了解细菌、霉菌对明胶、淀粉和纤维素的分解能力。

二、实验仪器及材料

（1）酒精灯、接种针、接种环、培养皿、吸管、镊子、玻璃刮铲、无菌滤纸。

（2）明胶培养基、淀粉培养基、纤维素培养基。

（3）黑曲霉、青霉、木霉、枯草杆菌、样品等。

（4）碘液、苯酚复红染色液。

三、实验步骤

（一）明胶液化实验

细菌、霉菌能否利用含氮化合物，可用明胶培养基进行培养测定。明胶是一种具有凝胶性质的动物蛋白质，若细菌、霉菌可分泌蛋白酶，则能将明胶分解，使其失去凝胶性质，从而使培养后的明胶培养基由固态变为液态。

操作步骤：

(1) 取明胶培养基，用穿刺接种法分别将细菌、霉菌接至培养基中。

(2) 置于 20℃温箱中培养 5～10 天。同时将一管未接种的明胶培养基置于箱内，作为对照。

(3) 取出培养试管，在冷水中浸泡 1 小时，观察试管中明胶是否液化、液化的程度与形状，如图 2—18 所示。

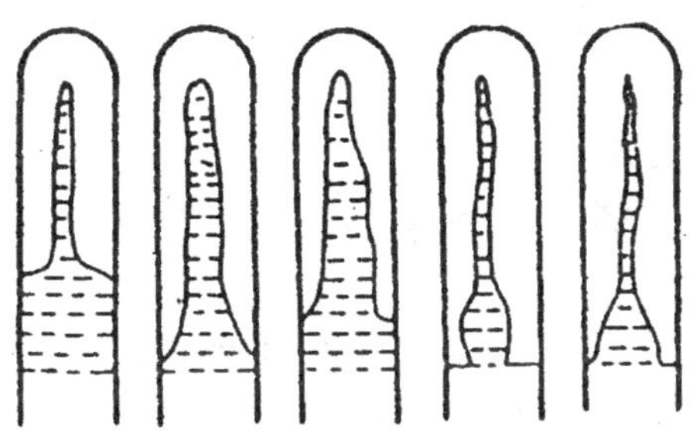

图 2—18　明胶穿刺液化的形态

（二）淀粉水解实验

某些细菌、霉菌可产生淀粉酶，使淀粉水解为麦芽糖和葡萄糖，再被其吸收利用。淀粉水解后，遇碘不再变为蓝色。

操作步骤：

(1) 取淀粉培养基置于沸水中融化，冷却至 60℃，以无菌操作将其倒入培养皿，制成平板。

(2) 用接种环（针）分别取少量细菌、霉菌于平板表面。

(3) 将培养皿倒置于 28～30℃温箱中培养 2—3 天。

(4) 取出培养皿，加碘液于培养基上，轻轻旋转培养皿，使碘液铺满整个平板表面。若菌落周围出现无色透明圈，则说明淀粉被水解。根据透明区域的大小，可说明该菌水解淀粉的能力。

（三）纤维素分解实验

1. 好氧性纤维素分解菌对纤维素的分解作用

取盛有无菌硅胶板或琼脂板的培养皿（琼脂经仔细洗涤后加入蒸馏水中，琼脂量为1.5%～2%）。用吸管取1ml赫奇逊培养液浸润，再用镊子将灭菌圆形滤纸铺于皿内，用玻璃刮铲使滤纸完全贴于皿中。用接种针以无菌操作将黏土粒点种于皿中，每皿25粒，在25～28℃环境中培养。培养时勿将培养皿倒置，应将其放入玻璃缸内，缸中放一杯水，加盖盖之，但不要盖严，以维持一定的湿度和通气。

经培养后，菌落逐渐向外扩展，至10—14天时，土粒周围的滤纸开始被溶解，出现黏液，此类菌落为纤维黏菌。

2. 厌氧性纤维素分解菌对纤维素的分解作用

厌氧性纤维素分解菌培养液一管，用少量样品（如纸样）接种，在35℃条件下培养1—2周。由于纤维素发酵，会产生气泡。如取被分解的滤纸块制涂片，可用苯酚复红液染色，镜检时可观察到杆菌，一端带芽孢的鼓槌状细菌，即为纤维素发酵菌，常见的为奥氏芽孢杆菌。

3. 霉菌对纤维素的分解作用

取查氏—纤维素（缺糖）培养液二管，一管接黑曲霉、木霉，另一管不接种作为对照。

置于28℃恒温箱中培养7天，若菌可在滤纸上生长，且使滤纸变脆，则说明此霉菌能够分解纤维素。根据菌生长的强弱，判定其分解纤维素的能力。

四、实验结果及要求

比较菌对明胶、淀粉、纤维素的分解情况。

五、思考题

微生物为何能危害档案？

附：培养基配方

(1) 好氧性纤维素分解菌培养基。

成分：$MgSO_4 \cdot 7H_2O$ 0.3g，K_2HPO_4 1g，$NaNO_2$ 2.5g，$FeCl_2 \cdot 5H_2O$ 0.01g，NaCl 0.1g，$CaCl_2$ 0.1g，蒸馏水1 000ml。

将各种成分溶解，加蒸馏水至1 000ml，调整溶液pH值至7.2。在1.05kg/cm^{2}压力下，蒸汽灭菌30分钟。

圆形不含淀粉滤纸的直径应略小于培养皿，并经干热灭菌。

(2) 厌氧性纤维素分解菌培养基。

成分：K (NH_4) HPO_4 2g，KH_2PO_4 1g，$CaCl_2$ 0.3g，蛋白胨1g，$MgSO_4$ 0.5g，$CaCO_3$ 5g，自来水1 000ml。

每支试管装入10～15ml培养基，并加入碎滤纸块约20片。在1.05kg/cm^{2}压力下，灭菌30分钟。

(3) 明胶培养基。

成分：牛肉膏3g，蛋白胨5g，NaCl 5g，明胶120g，蒸馏水1 000ml。

将烧杯中水加热，待接近沸腾时，加入各成分和明胶，不断搅拌，以防明胶沾底，待水中各成分全部溶解后，用纱布过滤，调整溶液pH值至7.2～7.4。将培养基分装于试管内，每管6ml。在1.05kg/cm^{2}压力下，灭菌30分钟。在20℃以下存放备用。

此培养基供细菌培养鉴定用，培养霉菌时，用20g葡萄糖代替3g牛肉膏。

(4) 淀粉水解培养基。

细菌：牛肉膏3g，可溶性淀粉2g，琼脂15g，蒸馏水1 000ml。

霉菌：蛋白胨5g，可溶性淀粉2g，琼脂15g，蒸馏水1 000ml。

放线菌：可溶性淀粉1g，$MgSO_4$ 0.1g，K_2HPO_4 0.03g，NaCl 0.05g，KNO_3 0.1g，琼脂1.5g，冷开水100 ml。

在1.05kg/cm^{2}压力下，灭菌30分钟。

实验五　环境因素对微生物的影响

微生物的生长繁殖与外界环境条件直接相关。环境条件适宜，可促进微生物的生长繁殖，环境条件不适宜，微生物的生长繁殖则会受到抑制或改变原有的性状，甚至造成微生物的死亡。研究其规律性，可有目的地去改造或控制微生物的生命活动，这对于档案库房的防腐和灭菌等工作具有重要的指导意义。

一、实验目的

了解各种环境因素（温度、湿度、氧气、pH值等）对微生物的影响。

二、实验仪器及材料

(1) 高压蒸汽灭菌锅、恒温水浴、加热器、接种环、接种针、培养皿试管。

(2) 硫酸钙、溴化钾、溴化钠、氯化钙、柠檬酸、磷酸氢二钾、氢氧化钠、硼酸。

(3) 肉汁琼脂培养基、马铃薯葡萄糖琼脂培养基、葡萄糖蛋白胨琼脂培养基、肉汁蛋白胨溶液。

(4) 枯草杆菌、大肠杆菌、黑曲霉、乳酸菌。

三、实验步骤

（一）温度对微生物的影响

（1）制平板。将马铃薯葡萄糖琼脂培养基、肉汁琼脂培养基置于水浴中融化，在无菌操作下将培养基倒入培养皿中，制成平板。

（2）接种。按点植法分别将黑曲霉接入马铃薯葡萄糖培养基、枯草杆菌接于肉汁琼脂培养基，每个平板接 3～5 点。

（3）培养。将接种后的培养皿倒置放于温度分别为 5℃、20℃、28℃、37℃、50℃的环境中培养 2～7 天。

（4）观察结果。观察黑曲霉、枯草杆菌在不同温度下生长的情况，比较其菌落的大小。

（二）湿度对微生物的影响

（1）制备恒湿液。将某些化学物质制成饱和溶液，盛于密闭的容器内，在一定的温度下，则可使密闭容器内的相对湿度达一定值并保持恒定。

根据附录 1，分别配制相对湿度为 98%、84%、58%和 32% 的恒湿液。

（2）分装恒湿液。将 4 种恒湿液装入 4 支大试管内，试管口配一软木塞。将带钩的针或铁丝插入软木塞中，如图 2—19 所示。

（3）接种。取一小块馒头皮挂在小钩上，将黑曲霉接至馒头皮上，将软木塞塞紧。

（4）培养。将试管置于 25℃的环境中培养一周。

（5）观察结果。观察霉菌在不同湿度下生长的情况。

（三）氧气对微生物的影响

（1）取葡萄糖蛋白胨豆芽汁琼脂培养基 4 管，置于沸水中融化，煮沸数分钟，以排除培养基中过多的空气。

（2）接种。将培养基迅速冷却至 45℃，用接种环以无菌操作分别将大肠杆菌、枯草杆菌、乳酸菌接植于装有培养基的试管内，轻轻搓动试管，均匀混合后，迅速冷凝。

（3）培养。将试管置于 37℃的温箱内培养 2～3 天。

（4）观察结果。取出试管，观察菌生长的情况。生长在培养基表面的为好氧菌，生长于培养基下层底部的为厌氧菌，培养基的表面、上下皆长有菌的为兼性菌。

（四）酸碱度对微生物的影响

（1）配制培养基。如表 2—1 所示，配制不同 pH 值的培养基。将培养基分装于试管中，每种 pH 值液装两管。采用间歇灭菌法进行灭菌。

（2）接种。取同一 pH 值的培养基两管，以无菌操作分别将枯草杆菌、黑曲霉接入管内。

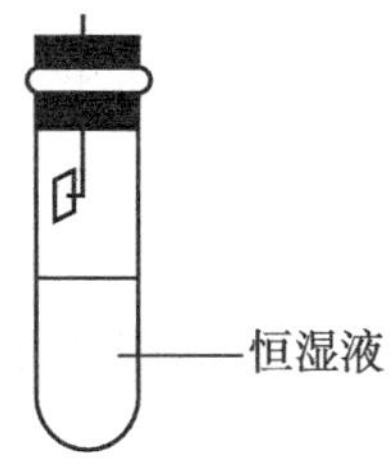

图 2—19 装有恒湿液的试管

（3）培养。将已接种的试管置于 28℃温箱中培养 2—3 天。

（4）观察结果。根据试管内菌液的混浊程度，说明菌在不同 pH 值条件下的生长情况。

表 2—1 不同 pH 值的培养基

0.2mol/L K_2HPO_4 (ml)	0.1mol/L 柠檬酸 (ml)	豆芽汁蔗糖培养液 (ml)	总 量 (ml)	pH 值 (近似值)
0.4	1.6	8	10	3
1.0	1.0	8	10	5
1.6	0.4	8	10	7
0.2mol/L 硼酸 (ml)	0.2mol/L NaOH (ml)	豆芽汁蔗糖培养液 (ml)	总量 (ml)	pH 值 (近似值)
1.3	0.7	8	10	9
0.7	1.3	8	10	11

四、实验结果及要求

（1）找出适宜于黑曲霉生长的温度和相对湿度。

（2）由实验可知，何种为好氧菌？何种为厌氧菌？何种为兼性菌？

（3）根据实验结果，找出枯草杆菌和黑曲霉生长的 pH 范围及最适 pH 值。

五、思考题

试述环境因素与微生物生长繁殖的关系。

实验六　防霉剂药效的测定

防霉剂药效的测定是确定防霉剂的抑菌能力或灭菌效果的必要手段，是防霉研究的重要组成部分。

一、实验目的

掌握防霉剂药效测定的基本方法；了解几种防霉剂的抑菌或灭菌效果。

二、实验仪器及材料

(1) 培养皿、玻璃涂布棒、吸管、酒精灯、滤纸、接种针、接种环、镊子。

(2) 5%苯酚（C_6H_5OH）、0.5%多菌灵（$C_9H_9N_3O_2$）、0.5% PM 防霉剂（$C_6H_8N_3SOBr$）、0.5%KD-1 防霉剂（α-溴代肉桂醛）、无菌水。

(3) 马铃薯葡萄糖琼脂培养基。

(4) 青霉、黑曲霉、木霉、毛霉。

三、实验方法与步骤

防霉剂药效测定的主要方法有：滤纸片法、打孔法和平板涂布法。

（一）滤纸片法

(1) 制备孢子悬浮液。用接种环取菌种少许于带玻璃珠的无菌水中，轻轻振荡，使之均匀混合。

(2) 制带菌培养基平板。吸取 0.5ml 菌液，注入培养皿中，然后向皿内倒入 15～20ml 已融化的马铃薯葡萄糖琼脂培养基，摇匀冷却后，即制成带菌平板。

(3) 放置防霉滤纸片。用无菌镊子将圆形滤纸片分别浸入 5%苯酚、0.5%多菌灵、0.5%PM 防霉剂、0.5%KD-1 防霉剂中，然后取出去掉多余的药液，将滤纸片平铺于平板上。圆形滤纸片和浸取药液量应尽量一致。

(4) 培养。将培养皿置于 25～30℃的温箱内培养 2～3 天。

(5) 观察结果。取出培养皿，观察霉菌生长的情况和抑菌圈直径的大小，用以判定各种药剂的防霉效果。

（二）打孔法

(1) 制备孢子悬浮液（同上）。

(2) 制带菌培养基平板（同上）。

(3) 打孔。用无菌打孔器在平皿培养基中央打一直径为 6mm 的孔，用接种环将小块培养基取出，并用热的接种环焊合培养基与皿底间的缝隙。

(4) 施药。分别取各种防霉药液 0.2ml，加入孔内。

(5) 培养。在 25～30℃的温箱内培养 3～5 天。

(6) 观察结果（同上）。

（三）平板涂布法

(1) 制平板。用吸管分别吸取一定量的各种防霉药液于培养皿中，再将20ml已融化的琼脂培养基倒入，轻轻将其摇匀，冷却后即成平板，备用。

(2) 画线编号。用玻璃铅笔将培养皿底的外侧放射状地划分为六等分，并编号。

(3) 接种。用接种环将菌种依次涂布于各等分中。

(4) 培养（同上）。

(5) 观察结果。

四、实验结果及要求

列表比较各种防霉剂的防霉效果。

五、思考题

(1) 掌握防霉剂药效测定方法的意义何在？

(2) 防霉剂药效测定的主要方法有哪些？

实验七　微生物菌种的保藏

微生物菌种的保藏是根据微生物的生理生化特点，人工地创造干燥、低温和缺氧的环境条件，使微生物的代谢活动处于最低水平，而又不会死亡，同时仍保持其自身优良的生产性能，以便随时提供优良的菌种，为科研和生产所用。

菌种保藏的方法很多，常用的有斜面保藏法、石蜡油封存法、砂土管保藏法和真空冷冻干燥保藏法。

一、实验目的

了解菌种保藏的基本原理；掌握几种常用的菌种保藏方法。

二、实验仪器及材料

(1) 冰箱、真空泵、真空干燥器、高压蒸汽灭菌锅。

(2) 分样筛、抽滤瓶、试管、吸管、接种环、接种针、三角瓶、棉花。

(3) 培养基、石蜡油、10%盐酸、无水氯化钙、无菌水、河砂土。

(4) 菌种。

三、实验步骤

（一）斜面保藏法

(1) 接种：将待保存的菌种接至适宜的培养基斜面上。其方法是用接种环在斜面上作“Z”形画线。

（2）培养：将已接种的试管置于一定温度的温箱内培养。

（3）保藏：待菌充分生长后，将其置于4℃左右的冰箱内保存。每隔一段时间进行移植培养，再将新斜面继续保存。

斜面保藏法简便易行，菌存活率高，但菌株仍有一定强度的代谢活动，因而保存时间不宜过长。一般有孢子的霉菌、放线菌及有芽孢的细菌可保存半年左右。

（二）石蜡油封存法

此法是在生长良好的菌种斜面上加一层无菌石蜡油，使菌与空气隔绝，并防止水分蒸发。

（1）石蜡油灭菌：将石蜡油分装于三角瓶中，塞上棉塞，外包牛皮纸，加压蒸汽灭菌。

（2）蒸发水分：将灭菌后的石蜡置于110℃的烘箱中1小时，使石蜡中水分蒸发。

（3）加石蜡油：用无菌吸管吸取石蜡油加于已培养好的菌种斜面上。石蜡油的用量以高出斜面约1cm为宜。

（4）保藏：将用石蜡封存的斜面试管直立于4℃的冰箱内保存。

此法适用于保存霉菌、酵母菌，但保存细菌的效果较差。保存期为一年。

（三）砂土管保藏法

土壤是微生物生长的场所，土壤颗粒对微生物有着保护作用。

（1）筛砂：取河砂过筛（40目筛），除去大颗粒砂，加10%盐酸后煮沸30分钟，以除去有机杂质，也可用10%盐酸浸泡2～4小时，盐酸用量以浸没砂面为宜。处理后，倒去酸液，用自来水冲洗至呈中性，晒干或烘干。

（2）筛土：取非耕作层的黄土若干，晒干、磨细，用120目的筛子过筛。

（3）混合土与砂：将土与砂以1∶4的比例均匀混合，然后分装于小试管中，装入量以1cm高为宜。

（4）灭菌：将装有砂土的试管塞上棉塞，加压灭菌。间歇灭菌三次后烘干，抽样做无菌实验。其方法是：取少许已灭菌的砂土，接入培养基中，在28～37℃下培养1～2天，检验有无菌生长，若有菌，则须重新灭菌直至经检验确认无菌为止。

（5）制备菌液：将3ml无菌水注入欲保藏的菌种斜面，用接种环把孢子刮下，并轻轻搅拌，制成菌悬浮液。用1ml的灭菌吸管吸取0.5ml（约10滴）菌悬浮液，滴至砂土管中，然后用接种环搅拌均匀。

（6）干燥：将砂土管置于放有五氧化二磷或无水氯化钙的真空干燥器内，接通真空泵抽气，直至含菌砂土管干燥为止。砂土干燥的标志是轻敲砂土管时砂土呈分散状。

(7) 保藏：将砂土管的棉塞剪得与管口相平，用蜡封口，放入冰箱内保存。

此法适用于有芽孢或孢子的微生物。保存期为 2～3 年。

(四) 真空冷冻干燥保藏法

真空冷冻干燥保藏法是目前较为理想的保藏方法，广泛地适用于各种菌种的保藏，其保存期可达十多年，并且菌的存活率高，变异率低。但设备要求较为复杂，操作繁琐。

此法操作时须在－15℃以下使菌悬浮液冻结，然后抽气进行真空干燥。为了不使微生物在冷冻状态下死亡，通常用脱脂牛奶作为保护剂，洗下斜面上长好的菌体，制成菌悬浮液，装入安瓿管中。用橡皮管将安瓿管连接在 U 形分支管的支管上，U 形分支管再与真空泵、冷凝器相连，同时安瓿管的下部菌液埋入盛有干冰的广口保温瓶中，使管内物质冻结。开启真空泵抽气，直至管内物质全部干燥，样品呈疏松状。熔封安瓿管的颈部，在真空干燥状态下将菌样封于安瓿管内。最后，将封装好的安瓿管置于冰箱内保存。

四、实验结果及要求

(1) 用斜面菌种作石蜡油保藏。

(2) 制作砂土管。

五、思考题

(1) 细菌、霉菌各用何种方法保藏为好?

(2) 比较上述各种菌种保藏方法的优缺点。

第三章

档案害虫防治实验技术

本章要点

- 昆虫外部形态、组织切片的观察
- 档案害虫的形态观察
- 昆虫标本的采集与制作
- 害虫的饲养与熏蒸杀虫

害虫是使档案损毁的重要因素之一，经害虫蛀食的档案，轻者孔洞丛生，残缺不全，重者则化为纸屑。为了防止害虫对档案的危害，需要了解害虫的形态、生理等基础知识，掌握常用的杀虫方法。

实验一　昆虫外部形态的观察

通过观察昆虫的典型代表蝗虫，了解昆虫的外部形态，进而为识别档案库害虫打下良好的基础。

一、实验目的

通过观察蝗虫，了解昆虫的外形和主要器官；观察蝗虫的触角和口器标本，了解昆虫触角与口器的类型。

二、实验仪器及材料

(1) 体视显微镜、生物显微镜、放大镜、解剖剪、解剖镊子、解剖针、解剖刀。

(2) 培养皿、载玻片、小瓶、滤纸。

(3) 70%酒精。

三、实验步骤

将70%酒精倒入小瓶内（半瓶），把活蝗虫投入瓶中，待数分钟蝗虫被杀死后，用镊子将蝗虫夹出，放在滤纸上，吸去蝗虫表面的酒精，放在培养皿中。

（一）蝗虫的外形观察

蝗虫的体躯由许多环节构成，每一个环节称为一个体节。蝗虫的体节集合成头、胸、腹三个体段。

(1) 头部如图3—1所示。头部是蝗虫的感觉和味觉中心。

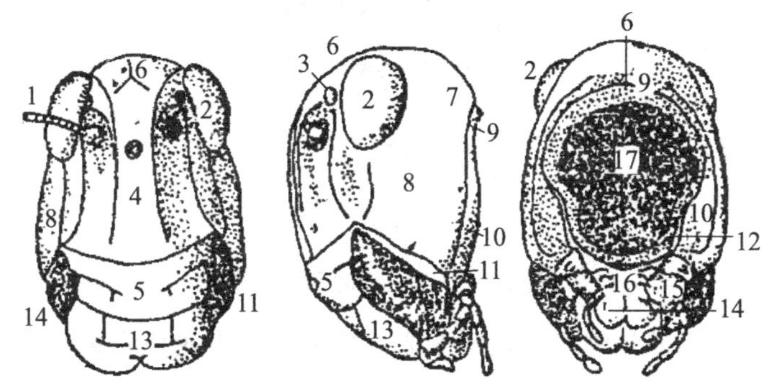

图3—1　蝗虫头部的正面、侧面和反面示意图

1——触角　2——复眼　3——单眼　4——额　5——唇基　6——顶　7——后头　8——颊　9——次后头　10——后颊　11——颊下区　12——颈膜　13——上唇　14——上颚　15——下颚　16——下唇　17——后头孔

复眼一对，位于头上部左右两侧，复眼很大，由数千个小眼组成。

单眼三只，侧单眼位于复眼的前端，左右各一个，由一个小眼形成。中单眼位于头部正前方中央。

触角一对，位于头部正前方上侧，细长呈丝状，分节。

口器如图3—2所示，蝗虫的口器为咀嚼式，由大颚、上唇基片、上唇、下唇及成对的上颚、下颚和舌等组成。

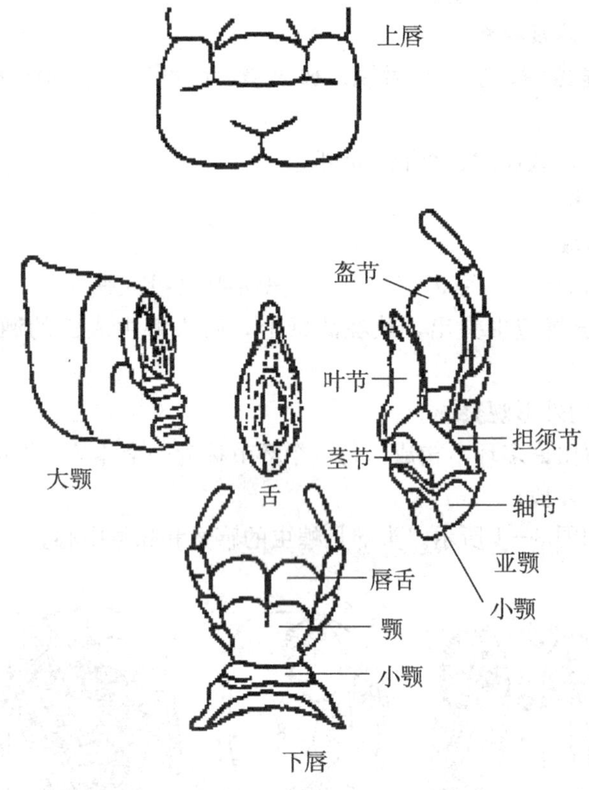

图 3—2　蝗虫的咀嚼式口器

(2) 胸部。胸部是蝗虫的运动中心，由前胸、中胸和后胸构成，如图 3—3 所示。

前胸。有一马鞍形的前胸背板、前足基片和前胸腹板，前足从前足基片长出，分节。

中胸。中胸上长有中足及一对翅（前翅)，中胸亦分为背板、侧板和腹板，在中胸侧板上有一对气门，位于左右两侧。

后胸。后胸上有一对翅（后翅）和后足。后胸亦分为背板、侧板和腹板。

蝗虫的足有三对，着生于胸部的三个体节上，足分节，有基节、转节、腿节、胫节及附节，末端有爪一对，有的爪间有中垫。

(3) 腹部。腹部是蝗虫内脏和生殖的中心。腹部由 11 节构成。

第 1 节两侧各有一个腹听器，第 1～8 节两侧各有一对气孔。最后几节为外生殖器。雄蝗虫腹部末端有一对尾须，其下方有一板状的下生殖板，是其交尾

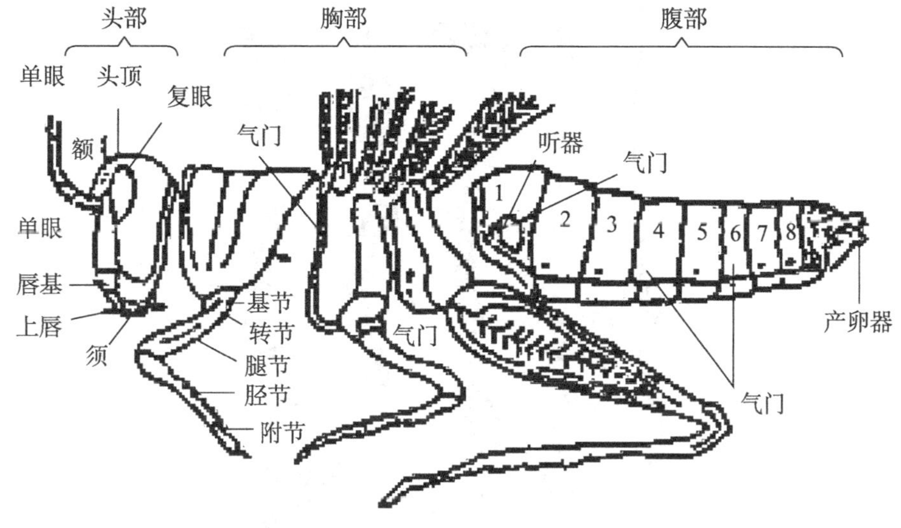

图 3—3　蝗虫全身侧面示意图

器。雌蝗虫的尾须较小，下有两对产卵器。

（二）蝗虫的部分解剖及触角与口器的观察

(1) 左手持蝗虫，使其背面向上，用放大镜仔细看清触角着生的位置，即触角窝，然后用解剖刀将触角窝切开，用尖手镊子将触角取下置于显微镜下观察。

(2) 左手持蝗虫，使其腹面向上，用解剖刀将蝗虫口器的上唇切开，再用镊子取下，置于载玻片上放好，然后用解剖刀和镊子依次将蝗虫口器的左右上颚、左右下颚、下唇及舌取下摆好，观察。

(3) 用放大镜或低倍显微镜观察各种不同类型的触角（如图 3—4、图 3—5 所示）和口器标本。

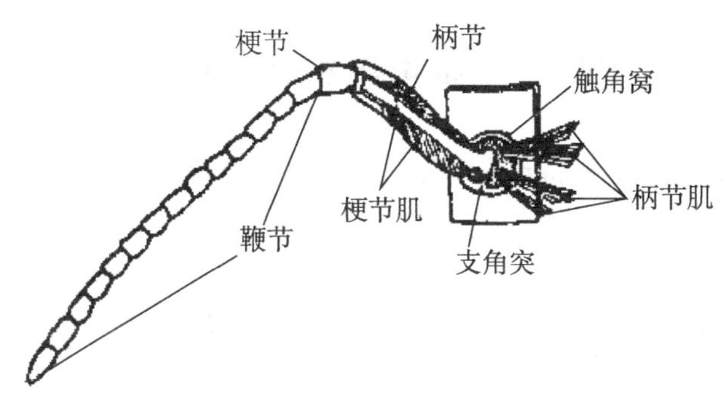

图 3—4　触角模式

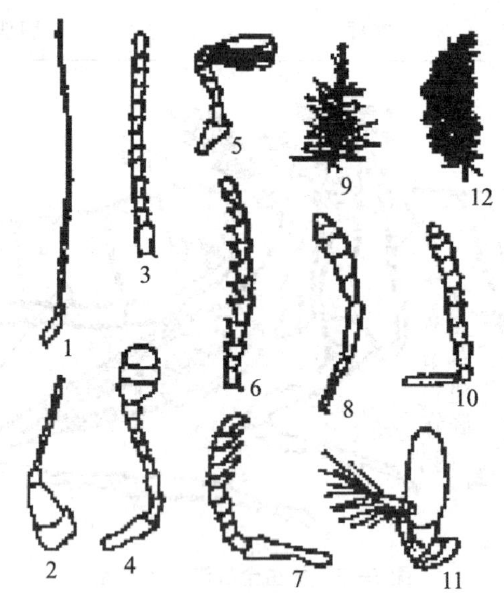

图 3—5　蝗虫触角的形状

1——细状　2——鬃状　3——念珠状　4——锤状　5——鳃叶状
6——锯齿状　7——栉齿状　8——棒状　9——轮毛状　10——膝状
11——具芒状　12——羽状

四、实验结果及要求

(1) 绘制蝗虫的外形图。

(2) 绘制所观察昆虫的口器及触角图。

五、思考题

了解昆虫形态的意义何在?

实验二　昆虫组织切片的观察

研究昆虫器官的结构特点及功能，对于有效地防治档案库内的害虫具有重要意义。

一、实验目的

了解昆虫消化系统、呼吸系统和神经系统的结构特点。

二、实验仪器及材料

(1) 体视显微镜、普通光学显微镜。

(2) 培养皿、载玻片、盖玻片、镊子、解剖剪等。

（3）昆虫消化系统、呼吸系统、神经系统的组织切片。

三、实验步骤

（一）取昆虫消化系统组织切片于显微镜下观察。

消化系统是昆虫体内最粗大的一条管子，从头至尾分为前肠、中肠和后肠。

（1）前肠，包括有口、咽、食道、嗉囊。嗉囊能容纳大量食物，并磨碎食物。

（2）中肠。从胃盲囊着生处始至马氏管着生处止为中肠。食物在此消化和吸收。

（3）后肠。中肠以后渐渐变细，分为回肠、结肠、直肠及肛门。后肠以排泄及吸收水分为主。

（二）取呼吸器官（气管系统）的组织切片于显微镜下，观察昆虫气门、气管等组织的特征。

呼吸系统分为气门、气管、微气管及气囊等，分布于昆虫全身。气门分为左右两瓣，瓣基部有肌肉专司气门瓣的开闭；胸、腹部都有气门。微气管为气管的分支。

（三）取神经系统的组织切片于显微镜下观察昆虫神经索、神经节及神经纤维的特征。

四、实验结果及要求

观察昆虫各器官组织的特点并绘图。

五、思考题

了解昆虫器官组织特点的意义何在？

实验三　档案害虫的形态观察

研究防治档案害虫，首先必须了解档案害虫的形态特征。

一、实验目的

掌握几种常见档案害虫的形态特点，并能初步识别之；观察示教标本，了解害虫的生活史、各发育阶段、害虫的形态特征以及对档案的危害。

二、实验仪器及材料

（1）体视显微镜、放大镜、解剖针、镊子、培养皿。

（2）档案窃蠹、烟草甲、毛衣鱼、蟑螂、黑皮蠹。

（3）示教标本：害虫标本、被虫蛀档案标本。

三、实验步骤

（一）观察害虫的形态特征

将害虫置于显微镜下，观察其形态特点，并根据各自的体形、体色、触角形状等特征熟记各种昆虫，能够加以区分。对某些昆虫的触角，可用玻片作细部观察。

1. 档案窃蠹的形态观察

档案窃蠹如图 3—6 所示，又名书窃蠹，属窃蠹科昆虫。

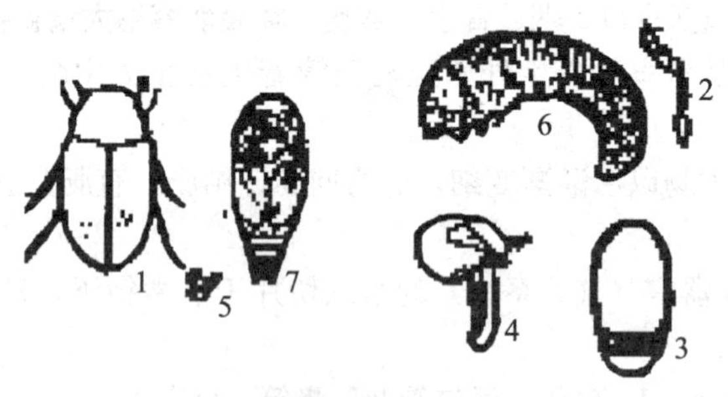

图 3—6 档案窃蠹示意图

1——成虫 2——触角 3——雄虫第 9、10 腹节

4——阳茎侧面观 5——卵 6——幼虫 7——蛹

档案窃蠹的形态特征如下：

(1) 成虫。成虫为椭圆形，长 2.2～2.5mm，栗褐色。头部呈球形，触角棕黄色，9 节，端部 3 节向内侧膨大，端节略呈纺锤形，7、8 节呈三角形，第 2～6 节较细小，呈椭圆形，第 1 节较其他节粗大。口器为咀嚼式。前胸背板为长方形，宽大于长，前缘两侧向下卷。鞘翅基和前胸背板等宽，在体侧有狭长的腰盾，背面凸起，密生白色细毛。腹部背面可见 8 节，腹面明显可见第 3、4、5、7 节，第 6 节腹片较短。前缘凹下，隐藏于第 5 腹片下。

(2) 幼虫。幼虫为蛴螬形，乳白色。老熟时长约 3.5mm，背有白色疏毛。头部棕黄色，触角 3 节，口器棕褐色，有一对小眼，唇基弧形骨化。身体肥胖弯曲，胸足短，行动迟钝，每侧有一透明圆斑。胸部 3 节较粗大，前胸尤为明显，腹末数节弯向腹面，末节腹面有两尾足状突起。

(3) 蛹。蛹长约 3mm，宽约 1mm，呈乳白色。头向下，前胸背板后缘角向两侧隆起，鞘翅伸达第 3 腹节中部，腹部末节有一小肉刺。

2. 烟草甲的形态观察

烟草甲，如图 3—7 所示，又名苦丁茶蛀虫、烟草标本虫，属窃蠹科昆虫。

烟草甲的形态特征如下：

(1) 成虫。虫体呈宽椭圆形，背面隆起，赤褐色，有光泽，全身密生黄褐色细毛。雌虫体长约 3mm，雄虫体长约 2.5mm。头部宽大，隐藏于前胸背板下

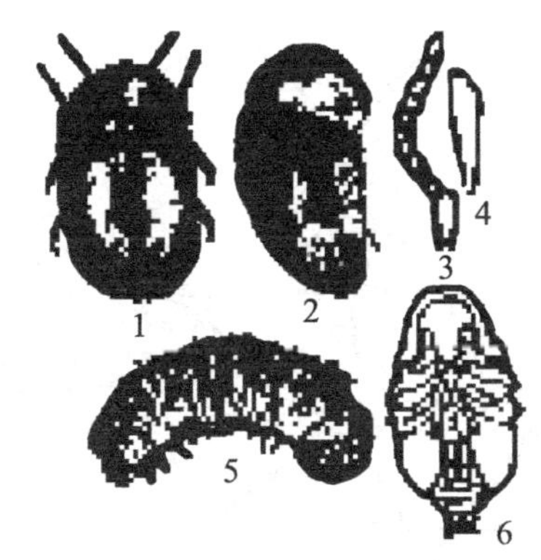

图 3—7　烟草甲示意图

1——成虫正面　2——成虫侧面　3——触角
4——成虫前足腔节端部　5——幼虫　6——蛹

方；复眼多为圆形，黑色；触角位于复眼正前方，锯齿状，共 11 节，通常隐藏于头部腹面的圆形触角窝内。前胸前缘呈半圆形，后缘与鞘翅基部等宽而密接，鞘翅侧缘掩盖腹部两侧，鞘翅上密布微小的刻点及黄褐色细毛。足短小，附节为 5—5—5 式。

（2）幼虫。幼虫为蛴螬形，老熟时体长约 4mm，淡黄白色，密生褐色细长毛。头部淡黄色，无深色斑纹，无眼。胸部多皱纹。第 1 节至第 3 节比其余体节膨大，末节向腹面弯曲。前胸盾褐色，肛前骨片为月牙形。

（3）蛹。长约 3mm，宽约 1.5mm，乳白色。头部向下，前胸背后缘角明显地向两侧突出。鞘翅伸达第 2 腹节中部，后翅被掩住。腹部略弯向腹面，腹部末两节的两侧各有一小肉刺。

3. 毛衣鱼的形态观察

毛衣鱼如图 3—8 所示，又名蠹鱼、壁鱼、衣鱼等，属衣鱼科昆虫。

毛衣鱼的形态特征如下：

毛衣鱼属不完全变态昆虫，没有蛹期。幼虫外形与成虫相似，但幼虫身体较小，翅与性器官发育不全。

成虫体宽扁，略呈纺锤形，体长约 10mm，雌虫大于雄虫。虫体柔软，身体背面被有黑色鳞片，腹面被白色鳞片。复眼小，无单眼，咀嚼式口器，触角丝状，长而多节。胸部较长，且宽阔，无翅。足跗节 3～4 节，腹部 11 节，末端尖细，第 10 节很小，不具腹肢；第 11 节很小，具一中尾丝和一对丝状尾须，腹部第 7 节至第 9 节有腹刺一对。

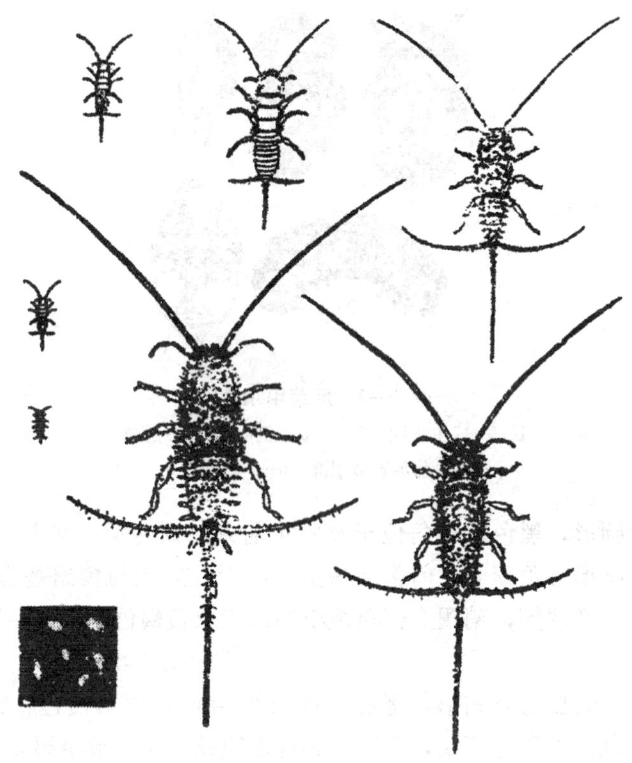

图 3—8　毛衣鱼示意图

4. 蟑螂的形态观察

蟑螂又名蜚蠊，如图 3—9 所示，属蜚蠊科昆虫，为不完全变态昆虫。

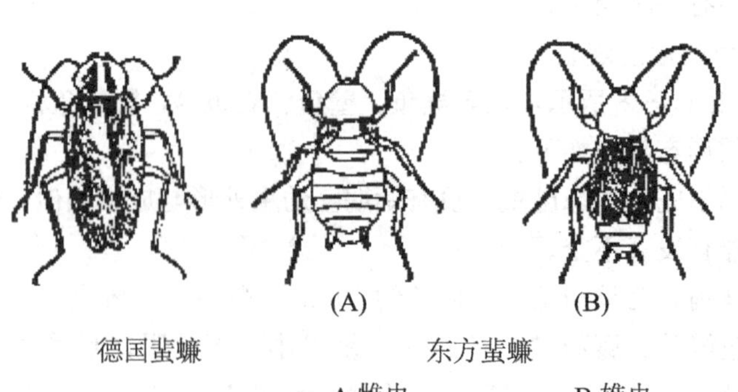

图 3—9　蜚蠊示意图

蜚蠊的形态特征如下：

体长可达 100mm，小的仅长 2mm，体躯扁平，似甲虫状。丫字形头盖缝明显，隐藏于盾状前胸背板下。触角为丝状，且长，可达 100 余节。复眼大，围绕触角基部。单眼一对。咀嚼式口器。前胸背板宽大，盾形。中、后胸背板略相等，不能明显区分，亦不能自由活动。侧板明显，腹板极小。前翅为膜质、革质或角质，通常略透明。左、右前翅相互覆盖，左翅在上，右翅在下，后翅膜质柔软。足发达，细长，基节扁平而宽大。附节为 5—5—5 式，有爪一对。腹部扁阔，为 10 节。尾须着生于第 10 节背板上，分节。

5. 黑皮蠹的形态观察

黑皮蠹如图 3—10 所示，属皮蠹科。

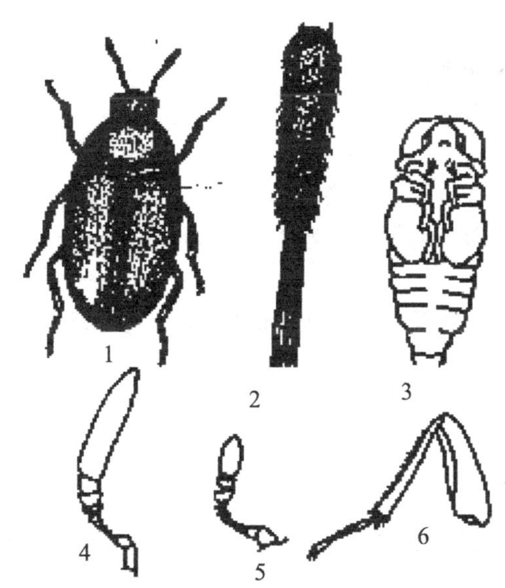

图 3—10　黑皮蠹示意图

1——成虫　2——幼虫　3——蛹　4——雄虫触角　5——雌虫触角　6——成虫后足

黑皮蠹的形态特征如下：

(1) 成虫。体长 2.8～5mm，椭圆形，体色为暗褐色至黑色，体上密被褐色至黑色细毛。头部呈扁圆形，额上方有一中单眼，呈赤褐色，复眼圆形，呈黑色，口器赤褐色，触角为棍棒状，11 节，末端 3 节膨大。鞘翅掩盖腹部，有的臀板部分外露。足较细，中足胫节的长度约为宽度的 5 倍，前足腿节胫节沟的前缘及后缘隆起且等高，中、后足腿节胫节沟的前缘仅略较后缘隆起，但特别明显。

（2）幼虫。体长 9～10mm，圆锥形，除头外有 12 节，第 1 节最大，至尾端逐渐缩小。体壁骨化部分为赤褐色或褐色，节间乳白，骨化部分密被赤褐色细毛及粗刺。第 2～7 腹节背板近侧缘中部各有两个直立粗刺，后缘粗刺的长度约为所在背板长度的 1/2，极少与所在背板等长。腹端簇生与体等长的黄褐色细毛数十根。

（3）蛹。长 5～7mm，扁圆锥形。淡黄褐色，全体密生黄褐色细毛。腹部背面第 2～7 节间各有一黑褐色口形凹陷。凹陷前缘有细小齿状突起。腹末有褐色肉刺一对。

（二）观察示教标本

用放大镜观察档案窃蠹、烟草甲、毛衣鱼等昆虫的生活史标本以及被虫蛀档案标本。

四、实验结果及要求

绘制害虫的外形图。

五、思考题

（1）毛衣鱼的形态特征有哪些?

（2）档案窃蠹的形态特征有哪些?

实验四　昆虫标本的采集与制作

采集档案害虫，将其制成可长期保存的标本，以供防治害虫研究与有关教学之用。

一、实验目的

了解采集与制作昆虫标本的工具及使用方法；掌握制作昆虫标本的基本方法。

二、实验仪器及材料

（1）毒瓶、指形管、小瓶、干燥器。

（2）镊子，2 号、3 号昆虫针，剪刀，标本盒，三级板，展翅板，整姿台，放大镜，毛笔，黏虫胶，卡片纸。

（3）75％酒精、4％福尔马林、石蜡、丙酮、明胶。

（4）害虫标本、虫蛀档案标本。

三、实验步骤

（一）采集档案害虫的工具及其使用方法

（1）指形管和小瓶。可用于装活虫或毒杀后的死虫以及用保存液浸标本等。

（2）镊子。用于夹取缝隙间的昆虫及不能用手拿起的昆虫。

（3）毛笔。用于收集昆虫。档案库内害虫大多个体很小，有时用镊子夹取会损伤虫体，故可用毛笔扫刷的方法收集。

（4）放大镜。用于寻找与观察虫体过小的昆虫。

（5）毒瓶。用于毒杀昆虫。对于采集来用于制作标本的昆虫，必须设法使其尽快死亡，以使虫的体躯完整保存。毒瓶是常用的毒杀工具。

毒瓶的选择：选带塞或有螺丝盖的玻璃瓶及直径较大的厚玻璃管作为容器，容器的盖子要严密，且开启方便，制作毒瓶的药品为氰化钾或氰化钠。制作方法：用研钵将药品捣碎，铺于瓶底，厚度约 1cm。加入几粒水杨酸，以促进药的挥发。在药品上铺一层同等厚度的锯末，压平后再于上面加一层厚 1cm 的生石膏粉，喷入少量清水，以石膏润湿为宜。轻轻震动石膏，使其自行铺开，放在通风且安全处使其硬化，加盖备用。使用时，在石膏上铺一层滤纸，以保持瓶内清洁。如图 3—11 所示。氰化钾（钠）为剧毒药品，在制作或使用毒瓶时要十分注意安全。

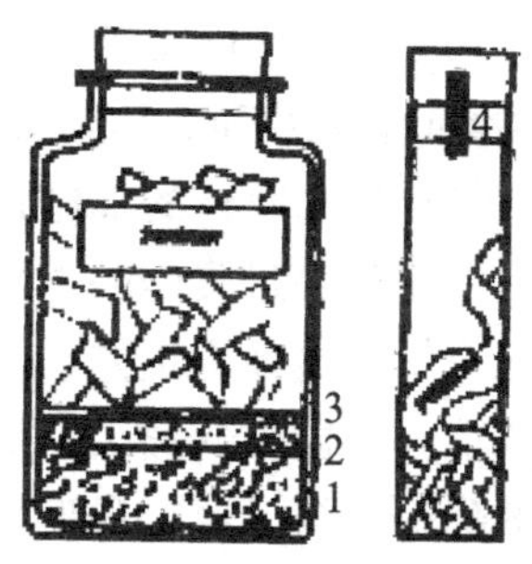

图 3—11　各种形状的毒瓶

1——毒药　2——锯末　3——石膏　4——放入瓶塞上的药管

若无氰化物，可用乙醚或醋酸乙烷代替。使用时，用棉花蘸几滴药液，而后放入瓶中，或在瓶盖上打一小洞，装上玻璃管，塞上脱脂棉，滴上药液即可。这两种药易挥发，用时应随时添加，以保持药效。制作毒瓶时也可使用某些捣烂的植物组织，如带皮的苦桃仁、枇杷仁、桃树皮、青核桃皮、月桂树叶等代替剧毒药品。

采集害虫时，应注意保护昆虫身上的附肢，若失去了这些鉴定时所必需的特征，则失去了所采标本的价值。凡是在不同日期、不同环境、不同寄主上采集到的昆虫，应分开存放，分别编号记录。存放采集昆虫容器的外侧应贴有采集标签，标签上注明采集时间、地点、档案的被害部位及损害程度、采集人等。同时还应对采集地点的自然环境、档案库（室）的保管状况等加以记录，以便分析害虫产生的原因，采取有效的防治方法。另外，在采集害虫时，若条件允许，应收集一些被害档案，以备制作示教标本。

（二）昆虫标本的制作

1. 昆虫干制标本制作法

(1) 还软：经毒杀致死的昆虫或收集的死虫过一段时间后便会干燥发脆，因此，在制作标本前必须将标本进行还软处理，以防虫肢体上的构造折断或破碎。还软器可由密闭的玻璃缸（如干燥器）构成，其底部放入洗涤干净的细砂，加入清水，再加入几滴苯酚或甲醛溶液，以防昆虫生霉。在还软器中间放一块有孔瓷板，将需还软的标本放在瓷板上，盖的周围抹一层薄而均匀的凡士林，将盖密闭。在夏季，还软时间为 3～4 天，冬季约需一周。少量或个体小的昆虫，也可放在铺有湿砂的玻皿内或潮湿的布层中，罩以玻璃钟罩进行还软。

(2) 针插：用昆虫针固定昆虫的位置，以便进行整姿、展翅等工作，并便于研究时手持。昆虫针依粗细分为 00、0、1、2、3、4、5 号七种，针的直径依次增加，针的长度一般为 38～45mm。2 号和 3 号昆虫针最为常用。

根据昆虫所属目的不同，针插昆虫身体的部位各异。如鞘翅目昆虫，针应插在虫右侧鞘翅的左上角，使虫针正好穿过腹面的中足与后足之间。由于多数档案库内害虫虫体很小，不宜用昆虫针直接插入虫体，通常采用三角纸粘插法，即将较厚的卡片纸剪成一等腰三角形，将昆虫针插入三角纸卡短边附近的中央处，用黏虫胶把昆虫粘在三角纸卡的尖端。为了便于观察，可将同一种虫从不同的方位（如虫的背面、侧面或腹面）粘在三角纸卡上，如图 3—12 所示。

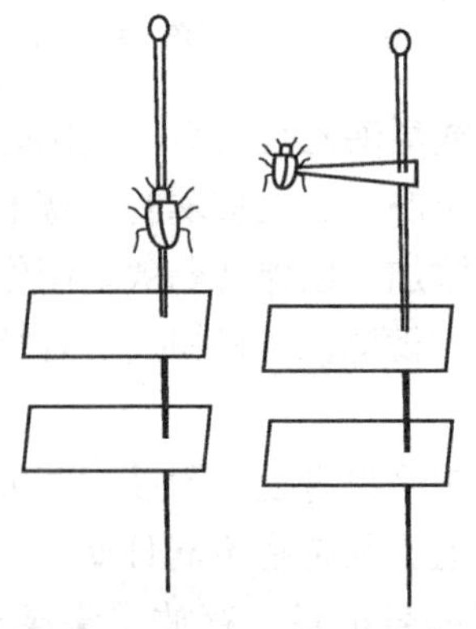

图 3—12　针插法（成虫）

为了使昆虫及虫体下方的标签在昆虫针上的高度一致、整齐美观，制作标本时须使用三级板，如图3—13所示。三级板是用木材或有机透明玻璃制成，每一级的厚度为0.8cm，每级中央有一小孔用以插针。使用时，第一级用于定标本的高度，第二级用于定采集标签的高度，第三级用于定名称标签的高度。

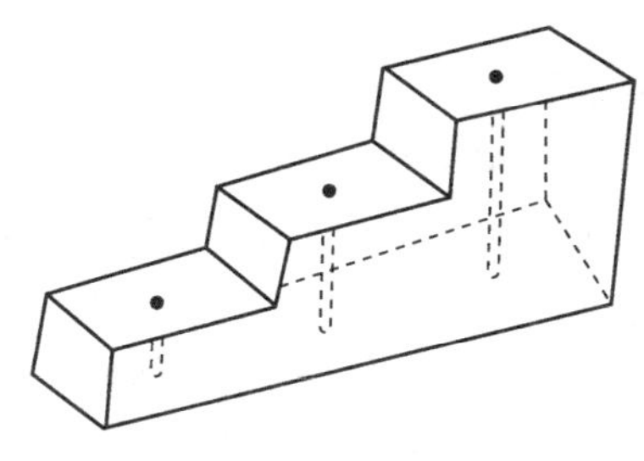

图3—13 三级板

（3）展翅：为了观察昆虫的翅脉构造，以及胸、腹部背、侧面的特征，制作某些害虫标本时，需在展翅板上将昆虫的翅展开。展翅板是用较软的木料制成，如图3—14所示。其主要部分是中间的槽沟与槽旁的两块板。槽沟中央铺有一层软木板、软木板与槽沟旁两块板的距离为16mm，两块板中的一块是可调的。使用时，将针插后的昆虫移入展翅板，其腹部在两板之中，而两翅恰好平铺于板上。将针固定于槽沟中的软板上，用昆虫针或小毛笔按要求将翅拨展到适当的位置，然后用表面光滑的纸条覆压在翅上，并用虫针固定。

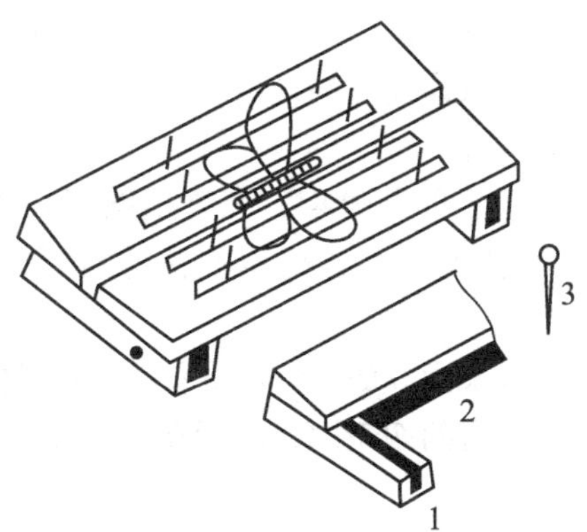

图3—14 展翅板的构造

1——活动槽　2——插针槽板　3——固定螺丝

（4）整姿：即在整姿台上，将昆虫的触角、肢等加以整理。整姿台系用软木或硬纸板糊一层透明玻璃纸制成，在其四角钉一块长方形木板做支柱。整姿时，将插有昆虫的针插入整姿台，使虫体腹部和三对足贴于板上，然后将虫的触角、足整理成自然状态。触角过长时，可沿虫体绕曲，最后用大头针固定。

(5) 干燥：将制作好的标本放在通风无尘、无虫的地方（如干燥厨：厨的三面为纱，内放樟脑精块、木馏油等防虫防霉药品），待标本完全干燥后，放入标本盒长久保存。

2. 昆虫液浸标本制作法

此法是用保存液（如 75%酒精等）浸泡标本。适用于卵、幼虫、蛹以及许多成虫的保存。为了使幼虫标本的特征明显、身体不卷曲，在浸泡前，可将较小的活幼虫投入开水中，待其身体伸直后即取出，略凉一下再放入保存液中；对于较大的活幼虫，可直接将 4%福尔马林液注入其体内，而后再浸于保存液中。此外，必须使浸渍前的幼虫和成虫饿透，且排泄干净。液浸标本用指形管保存。

常用的保存液有下述几种：

(1) 酒精保存液。酒精浓度为 75%。若再加入 0.5%～1.0%的甘油，则可使虫体软化，且减缓酒精的蒸发速度。

(2) 福尔马林保存液。4%的福尔马林溶液。

(3) 冰醋酸、福尔马林、酒精混合保存液。80%酒精 15 份，含酒精 40%的福尔马林 5 份，冰醋酸 1 份。此保存液对昆虫内部的柔软组织有较好的固定作用，但日久标本颜色易变深，并有微量沉淀。

(4) 冰醋酸、白糖、福尔马林保存液。冰醋酸 5ml，白糖 5g，福尔马林 5ml，蒸馏水 100ml。此保存液对红、绿、黄色具有一定的保护作用。但标本浸泡前不要用水煮，以免出现虫体发瘪的现象。

3. 昆虫生活史标本制作法

生活史标本是将一种昆虫的各虫期、为害档案等有关标本集中装在一个盒内，以示此种昆虫的生活情况。此种标本制法综合了干制、液浸昆虫标本的方法。

(1) 制备标本盒。通常采用 30cm×24cm×4.5cm 规格的玻面纸盒，将少许锯末放入盒底，樟脑丸放在盒的四角内，然后在盒内铺一层棉花，最上面铺一层脱脂棉。

(2) 制标本。将卵、幼虫、蛹等各种虫态的标本装入指形管中，标本下垫以脱脂棉和黑纸。将长柄针伸入管内以整理虫的姿态，然后加满保存液于管内，用石蜡、火漆或封口胶（明胶溶于丙酮）将管口封闭，也可采用封安培瓶的方式封口。

(3) 装盒。将已制备好的各种虫态标本及虫蛀档案从左至右依次排放于标本盒内，并各加标签注明。在盒的左上角加总标签或说明。将盒盖盖上，并用大头针钉住。

四、实验结果及要求

（1）制作档案害虫成虫的干制标本。

（2）制作档案害虫生活史标本。

五、思考题

用干制法制作档案害虫标本时应注意哪些问题?

实验五　害虫的饲养

害虫的饲养是档案库内害虫防治研究中不可缺少的一部分，如杀虫药剂的实验，需大量生理条件一致的供试害虫，只有通过人工饲养的方法才能满足实验的需要。

一、实验目的

了解害虫的饲养过程，初步掌握几种害虫的饲养方法。

二、实验仪器及材料

（1）恒温恒湿箱、养虫缸、筒架式养虫器、干燥器、养虫瓶。

（2）滴管、刷子、脱脂棉、硬纸片、虫饲料等。

（3）几种害虫的成虫、幼虫。

三、实验步骤

（一）害虫饲养的设备

（1）恒温恒湿箱。它是可调节与控制箱内温湿度的仪器，是较为理想的养虫设备。

（2）养虫缸。饲养害虫的器皿，用玻璃制成，一般以高 32cm、宽 30cm、长 48cm 为佳。养虫缸的缸口盖以铁丝网盖，铁丝网盖的边缘由白铁皮制成，与缸接合的边缘为双层，其中镶嵌薄橡皮垫或绒布，使盖与玻璃缸接合严密。铁丝网盖中央设有直径为 15cm 的圆孔，上盖有铁皮盖，通过此孔进行操作。此缸适宜于饲养各种甲虫。

（3）筒架式养虫器，如图 3—15 所示。它为一较大的玻璃圆筒，内放铁架，架分为数格，每格上放一圆盘，盘的边缘由铁皮制成，盘底为铁丝网，盘的直径为 18cm，架高 32cm。玻璃圆筒以能放入铁架为宜。筒底放入经消毒的沙泥，筒口盖以纱布，并用绳扎紧。此容器适宜于饲养蛾类、蜚蠊等。

（4）干燥器。干燥器是可用于养虫的玻璃器皿。干燥器内有一穿孔瓷隔板。

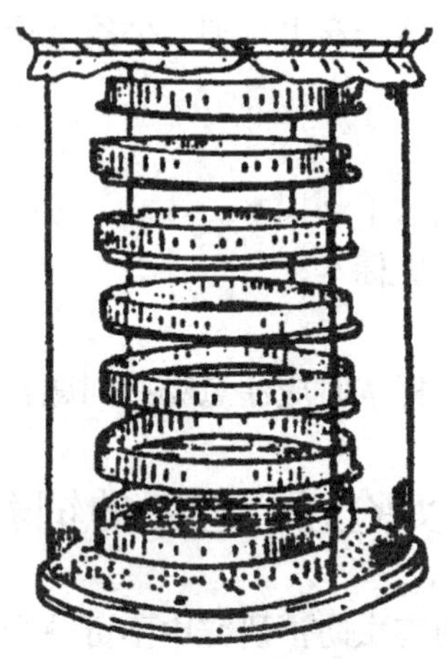

图 3—15 筒架式养虫器

使用时，将害虫置于板上，板下放入适当的恒湿液，以构成适宜于害虫生长发育的环境湿度。

(5) 养虫瓶。养虫瓶是一种简易的养虫容器。可采用广口瓶或玻璃罐头瓶，瓶口包以纱布，扎紧。

(二) 害虫的饲养

1. 成虫的饲养

成虫所需食料有液体、半固体和固体三类。饲养中以供给液体食料最为简便。通常以浓度为 1%～10%的蜂蜜、糖汁等液体为食料。

供食方法：将脱脂棉浸于供食液体中，然后将吸有液体食料的棉花放入供食容器中，或在供食容器中放几张硬纸片，用滴管将液体食料直接滴于硬纸片上，饲养成虫时的温度以 26～30℃、湿度以 70%～85%为宜。

(1) 蜚蠊成虫的饲养。

食物配方：玉米粉 35%、面粉 20%、脱脂奶粉 20%、麦麸 20%、酵母粉 5%。

配制方法：用等体的甘油和蜂蜜的混合液将上述原料充分搅拌，均匀混合。

将食料加于供食容器内的硬纸片上，在 25～28℃、50%～80%的温湿度条件下饲养。

(2) 毛衣鱼成虫的饲养。

在手工纸上刷一层淀粉糨糊，然后将虫及刷有糨糊的手工纸放入供食容器，在 28℃、75%的温湿度条件下饲养。

(3) 档案窃蠹、烟草甲成虫的饲养。

在供食容器内的纸片上滴蜜糖水。饲养时的温湿度为 26～30℃、70%～85%。

成虫交尾产卵期的管理。根据害虫的生活习性，创造适宜的产卵环境，是获得较多虫卵的重要条件。如蜚蠊交尾产卵时需要较为安静的环境，不需太大的空间，可用三合板做成 5～10 格的养虫架，每格距离为 1～1.5cm，使成虫在格内产卵。档案窃蠹、烟草甲习惯于将卵产在较粗糙的表面或缝隙内；花斑皮蠹喜欢在黑暗的场所产卵。

2. 卵的保存

卵期是保藏昆虫最好的时期，适当贮存些虫卵，可调节所需虫的数量及时间，从而及时满足应用的需要。贮存虫卵的温度一般应为 0～5℃，并保持一定的湿度，以防虫卵干缩失去孵化力。

3. 幼虫的饲养

幼虫的食料有天然食料和人工食制料，饲养时可单独或混合使用。

(1) 档案窃蠹幼虫的饲养。

天然食料主要有纸张、马粪纸板布面套、纸板、胶合板等。

人工饲料：面粉 50%、玉米面 10%、酵母粉 10%、脱脂奶粉 10%、糕干粉 20%。将原料均匀混合，加水调成糊状，然后将其涂于马粪纸板上晾干，切成碎片备用。

(2) 烟草甲幼虫的饲养。

天然饲料主要有马粪纸板布面套、纸张、烟叶、甲药材等。

人工饲料：面粉 30%、麦麸 20%、玉米面 30%、酵母粉 10%、糕干粉 10%。配制方法同上。

(3) 黑皮蠹幼虫的饲养。

天然饲料为毛毯。

人工饲料用毛毯加适量小米和酵母。

饲养幼虫的环境温湿度一般为 24～30℃、70%～80%。

为了得到健壮、整齐的幼虫，在幼虫的饲养过程中还需进行分缸，即将同一养虫缸内的幼虫按虫体大小挑出，分别饲养于不同的养虫缸内。对于毛衣鱼、蜚蠊等行动敏捷的害虫，分缸前应先将其置于 0～10℃条件下，使虫处于昏迷状态，以便分缸。

4. 蛹的饲养

完全变态的昆虫，当幼虫成熟后则会寻找适宜的地方化蛹。蛹一般不活动不取食，无须专门饲养，通常在 0～5℃条件下保存。许多昆虫的蛹保存时要求较高的湿度，为此，可用吸水纸、脱脂棉、多孔塑料等吸水后放入养虫器内。

此外，饲养害虫时，应用高压蒸汽或75%酒精等对所用器具进行消毒。在食料中加些防腐剂（如山梨酸等），以抑制霉菌生长，同时应注意保持饲养室的清洁和空气新鲜。当用恒温恒湿箱养虫时，要定时检查。

四、实验结果及要求

采用养虫设备饲养害虫的成虫或幼虫，并定期记录其生长情况。

五、思考题

饲养成虫及幼虫应注意哪些问题？

实验六　熏蒸杀虫

熏蒸杀虫剂具有良好的挥发性、扩散性和钻透性，它可渗透至档案内部，通过害虫的呼吸系统、卵孔等部位进入虫体，引起害虫的死亡。因此，熏蒸杀虫法是杀灭档案库内害虫的主要方法。

一、实验目的

掌握熏蒸杀虫实验的方法，检验熏蒸杀虫剂对纸张、字迹材料性能的影响。

二、实验仪器及材料

（1）熏蒸消毒箱、一次性杀虫器、色差仪、耐折度仪、拉力机、pH计、白度仪、定距裁纸刀。

（2）气袋、输血胶管、注射器、针头、复合塑料薄膜、胶带、橡胶皮、剪刀、加液瓶、牛皮纸、糨糊。

（3）纸张材料、字迹材料、档案材料、熏蒸药剂。

（4）供试害虫。

三、实验步骤

（一）熏蒸消毒箱杀虫实验

1. 准备材料

根据实验室虫子的饲养情况，选取1～2种档案库内常见的害虫，将虫装入盛有配好食物的培养器或指形管内，用纱布将皿（管）口包扎好。

重复准备上述虫试样，作为不用药剂处理的对照组。

（1）纸张试样。

裁取用于测定纸张pH值、耐折度、抗张强度、白度等性能的试样各两组（取样方法见第一章）。其中一组试样作为不用药剂处理的对照组。

（2）字迹试样。

根据第一章中所述方法准备各种字迹试样一份，用色差仪进行测定。

2. 熏蒸杀虫

简易熏蒸消毒箱为一普通木制箱，如图 3—16 所示，箱的一侧设有直径约 1cm 的圆形施药孔，可根据需要在箱内设置活动格板等以放置档案或试样。

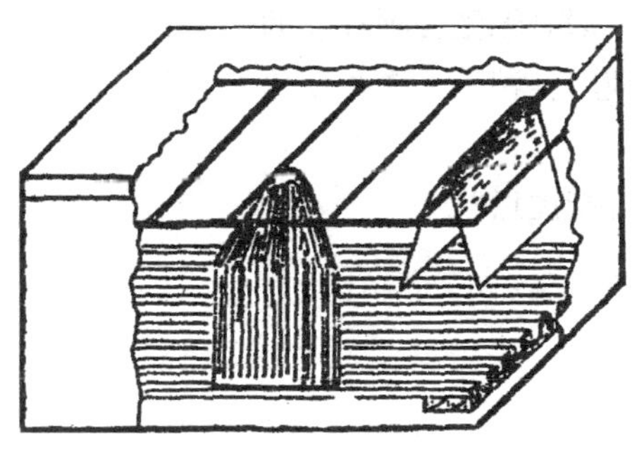

图 3—16 简易消毒箱示意图

3. 操作步骤

（1）封箱。将供试害虫、纸张及字迹试样放入消毒箱内。用三种宽度不同的牛皮纸条（纸条宽度分别为 3cm、7cm、9cm）将箱体的缝隙处由窄至宽逐层粘贴密封，仅留施药孔。

（2）施药。用胶带将施药孔密封，再剪一块略大于孔的橡胶皮粘于封口胶块的中心，将其贴在施药孔处，用力将四周压平。用注射器抽取一定量的药剂，并迅速将注射针头通过施药孔处橡胶皮扎入箱内。

（3）开箱。密闭 48 小时后，开箱放气。放气地点应在开阔无人地带，或在通风橱中进行。放气时间为 2～3 小时。

（4）观察与检测。

取出放置害虫的容器，置于温湿度为 28～30℃、70%～90%的条件下饲养观察，待 24—76 小时后即可获杀虫效果。虫卵需观察 1 个月。

检测施药前后纸张各项物理、光学性能指标的变化以及施药后字迹颜色的改变。

四、实验结果及要求

（1）害虫死亡率和校正死亡率。

$$害虫死亡率（\%）=\frac{处理后害虫死亡的头数}{处理前害虫的总头数}\times 100\%$$

校正死亡率：害虫的死亡数量不仅与施药有关，还与害虫在自然状态下因生理条件、健康状况等因素而造成的死亡有关。校正死亡率的公式为：

$$校正死亡率（\%）=\frac{对照组生存率-处理组生存率}{对照组生存率}\times 100\%$$

在实验中，当对照组害虫的自然死亡率小于5%时，则处理组害虫的死亡率不用加以校正；当对照组害虫的自然死亡率过高，如20%时，则需重新进行实验。

（2）记录熏蒸杀虫剂对纸张各项性能的影响。

（3）计算熏蒸处理后各种字迹颜色变化的色差，并在色度图中标明。

五、思考题

熏蒸杀虫法具有哪些优点？

第四章

档案修复技术

本章要点

- 档案去污、去酸的原理与方法
- 档案加固原理与方法
- 修裱糨糊的配制
- 档案修补、托裱和修复
- 揭“档案砖”
- 档案字迹恢复

档案修复技术是档案保护的重要工作之一，在档案的保存和利用中，档案会受到各种人为因素和自然因素的影响，如：环境污染、温湿度的变化，致使档案受污染、纸张老化；档案有害生物的破坏，致使档案破损等。档案修复就是采用各种物理和化学的方法对这些已经受到损害的档案进行加固、去污、修补等的处理过程。

实验一　溶剂去污

纸质档案在保存和利用过程中，由于不利的环境条件或人为因素的影响，有时会沾上泥斑、油斑或蜡斑，从而影响档案的外观，严重的还会遮盖文字、图像，因此需将污斑去除。

一、实验目的

掌握用水及有机溶剂去除纸质档案上泥斑、油斑及蜡斑的方法；了解各种溶剂的去污效果和对字迹材料的影响情况。

二、实验原理

任何物质分子间都存在着作用力。用水、有机溶剂去除纸质档案上的污斑，其实质是溶剂溶解污斑的过程。只有当溶剂与污斑之间的作用力大于污斑内分子之间的作用力及污斑与纸张纤维之间的作用力时，才能使污斑溶解。而溶剂与污斑之间作用力的大小与溶剂及污斑的极性有关。当二者极性相似时，污斑易被溶解。这就是相似相溶原则，即极性物质易溶于极性溶剂中，非极性物质易溶于非极性溶剂中。

水是极性分子溶剂。泥斑中主要含有黏土及杂质。黏土是极性物质，一般机械地黏附在纸质档案表面。由于水和黏土极性相似，因此，水对其有一定的溶解力，尤其当水温升高后，溶解力也随之提高，所以，用水可以除去泥斑。

油是高级脂肪酸的甘油酯，蜡是高级脂肪酸的高级饱和一元醇酯，它们的分子结构中都具有较长的烃链，因而都是非极性分子。根据相似相溶原则，它们不能溶于水中，但能溶解在非极性的有机溶剂中，如汽油、苯、醋酸乙酯、四氯化碳等。因此，有机溶剂可以除去油斑、蜡斑。

三、实验仪器及材料

(1) 瓷盘（或塑料盘）、玻璃板、玻璃棒、软毛刷（或小排笔）、小烧杯、镊子、小刀（或手术刀）、电熨斗、脱脂棉花、吸水纸、带油斑的纸质档案试样（含各种字迹材料）。

(2) 汽油、苯、石油醚、醋酸乙酯、乙醚。

四、实验步骤

（一）去除泥斑

(1) 用软毛刷刷去纸质档案试样表面上的浮土。如泥斑较厚，可用小刀小心刮除。

（2）在瓷盘中倒入热水，水温约 70℃。

（3）把纸质档案试样放进热水中，如档案的纸张强度不大，可把纸质档案试样放在玻璃板上，并沾些水使之湿润。然后将它同玻璃板一起放进热水中。

（4）隔几分钟摇动一下瓷盘，使水在纸张表面流动，随之进行冲洗。必要时可用软毛刷（或小排笔）在水中小心地刷洗纸质档案试样上的污斑。

（5）污斑去除后，取出玻璃板和纸质档案试样，然后用清水洗一下，放在吸水纸上压干。

（二）去除油斑

（1）把汽油、苯、石油醚等溶剂分别少量地倒在几个小烧杯中，立即盖上玻璃板，以防挥发。

（2）对字迹进行溶解性检查：首先用滴管在吸水纸上滴一滴溶剂，然后把吸水纸压在纸质档案试样上一个不重要的字迹或标点符号上，如吸水纸上有字迹材料的颜色，说明字迹材料能被该溶剂溶解，因而不能用此溶剂进行去污。反之，则能用此溶剂去污。

（3）把纸质档案试样反扣在吸水纸上，用镊子夹住棉花球并蘸上少量溶剂，从油斑边缘逐渐往中间擦。擦时要勤换棉花球，并且经常移动纸质档案试样下的吸水纸，直到油斑去净为止。

（三）去除蜡斑

（1）将纸质档案试样平放在吸水纸上，把小刀（或手术刀）的刀面紧贴档案试样表面，从蜡斑底部由外向里轻轻刮除。

（2）用两张干净的吸水纸夹住纸质档案试样，然后用电熨斗（温度约 80℃）在吸水纸上熨烫蜡斑，蜡斑熔化后，逐渐被吸水纸吸收。在操作过程中要勤换吸水纸，直到吸水纸吸不到蜡迹为止。

（3）按（二）所述方法进一步去除油斑。

（4）按上述步骤用各种溶剂去除油斑、蜡斑，以了解不同溶剂的溶解性能。

五、实验要求

（1）去除油斑、蜡斑的工作，必须在通风橱中或空气流通的地方进行。

（2）在全部实验过程中，室内不能有明火。

（3）用棉花擦除污斑时，动作要轻。

（4）在去污前，留一份带有泥斑、油斑、蜡斑的原件，以作对比。

六、思考题

（1）去除纸质档案上的油斑，应使用哪种溶剂？为什么？

（2）用溶剂去除油斑、蜡斑时，应注意哪些问题？

实验二　过氧化氢溶液去污

在利用及保管过程中，在不利的环境条件或人为因素的影响下，纸质档案上往往会有霉斑、蓝黑墨水斑等。它们不仅影响档案的外观及利用，而且会对档案的纸张、字迹等材料的耐久性产生不利影响，因而要设法去除。

一、实验目的

掌握过氧化氢溶液的去污原理和方法；了解 pH 值对去污效果的影响。

二、实验原理

过氧化氢（H_2O_2）是氧化剂，其分子中有一过氧链（-O-O-）。每个氧原子各连接一个氢原子。常温下，过氧化氢容易分解，首先生成氧化性较强的原子氧（O），然后生成氧气（O_2）。原子氧能氧化污斑中的色素，使之褪色。

过氧化氢是弱酸，在水溶液中能电离出氢离子和过氧氢基（HOO^-）：

$$H_2O_2 = H^+ + HOO^-$$

过氧氢基具有一定氧化性，能使污斑中某些色素氧化而脱色。在碱性介质中有利于过氧氢基的生成，污斑更易被除去。

去污时为了减弱过氧化氢对纸张的影响，当去除不太严重的污斑时，可用过氧化氢与乙醚的混合液。由于乙醚是有机溶剂，它亦可溶解部分污斑。

三、实验仪器及材料

（1）瓷盘（或塑料盘）、100ml 带木塞锥形瓶、100ml 量筒、滴管、pH 计、200ml 烧杯、竹夹子、带有蓝黑墨水等污斑的纸质档案试祥。

（2）过氧化氢、乙醚、2N 氢氧化钠。

四、实验步骤

（一）过氧化氢—乙醚混合液去污

（1）用量筒量取 40ml 乙醚，放入 100ml 干燥的锥形瓶内，然后用木塞塞紧瓶口。

（2）用量筒量取同体积过氧化氢，放入烧杯中。用滴管将过氧化氢滴加至乙醚中，边滴边振荡（注意：滴加速度不要太快），使它们充分混合。滴加完毕，用木塞塞紧瓶口后，再用力振荡 5 分钟，然后静置数分钟，待之分层。

（3）用吸管取出上层溶液（过氧化氢与乙醚混合液）于瓷盘中，并测溶液的 pH 值。

（4）把待去污的纸质档案试样在清水中浸一下，然后放入过氧化氢与乙醚的混合液中，直至污斑消除。同时记录去污所需时间。

（二）过氧化氢溶液去污

（1）取 100ml 过氧化氢溶液两份，分别放在烧杯中。

（2）测定溶液的 pH 值，并记录数据。

（3）用滴管在其中一份过氧化氢溶液中滴加 2N 氢氧化钠，使该溶液为弱碱性（pH≈8）。然后，把两份过氧化氢溶液分别倒入瓷盘中。

（4）把两份带有污斑的纸质档案试样放在清水中浸一下，随后分别放入过氧化氢溶液中，直至污斑消除，然后放在清水中冲洗干净。最后，放在吸水纸中压干。记录去污所需的时间。同时观察并记录不同 pH 值的过氧化氢溶液的去污情况，比较它们的去污效果。记录表格如表 4—1 所示。

表 4—1　　　　实验记录

去污剂	去污时间	pH 值
过氧化氢—乙醚		
过氧化氢（1）		
过氧化氢（2）		

五、实验要求

（1）去污前对字迹进行水溶性检查。方法是：在纸质档案试样上一个不重要的字或标点符号上滴一滴水，然后用吸水纸压一会。如吸水纸上有字迹的颜色，表示该字迹材料能溶于水，这样就不能用过氧化氢溶液去污；反之，则可用过氧化氢溶液去污。

（2）乙醚是易燃的有机溶剂，整个去污过程必须在通风橱中或空气流通的地方进行。

六、思考题

为什么在不同 pH 值条件下，过氧化氢溶液的去污效果不同？

实验三　氯胺 T 溶液去污

氯胺 T 是一种温和的氧化剂，可以去除纸质档案上不太严重的污斑。

一、实验目的

掌握氯胺 T 溶液的去污原理和方法，了解温度、pH 值对去污效果的影响。

二、实验原理

氯胺 T 分子中含有活性氯。在酸性条件下，氯胺 T 能生成次氯酸（HClO）。次氯酸不稳定，容易分解，生成氧化性较强的原子氧（O），使污斑色素氧化而褪色。温度、pH 值是影响氯胺 T 去污效果的主要因素。

氯胺 T 在水溶液中有如下反应：

$$CH_3C_6H_4SO_2N\begin{matrix}Na\\Cl\end{matrix} + H_2O = CH_3C_6H_4SO_2NH_2 + NaCl + [O]$$

三、实验仪器及材料

（1）瓷盘（或塑料盘）、玻璃棒、竹夹子、台秤天平、温度计、200ml 量筒、100ml 量筒、500ml 烧杯、恒温水浴、pH 计、带蓝黑墨水等污斑的纸质档案试样。

（2）氯胺 T、6N 盐酸。

四、实验步骤

配制三份 3%氯胺 T 溶液 250ml。

在天平上称取氯胺 T 7.5g 后放入烧杯中，再倒入 250ml 蒸馏水，用玻璃棒搅拌，使之完全溶解。

（1）按此方法共配制三份 3%氯胺 T 溶液并编号（1 号、2 号、3 号）。

（2）测氯胺 T 溶液的 pH 值。记录所测数据。

（3）在两份氯胺 T 溶液中加入 6N 盐酸数滴，使它们的 pH 值分别为 5 和 7。

（4）将配制的三份氯胺 T 溶液分别倒在三个瓷盘中。然后用温度计测量溶液温度，并做好记录。

（5）将带有污斑的纸质档案试样放入清水中浸一下，然后分别放入不同 pH 值的氯胺 T 溶液中，直至污斑褪色。记录褪色所需时间。将纸质档案试样在清水中冲洗干净，然后放在吸水纸中压干。

（6）如水温低于 20℃，可用恒温水浴将药液加热，并恒温在 20～30℃，重复上述实验。观察污斑褪色情况，并记录所需褪色时间。记录表格见表 4—2。

表 4—2　　去污时间

1 号	pH		
	溶液温度		
	去污时间		
2 号	pH		
	溶液温度		
	去污时间		
3 号	pH		
	溶液温度		
	去污时间		

五、实验要求

比较在不同 pH 值及温度条件下，氯胺 T 溶液的去污效果。

六、思考题

影响氯胺 T 溶液去污效果的因素有哪些？

实验四　高锰酸钾溶液去污

高锰酸钾是一种强氧化剂，可以去除纸质档案上较严重的污斑。

一、实验目的

掌握高锰酸钾溶液的去污原理、方法，了解 pH 值、溶液浓度及纸张种类对去污效果的影响。

二、实验原理

高锰酸钾（$KMnO_4$）是一种强氧化剂，能氧化污斑中色素。其氧化性能（即得电子能力）与溶液的 pH 值有关。在中性或微碱性溶液中，高锰酸钾分子中的锰离子（Mn^{+7}）得三个电子，氧化数由＋7 变成＋4，并能形成棕色的二氧化锰（MnO_2），使纸张、污斑呈褐色。反应式如下：

$$4KMnO_4 + 2H_2O = 4MnO_2\downarrow\text{（棕色）} + 4KOH + 3O_2\uparrow$$

为除去棕色的二氧化锰，使纸张变白，随后用还原剂亚硫酸氢钠还原，反应式如下：

$$MnO_2 + NaHSO_3 = NaOH + MnSO_4\text{（无色）}$$

同时，亚硫酸氢钠等还原剂还能将污斑中某些色素还原成无色。如它能使蓝黑墨水中的黑色鞣酸铁、没食子酸铁还原为无色的鞣酸亚铁和没食子酸亚铁。

三、实验仪器及材料

（1）瓷盘（或塑料盘）、竹夹子、玻璃棒、200ml 量筒、500ml 烧杯、pH 计、台秤天平、吸水纸、带蓝黑墨水等污斑的纸质档案试样。

（2）高锰酸钾、亚硫酸氢钠、6N 盐酸。

四、实验步骤

（一）配制溶液

（1）配制 0.5%高锰酸钾溶液 250ml。

在天平上称取 1.25g 高锰酸钾，放入烧杯中，再倒入 250ml 蒸馏水，用玻璃棒搅拌，使之全部溶解。

（2）配制 1%亚硫酸氢钠溶液 250ml。

在天平上称取 2.5g 亚硫酸氢钠，放入烧杯中，再放入 250ml 蒸馏水，用玻璃棒搅拌使之完全溶解。

（3）用 pH 计测定各溶液的 pH 值。

（二）高锰酸钾—亚硫酸氢钠溶液去污

（1）将配制的 0.5%高锰酸钾溶液、1%亚硫酸氢钠溶液分别倒入 1 号、3 号瓷盘中。在 2 号瓷盘中放入清水。

（2）将带有污斑的纸质档案试样放在 2 号盘中浸一下，使纸张湿润。

（3）用竹夹子取出纸质档案试样，放入 1 号盘中约 10 分钟，同时观察纸张、污斑颜色的变化情况，并作记录。

（4）从 1 号盘中取出纸质档案试样，放入 2 号盘中清洗一下，再放入 3 号盘中，直至污斑褪色、纸张完全变白为止，记录所需时间。

（5）取出纸质档案试样，放入 2 号盘中清洗干净。

（6）将纸质档案试样放在吸水纸中压干。

（7）用带有污斑的报纸（新闻纸）按上述步骤进行去污，观察并记录纸张、污斑的变化现象及时间。

五、实验要求

（1）比较不同浓度的高锰酸钾、亚硫酸氢钠去除蓝黑墨水斑的情况。

（2）高锰酸钾溶液不能用于蓝黑墨水、染料等字迹的纸质档案的去污。

六、思考题

（1）纸张在高锰酸钾溶液中为什么会变成褐色？

（2）用高锰酸钾溶液去污应注意哪些问题？

（3）能否用高锰酸钾溶液去除报纸上的污斑？为什么？

实验五　氢氧化钙—碳酸氢钙去酸

由于造纸过程中的施胶、大气污染等原因，档案的纸张呈酸性，而酸能加快纸张中纤维素的水解速度，使纸张强度下降，不利于其耐久性。利用氢氧化钙—碳酸氢钙溶液能较好地去除纸张中的酸，以利于延长纸质档案的寿命。

一、实验目的

掌握氢氧化钙—碳酸氢钙溶液去除档案纸张中酸的原理和方法。

二、实验原理

（一）去酸原理

去酸实质是去除档案纸张中的氢离子（H^+）。氢氧化钙在水溶液中电离出的氢氧根离子（OH^-）能与档案纸张中的氢离子反应生成水，即

$$OH^- + H^+ = H_2O$$

为了除去残留在纸上的氢氧化钙，需用碳酸氢钙与之反应，生成具有抗酸作用的碳酸钙，即

$$Ca(OH)_2 + Ca(HCO_3)_2 = 2CaCO_3 \downarrow + H_2O$$

（二）碳酸氢钙溶液制备原理

碳酸钙与二氧化碳反应生成碳酸氢钙，即

$$CaCO_3 + CO_2 + H_2O = Ca(HCO_3)_2$$

（三）二氧化碳制备原理

实验室中常用碳酸钙与盐酸反应制备二氧化碳，反应式如下：

$$CaCO_3 + 2HCl = CaCl_2 + H_2CO_3$$
$$\quad\quad\quad\quad\quad\quad\quad\quad\quad\quad\quad\quad\quad\quad \llcorner CO_2 \uparrow + H_2O$$

三、实验仪器及材料

（1）瓷盘（或塑料盘）、玻璃棒、竹夹子、铁架台、台秤天平、200ml 量筒、100ml 烧杯、1 000ml 带支管烧瓶、胶皮管、玻璃管、带孔橡皮塞、分液漏斗、吸水纸、带酸纸质档案试样（或带酸纸张试样）。

（2）纸张拉力机、纸张耐折仪、纸张白度计、pH 计、恒温箱（温度可达到 105℃）。

（3）氢氧化钙、碳酸钙、盐酸。

四、实验步骤

（一）配制溶液。

（1）制取碳酸氢钙溶液。

在天平上称取10g碳酸钙，放入1 000ml带支管烧瓶中，再倒入70ml蒸馏水，随后把烧瓶固定在铁架台上。

把分液漏斗固定在带支管烧瓶的上方，然后倒入70ml盐酸，盖上瓶塞，并使瓶塞上小孔与分液漏斗上方小孔对准。

在天平上称取10g碳酸钙，放入600ml烧杯中，再倒入500ml蒸馏水，用玻璃棒搅拌几分钟。

用胶皮管将烧瓶的支管与玻璃管相接，然后把玻璃管插在600ml烧杯溶液中，整个装置如图4—1所示。

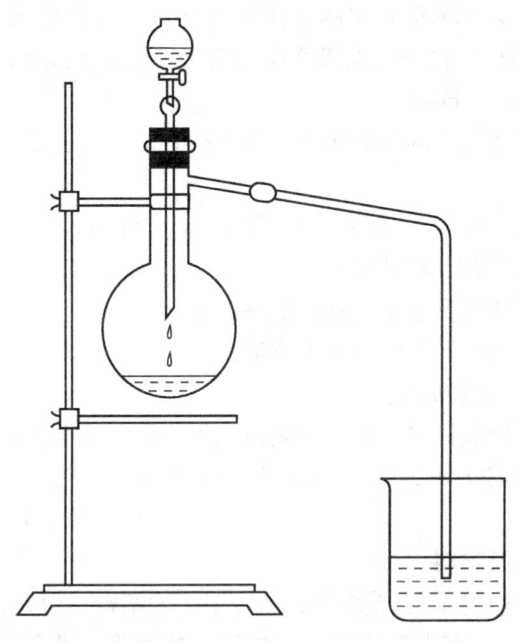

图4—1　制取 $Ca(HCO_3)_2$ 溶液的装置图

打开分液漏斗上的旋钮，使盐酸一滴一滴地加入到碳酸钙溶液中（注意：控制盐酸的滴加速度）。当烧杯中的溶液冒出气泡后，持续15～20分钟。同时观察溶液的变化现象。

停止向烧杯中的溶液通气，沉淀一会儿后，将烧杯中的清液（碳酸氧钙）倒在C瓷盘中。

（2）配制 0.15%氢氧化钙溶液 800ml。

在天平上称取 2g 氢氧化钙放入 1 000ml 烧杯中，再加入 800ml 蒸馏水，进行充分搅拌，待沉淀后，把清液倒在 A 瓷盘中（由于氢氧化钙微溶于水，因此在称取时要稍过量）。

（3）将上述溶液按图 4—2 排列。

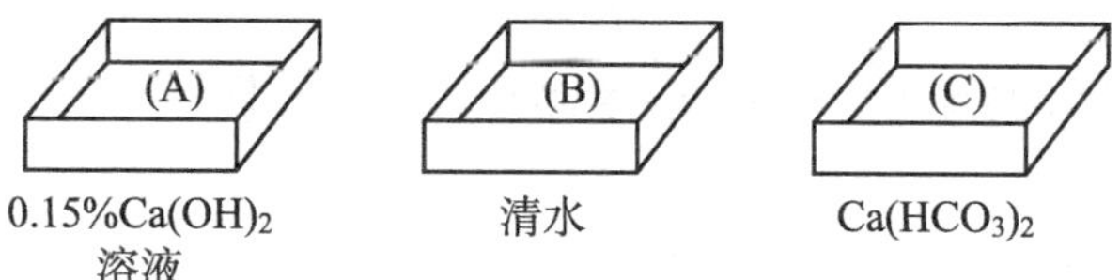

图 4—2　氢氧化钙—碳酸氢钙去酸流程

（二）去酸处理

（1）将带酸试样分成 5 组，对每组进行编号，分别为 1#、2#、3#、4#、5#，再将每张试样裁切成 2 份，其中一份为未去酸试样（如 1 未#，另一份为去酸处理试样，如 1 去#，如图 4—3 所示）。

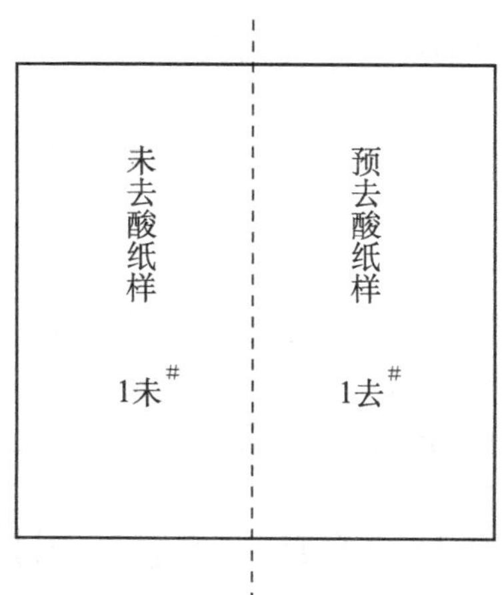

图 4—3　1 张带酸试样裁切成 2 份

（2）测定 A、C 瓷盘中氢氧化钙、碳酸氨钙溶液的 pH 值，记录数据。

（3）把 1 去#、2 去#、3 去#、4 去#、5 去#试样放入 A 瓷盘中浸泡约 20 分钟。

（4）从 A 瓷盘中取出试样，放入 B 盘清洗一下。

（5）将清洗过的试样放入 C 瓷盘中浸泡约 20 分钟。

（6）从 C 瓷盘中取出试样，在一空盘中控一下，以除去试样上部分碳酸氢钙溶液。

（7）将去酸后的试样放在吸水纸上晾干。

（三）老化实验

将 1#、2#、3#、4# 四组八份（去酸及未去酸）试样放在恒温箱中（温度控制在 105℃）进行干热老化 72 小时，随后取出待用。

（四）测定试样的 pH 值及物理性能

（1）用 pH 计测定 5#（未经干热老化）的两份试样（5 未#、5 去#）的 pH 值，记录数据。

（2）用 pH 计测定 4#（经干热老化）的两份试样（4 未#、4 去#）的 pH 值，记录数据。

（3）分别测定 1#、2#、3# 六份（经干热老化的去酸及未去酸）试样的耐折度、抗张强度、白度，记录数据。

五、实验要求

（1）制备碳酸氢钙溶液时，应控制盐酸的滴加速度，使之不要过快或过慢。

（2）向带支管烧瓶中装碳酸钙时，可将一长条纸（长度略大于烧瓶高度）对折一下，垂直插入干烧瓶中。然后将碳酸钙粉末顺着纸条倒入烧瓶中，以防将碳酸钙粉末撒在烧瓶四壁。

（3）在往分液漏斗中倒入盐酸前，应先检查一下旋钮的松紧程度，避免装入盐酸时发生渗漏现象。

（4）在去酸处理前裁取试样时，应按纸张物理测定的要求，计算出所用去酸试样的数量。

六、思考题

（1）去酸前后的试样，为什么要在同一张纸上取样？

（2）为什么要将分液漏斗上方的小孔与瓶塞上的小孔对准？

（3）去酸后如有少量碳酸氢钙残留在纸上，对其耐久性有无影响？

实验六　乙基纤维素加固档案

在纸质档案中，某些字迹材料的耐久性较差。如铅笔字迹不耐磨，红墨水及纯蓝墨水字迹不耐水。因此，在高湿或人为因素作用下，容易发生字迹扩散或褪色现象。乙基纤维素是一种白色粉末状的纤维素醚，将其配制成溶液后，可用于加固铅笔及红墨水、纯蓝墨水字迹。

一、实验目的

掌握乙基纤维素溶液的配制过程和加固纸质档案的方法；了解乙基纤维素的性能。

二、实验原理

乙基纤维素能溶解在某些有机溶剂中，如无水乙醇与苯的混合液。将该溶液涂布在纸质档案表面，干燥后能形成耐水、耐光、耐酸碱的薄膜，从而对纸张及某些字迹起到保护作用。

三、实验仪器及材料

（1）150ml 锥形瓶（干燥、带木塞）、玻璃棒、瓷盘（或塑料盘）、100ml 量筒、台秤大平、吸水纸、毛笔、排笔、纸质档案试样（带红墨水、纯蓝墨水、圆珠笔及复写纸字迹）。

（2）乙基纤维素、乙醇（无水）、苯、邻苯二甲酸二丁酯。

四、实验步骤

（一）配制乙基纤维素溶液

乙基纤维素溶液配方：

乙基纤维素	1g
乙醇（无水）	15ml
邻苯二甲酸二丁酯	10 滴
汽油	2ml

（1）在天平上称取 1g 乙基纤维素，放入带有木塞的干燥的锥形瓶内。倒入 40ml 苯、15ml 无水乙醇及 2ml 汽油，用玻璃棒搅拌至乙基纤维素完全溶解。

（2）向锥形瓶内加入 10 滴邻苯二甲酸二丁酯，用玻璃棒搅拌后，立即将木塞塞好（注意：乙基纤维素溶液的配制工作应在通风橱内进行）。

（二）加固档案字迹

（1）将纸质档案试样裁切成 4 组，编号为 1#、2#、3#、4#，每组试样含有红墨水、纯蓝墨水及圆珠笔、复写纸、铅笔字迹。

（2）1# 试样不涂布乙基纤维素溶液，作为空白试样。

（3）将 2# 试样放在吸水纸上，用毛笔蘸乙基纤维素溶液在纸张的正面字迹处涂布一次，反面不涂。

（4）将 3# 试样放在吸水纸上，用毛笔蘸乙基纤维素溶液在纸张的正反面字迹处各涂布一次。

（5）将 4# 试样放在吸水纸上，用毛笔蘸上乙基纤维素溶液，在试样纸张的正反面字迹处各涂布二次。

在用乙基纤维素涂布各组试样时，注意观察并记录各种字迹颜色的变化情况。

（6）将涂布后的各组试样放在通风橱内自然晾干（注意：涂布加固工作应在

通风条件下进行）。

（三）水浸对比实验

将 4 组试样放在水中浸没一段时间：15 分钟、30 分钟、45 分钟，观察各种字迹颜色的变化情况，并记录在表格中。

五、思考题

（1）乙基纤维素溶液适用于加固哪类档案字迹？为什么？

（2）为什么溶液配制及涂布工作应在通风条件下进行？

实验七　聚甲基丙烯酸甲酯加固档案

聚甲基丙烯酸甲酯可用于加固水溶性字迹及铅笔字迹。

一、实验目的

掌握聚甲基丙烯酸甲酯（有机玻璃）溶液的配制和加固方法；了解聚甲基丙烯酸甲酯的性能。

二、实验原理

聚甲基丙烯酸甲酯在一定条件下能溶于苯、三氯甲烷等溶剂中，干燥后形成的薄膜具有耐水、耐光、耐酸碱及耐磨性，对纸张及某些字迹可以起到保护作用。

三、实验仪器及材料

（1）500ml 锥形瓶（干燥、带木塞）、75cm 冷凝管、水浴锅、电炉、万能夹、三环台、胶管、台秤天平、纸质档案试样（黑铅笔字迹及红墨水、纯蓝墨水字迹）。

（2）聚甲基丙烯酸甲酯、苯、苯二甲酸二辛酯。

四、实验步骤

（一）配制聚甲基丙烯酸甲酯溶液

聚甲基丙烯酸甲酯溶液配方：

聚甲基丙烯酸甲酯（有机玻璃）	5g
苯二甲酸二辛酯	1g
苯	250ml

（1）在天平上称取聚甲基丙烯酸甲酯（有机玻璃）5g，放入干燥的 500ml 锥形瓶内。然后，加入 250ml 苯、1g 苯二甲酸二辛酯。瓶口塞以带有 75cm 冷凝管的软木塞。

（2）将上述锥形瓶放入水浴锅中，用万能夹将锥形瓶及冷凝管固定住。

（3）用胶管把冷凝管外层的下口与自来水管接通。冷凝管外层上口为出水口，可用胶管连接至下水道。

（4）打开自来水管龙头，待水自冷凝管外层下口进入至上口缓缓流出后，用电炉加热水浴锅，使锥形瓶中的溶液一直保持沸腾状态，直至聚甲基丙烯酸甲酯（有机玻璃）全部溶解。溶解有机玻璃示意图如图 4—4 所示。

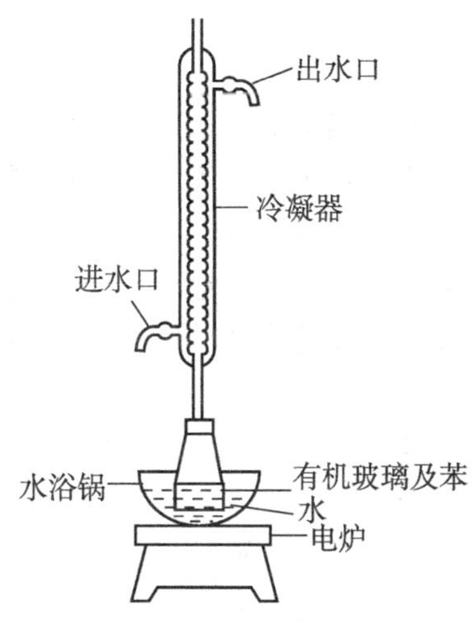

图 4—4　溶解有机玻璃示意图

（5）关闭自来水管龙头，打开万能夹，取下冷凝管，用木塞塞紧锥形瓶瓶口，以备用。

（二）加固字迹

（1）将纸质档案试样裁取成 4 组（每组试样都含有黑铅笔字迹、红墨水、纯蓝墨水、蓝黑墨水及蓝圆珠笔字迹），编号为 1#、2#、3#、4#。

（2）1#试样不涂布聚甲基丙烯酸甲酯溶液，作为空白试样。

（3）将 2#试样放在吸水纸上，用毛笔蘸上聚甲基丙烯酸甲酯溶液，在其正面字迹处均匀涂布一次，反面不涂。

（4）将 3#试样放在吸水纸上，用毛笔蘸上聚甲基丙烯酸甲酯溶液，在其正反面字迹处各涂布一次。

（5）将 4#试样放在吸水纸上，用毛笔蘸上聚甲基丙烯酸甲酯溶液，在其正反面字迹处各涂布二次。

在涂布各组试样时，注意观察并记录各种字迹颜色的变化情况。

（6）将涂布后的各组试样放在通风橱内自然晾干。

（三）水浸对比实验

将 4 组试样放在水中浸没一段时间：15 分钟、30 分钟、45 分钟。观察各种字迹颜色的变化情况。

（四）摩擦实验

用橡皮擦 1#、2#、3#、4# 试样上的黑铅笔字迹，直至字迹被擦掉为止。记录下摩擦的次数，如字迹经加固后不易被擦掉，可规定摩擦次数，然后对比字迹褪色程度。

五、实验要求

(1) 制备溶液的仪器装置安装完后，必须使冷凝管外层有自来水流通（自来水从冷凝管外层的下口处流入，从上口处流出），方可进行加热。

(2) 锥形瓶必须放在水浴锅中进行加热，不能直接放在电炉上进行加热。

(3) 在制备聚甲基丙烯酸甲酯溶液的过程中，必须连续加热。

(4) 在溶液加热过程中，冷凝管外层的自来水不可断流，以防苯因热而挥发掉。

(5) 整个试样的涂布加固工作应在通风处进行。

六、思考题

(1) 聚甲基丙烯酸甲酯适用于加固哪类档案字迹？为什么？

(2) 在制备聚甲基丙烯酸甲酯溶液过程中，能否使用明火进行加热？为什么？

实验八　修裱糨糊的配制

在保存和利用过程中，档案纸张会出现变脆和强度下降等损坏现象，为此，需要对破损档案进行修裱。由于小麦淀粉糨糊具有来源广泛、价格便宜、用它修裱后的档案平整柔软等优点，因此，它是最常用的一种修裱胶黏剂。

一、实验目的

掌握修裱糨糊的配制方法；了解淀粉的性能。

二、实验原理

淀粉是高分子化合物。它由直链淀粉和支链淀粉组成。直链淀粉能溶于热水而不成糊状，但干燥后能形成柔韧的薄膜；支链淀粉能与热水作用发生膨胀而成糊状，使糨糊具有一定黏性。由于淀粉的分子结构与纤维素结构相似，它也含有较多的羟基，因此，淀粉糨糊与纸张中的纤维素具有较强的黏附力。

三、实验仪器及材料

(1) 250ml 烧杯、100ml 量筒、玻璃棒、细箩、滴管。

(2) 小麦淀粉。

四、实验步骤

（1）制作稠糨糊：稠糨糊的制作有锅煮法、水冲法、隔水加热法等。其中，锅煮法因不易出现夹生现象，在实际工作中用的比较多。具体做法是：将干淀粉与水按照1∶5左右的比例混合，用细箩过滤，倒入锅内，加热，同时用浆棒不停地搅拌，当加热至60℃左右（糊化温度）时，淀粉液表面发亮并呈暗色，形成半透明体，并且黏度迅速上升，形成糊状，此时停止加热，使之慢慢冷却，放之备用。刚熬制好的糨糊火气大，黏性强，不适宜修裱，须立即把糨糊浸泡在清水中，凉透之后方可使用，这样做还可避免糨糊因干结而呈浆皮。

（2）调配稀糨糊：修裱档案需要浓度适宜的稀糨糊，所以还要把制成的稠糨糊再用水调稀。

方法一：取一定量的稠糨糊和凉开水，先将稠糨糊放在浆盆中捣碎，然后一边倒入凉开水一边搅拌均匀，直到将所需凉开水全部加入为止，再过一次箩，除去没有捣碎的糨糊疙瘩，就可以使用了。

方法二：在搅拌器中放入所需稠糨糊，开启电源，先将稠糨糊打匀。然后关闭电源，徐徐加入少量凉开水，再重新开启电源。如此，逐步把所需凉开水全部加入。搅拌器调浆可以提高工作效率，调制好的糨糊不会出现糨糊颗粒，因而无须过箩。

五、实验要求

（1）在配制糨糊加热过程中，一定要不断地搅拌。

（2）在加热过程中，要控制好温度，防止出现夹生现象。

六、思考题

（1）在配制糨糊加热过程中，为什么要不断搅拌？

（2）在配制糨糊加热时，为什么要控制温度？

实验九　档案的修补

对一些有孔洞、残缺或折叠处已磨损的纸质档案，需要进行修补后才能加以利用。

一、实验目的

掌握破损纸质档案的手工及机械修补技术。

二、实验原理

（一）手工修补

手工修补中使用的淀粉糨糊由于淀粉分子中含有许多羟基，具有较强的极性，与纸张中的纤维素中的羟基形成氢键，使补纸与档案纸张牢固地黏结在一起，同时也可提高纸张纤维的强度。

（二）机械修补

机械修补是把破损纸质档案放在纸浆补洞器（机）中进行修补的一种方法。纸浆补洞器（机）是由一个大水槽和一个带有细铜纱（或尼龙纱）形成活底的小水槽组成的。进入水槽的纸浆，在滤水时吃悬浮在水中的纸浆纤维流向纸质档案的洞口处，并使之填满。另外，纸浆中还含有一定量的胶黏剂，从而可以使纸浆纤维与档案上的洞口边缘结合。

三、实验仪器及材料

（1）喷水壶、毛笔、棕刷、镊子、葛板、修裱用纸、小麦淀粉糨糊、破损纸质档案。

（2）纸浆补洞器（机）、打浆器、缓冲器、真空泵、搅拌器、上光机、纸浆板（或宣纸及其他手工纸）。

四、实验步骤

（一）手工补缺（或补洞）

（1）将纸质档案反扣在葛板上，用手将纸张抚平，如果纸张太干、皱折多不易拂平时，可用喷水壶喷些水，使其湿润，然后再用手抚平。

（2）用毛笔在缺口边缘处或破洞四周涂上约 2mm 宽的稀糨糊，左手将补纸放上，右手的食指或中指按住补纸，然后左手轻轻地撕下多余的纸，最后用手指压一下。

（3）将补完的纸质档案压放在葛板下压干。

（二）机械补洞

1. 制作纸浆

（1）计算纸浆的用量。公式如下：

纸浆用量＝洞面积×档案纸张厚度×单位体积纸浆质量

（2）制作方法。

将木浆浆板撕成小块，然后放在打浆器中进行打浆，也可用宣纸（或其他手工纸）撕成小块，浸泡在蒸馏水中直至泡透，随后放入打浆器中进行打浆。在打浆过程中，加入少量浓度为 4%的聚乙烯醇溶液（注意：打浆一定要充分，使纤维分离、分丝、细纤维化）。

2. 操作步骤

（1）将纸质档案平铺在纸浆补洞器（机）内的丝网上（如图 4—5 所示），用一重物（如搅拌器）压住后，向纸浆槽中注入清水（约为纸浆槽容量的 2/3）。

（2）打开纸浆槽的出水口，取走压在纸质档案上的重物。

（3）当大部分水排出纸浆槽后，打开真空泵的进口阀，同时关闭排水阀。

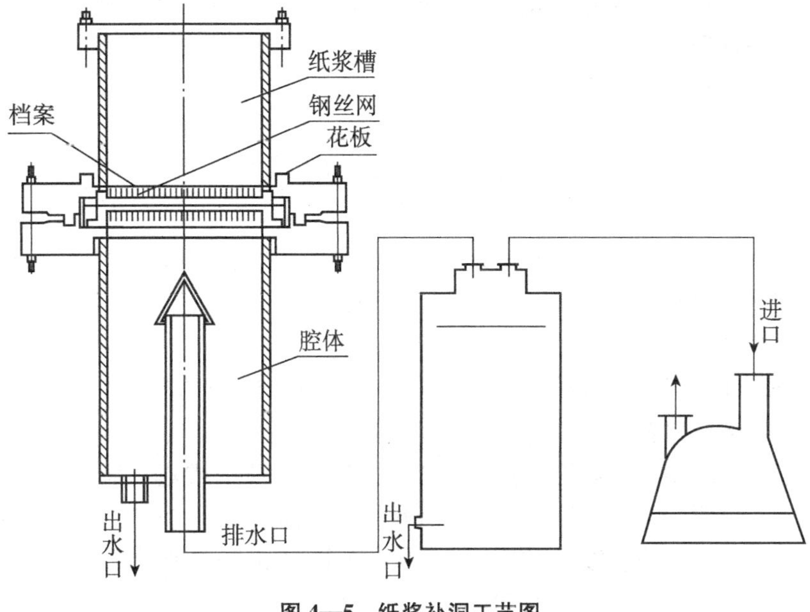

图 4—5　纸浆补洞工艺图

（4）当修补的档案纸张发白时，关闭真空泵的进口阀，同时打开纸浆补洞器（机）上的排水阀。

（5）将补完洞的湿档案夹在吸水纸中平铺在上光机上（不加热），用压辊前后左右移动，以排除残留在纸中的水分。

（6）对修补完的纸质档案进行托裱，不托裱的可放在吸水纸中压干。

（三）溜口

（1）将筒子页纸质档案反铺在葛板上（字面向下），并对齐二页纸，兑口不要过紧或过宽。

（2）用左手大拇指和中指压住兑口，右手持毛笔顺页口抹 1cm 宽的稀糨糊，用补纸把页口上下角的破损处补齐，然后在补纸上涂一层糨糊。

（3）取一条 1cm 宽的棉纸，一手拿上端，另一手拿下端，将其贴在页口处，然后用手指按实或垫上一张吸水纸用棕刷排实，最后放在葛板下压干。

五、实验要求

（1）修补时，刷糨糊宜少不宜多。

（2）补纸的边缘应撕成毛边，不要用剪子剪齐。

(3) 用纸浆补洞器修补时，应选择适当的真空度。真空度太大，易使纸浆纤维流失，同时使破损的纸质档案受损；真空度太小，不能排净纸质档案上洞口处纸浆中的水分，使形成的补纸层纤维松软，且黏在丝网上，不易取出纸质档案。

六、思考题

补纸的边缘为什么要撕成毛边?

实验十　档案的托裱

对纸张破损或变脆的档案需要用黏合剂和纸张进行修补，在档案纸张的一面托上一张纸，以起到加固作用，从而提高纸张强度。

一、实验目的

掌握纸质档案的单面托裱方法，即湿托及干托的操作方法。

二、实验仪器及材料

修复案子、绷子、裁刀、裁板、裁尺、针锥、油纸或塑料薄膜、排笔、毛笔、竹签、棕刷、镊子、针、毛巾、吸水纸（或高丽纸)、宣纸、淀粉糨糊、喷水壶、糨糊盆、待修复纸质档案。一般托裱工具如图 4—6 所示。

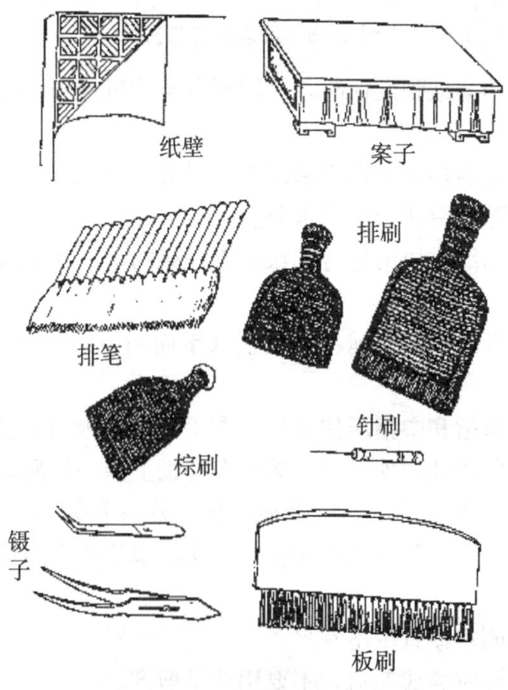

图 4—6　一般托裱工具示意图

三、实验步骤

（一）湿托

（1）用湿毛巾擦净案面后，把塑料薄膜（或油纸）平铺在案子上，再用毛巾擦净水珠及赶走气泡，使薄膜（或油纸）紧贴在案面上。然后擦去薄膜周围的水渍。

（2）把纸质档案反铺在案面上（字迹一面向下），用手抚平并摆正后，用喷水壶将其喷湿，然后用手慢慢将纸张舒展平整。

（3）用排笔蘸上糨糊，从纸质档案中间向右刷，随后由中间向左刷。刷时注意不要使纸张起皱，要刷平，刷均匀，不要漏刷。如果纸张起皱，应揭起重刷。

（4）补缺。拿同色、同质的补纸放在破损处，左手用食指按住，右手撕下多余的纸，然后在补纸上刷一层糨糊。

（5）用镊子拣净纸质档案上的草梗、砂粒及排笔上掉的毛。

（6）上托纸。右手持棕刷，左手持托纸（托纸稍大于纸质档案），先打开托纸的一边，用右手和棕刷拿住托纸的右端，然后以纸质档案的右上角为基准，沿着档案上面的边，将卷纸慢慢打开直到中间部分，对比好边缘后，右手推刷上纸，接着一刷挨一刷，从右向左推进，直到上完为止。刷时托纸不能出褶，也不能偏斜，否则揭起重上。

（7）排实。将托好的纸质档案连同薄膜一同揭起放在吸水纸上（字面向上），用针或镊子挑起薄膜一角，将其轻轻揭下，然后铺上吸水纸，用棕刷反复进行排实，使托纸与纸质档案牢固地结合在一起。

（8）撤潮。将已托裱的纸质档案移放在多层吸水纸上（字面向下），用棕刷进行排实。

（9）上绷子（或上墙）。将撤潮后的纸质档案放在案子上（字面向上），用毛笔在托纸四边抹上糨糊（注意：要留出起子口，即下墙时竹签插入的地方）。然后用镊子撩起纸质档案的右下角，并用右手持棕刷夹住纸质档案，左手撩起并提住纸质档案左角，随后把纸质档案的右上角首先固定在绷子上，再用棕刷贴住纸质档案的左上角，接着把四边贴牢。

（10）下绷子（或下墙）。待纸质档案自然干燥后，用竹签伸进右下方（起子口），先向下移动，然后向左移动，从而首先揭开右下方，最后慢慢向上移动，从而把右半部全部揭开。然后右手拿住托纸的右上部，左手拿托纸的右下部，将纸质档案揭起，与绷子呈 45°，然后用力向外拉，将纸质档案全部揭下。

（11）裁切。把托裱好的纸质档案放在裁板上，用针锥在托纸裁切边的上下两端扎一针眼，然后在两点之间划直线，此直线为新边（新边离开原边1～3mm）。用尺板沿直线压住纸质档案，左手压住尺板，右手拿裁刀裁切。

（二）干托

1. 飞托

(1) 用湿毛巾把案面擦干净，然后铺上塑料薄膜（或油纸），再用湿毛巾抹去水分及案面与薄膜之间的空气泡，使薄膜紧贴在案面上。

(2) 将托纸正面向下铺在薄膜上，用排笔刷上一层糨糊。

(3) 用镊子拣去排笔上掉下的毛和其他脏物。

(4) 揭起托纸，放在吸水（潮）纸上脱水至半干。

(5) 把半干的托纸放在薄膜上，再把事先展平的纸质档案（纸张具有一定强度）慢慢放到托纸上。

(6) 在纸质档案上铺几张吸水纸，用棕刷迅速排实。

(7) 用毛笔在托纸四边刷上糨糊（右上方留一小块不刷），随后将其迅速上绷子（或上墙），并用棕刷排实。

(8) 下绷子（或下墙）后裁切［方法见（一）(10)、(11) 所述］。

2. 腹托

(1) 用湿毛巾把塑料薄膜平铺在干净的案子上。

(2) 把托纸在薄膜上展平后，用排刷刷上一层糨糊。

(3) 用镊子拣去从排笔上掉下的毛。

(4) 揭起托纸，放在吸水纸上至半干。

(5) 将纸质档案字面向下放在薄膜上展平，拼好裂缝，把碎片放在原位。

(6) 拿起半干的托纸（可以两人合作），将其腹扣在纸质档案上（有糨糊的纸面向下），边放边用棕刷刷平。

(7) 将薄膜连同纸质档案一起揭起，反放在吸水纸上，然后用镊子小心地揭起薄膜一角，并将其揭下。

(8) 在纸质档案上放几张吸水纸，用棕刷进行排实。

(9) 在托纸四边刷上糨糊（右上方一小部分不刷），然后将托纸上绷子（或上墙）晾干。

(10) 上绷子（或上墙）、下绷子（或下墙）、裁切。

四、实验要求

(1) 托裱前将棕刷入水浸泡一下，使用时甩去水分，使刷头保持柔软，以免托裱时扎破档案的纸张。如果刷头被糨糊粘住，应多浸泡一段时间，然后揉去糨糊，并把它清洗干净，使刷头蓬松柔软。

（2）油纸必须事先浸泡在水中。冬天由于水温低，应用温水浸泡，以免油纸发硬。

（3）根据字迹的水溶性，选择不同的托裱方法。非水溶性字迹，采用湿托。水溶性字迹，且档案的纸张具有一定强度的，采用飞托。破损严重的纸质档案，采用腹托。

（4）使用镊子时，注意不要弄破纸质档案。

（5）纸质档案上绷子（或上墙）时，从左向右并从绷子（或大墙）的最下面一行贴起。纸质档案上下左右之间要保持一定距离，以免互相间发生搭接，防止下墙时扯破。

（6）裁刀要锋利。裁板的板面要平整，不能夹纸。尺板的边口必须笔直。

（7）用于干托的糨糊应稠于湿托的糨糊。

（8）在用飞托法上托纸时，由于托纸是湿的（上面有糨糊，排实时比较容易破），因此可以用干排笔代替棕刷。

五、思考题

（1）在托裱档案过程中，为什么要进行反复排实？

（2）在托裱操作过程中，如何避免档案受损？

（3）湿托与干托的主要区别是什么？

实验十一　揭“档案砖”

在水分、霉菌等因素作用下，加上长期堆放，档案纸张黏结在一起，纸层缝隙逐渐闭合，形成了各种似“砖”的硬块，使档案无法利用。因此，需要设法揭开，进行修补及托裱。

一、实验目的

掌握揭“档案砖”的方法及破损纸质档案的修裱技术。

二、实验原理

水是由两个氢原子和一个氧原子组成的极性分子，能较好地溶解一些极性物质。升高温度，能提高其溶解力。此外，水及水蒸气具有较强的渗透力。利用水的以上性能，可以除去纸质档案中的黏结物，从而揭开黏结成砖的纸质档案。

三、实验仪器及材料

修复案子、竹签、针、木板、面盆、排笔、毛笔、棕刷、镊子、塑料薄膜（或油纸）、吸水纸、水壶、笼屉、锅、淀粉糨糊、“档案砖”。

四、实验步骤

(一) 揭“档案砖”

1. 干揭

干揭用于揭纸层缝隙较大、纸张霉烂不严重的“档案砖”。

操作方法：把“档案砖”放在案子上，左手按住档案一角，右手拿竹签伸进档案纸张之间的缝隙，使竹签紧贴着下页纸面，然后轻轻地向前及左、右移动，直至全部揭开。

2. 湿揭

湿揭主要用于揭纸层间黏结牢、缝隙小及霉烂较重的“档案砖”。

湿揭主要有以下三种方法，视档案情况而定。

(1) 水冲法。

把“档案砖”用白布包好。

把一块大于“档案砖”的木板斜放在盆里或水池中，随后将“档案砖”顺放在木板上。

用壶将开水倒在“档案砖”上，并使水尽量从纸张缝隙里通过，直到将灰尘、泥沙等物冲净及将档案砖湿透为止。

打开白布，使档案自然晾干至纸张具有一定强度时，再开始揭。

(2) 水泡法。

把“档案砖”浸泡在清水中，直至泡透(易泡透的可用凉水，不易泡透的用开水)。

把泡好的“档案砖”放在通风处自然晾干，待其处于半干状态时再开始揭。

(3) 锅蒸法。

把“档案砖”放在清水中浸泡一下，使纸张疏松，然后用白布包好，放在笼屉上蒸1—2小时。

取出“档案砖”，打开白布，使其自然晾干至纸张具有一定强度时，慢慢揭开。

3. 注意事项

(1) 经过水冲、水泡、锅蒸后的“档案砖”不能马上揭，一定要待纸张具有一定强度时，才可以慢慢地揭。

(2) 揭时可先用针从空隙处挑起一角慢慢揭开。要慢挑、慢揭，先易后难，如一处揭不开，可换另一处，千万不要硬揭。

(3) 揭下来的纸质档案马上夹放在吸水纸中，碎片不要乱放，应按原来的位置放好。

（4）揭开后的档案，根据纸张破损、字迹水溶情况，进行湿托或干托。

（二）揭旧托纸

（1）把纸质档案反铺在干净的案子上（字面向下），用排笔在其上面刷清水，尽量刷均匀。

（2）用湿毛巾覆盖在纸质档案上约 20 分钟，使其全部湿透。

（3）取下湿毛巾并拧干，再覆盖在纸质档案上，待其吸水后，再拧干，这样反复多次，直到纸张具有一定强度为止。

（4）先用针挑起一角或用中指轻轻搓，试探能否一片片、一块块地揭下原托纸（注意：绝对不能揭破纸质档案）。如不可能一片片地揭下，就用手指轻轻搓，搓一点，揭一点。如揭有困难，就得用手指轻轻地在托纸上摩擦，将托纸搓成极小的细条。搓的力度要合适，切不可搓伤纸质档案。搓的方向是上、下、左、右都可以，但必须有顺序地揭干净。

（5）当旧托纸全部揭干净后，用毛掸掸去纸屑。掸不掉的可用镊子轻轻夹下。

（6）揭完后检查一下档案纸张的厚薄是否均匀，如因揭裱造成有的部分较厚，可再搓薄一些，如有的部分留有原糨糊，可用热毛巾闷一下，在将干未干时用手指搓掉。搓时要顺一个方向搓，不要来回摩擦。

（7）揭完旧托纸后，再进行湿托或干托。

注意：有的“档案砖”如用上述方法仍揭不开，可以放在水中浸泡一昼夜，取出后立即在多层高丽纸上撤水，然后放在塑料薄膜或油纸上进行揭裱。

五、思考题

（1）“档案砖”是如何形成的?

（2）如何揭“档案砖”?

实验十二　破碎档案的托裱及档案的加边

有些纸质档案已经破碎，无法利用，需托裱以恢复其原貌，还有些纸质档案的四边过窄，影响装订，因而需要加边。

一、实验目的

掌握拼凑、修补及托裱破碎纸质档案及加宽四边的方法。

二、实验仪器及材料

修复案子、塑料薄膜（或油纸）、镊子、竹签、毛巾、排笔、毛笔、喷水壶、吸水纸、针、棕刷、淀粉糨糊、塑料盘、加边用纸、宣纸、破碎纸质档案、待加边纸质档案。

三、实验步骤

（一）托裱破损纸质档案

(1) 用毛巾擦净案面，平铺上一张塑料薄膜或油纸。

(2) 把破碎的纸质档案轻放在薄膜（或油纸）上，用喷水壶喷洒少量水，然后用手轻轻压平卷曲部分。

(3) 按照纸质档案的原貌，小心、仔细地对正破碎部分。如有碎片，用镊子夹取进行拼对（注意：防止夹断碎片。如中缝断裂，应进行对接。然后检查拼对部分是否符合原貌）。

(4) 用排笔刷上一层糨糊。刷时动作要轻，要刷得均匀，并使档案的纸张不出皱。刷时不能使碎片移动，字要对正。

(5) 上托纸、排实，上绷子（或上墙）、下墙，方法与前面所述湿托、干托类同。

（二）纸质档案加边

(1) 裁切加边纸。裁切出四条加边纸，每条宽度为 1～1.5cm，其中两条长度与纸质档案长度相等，另外两条长度为纸质档案的短边与 2 倍加边纸宽度之和。

(2) 将塑料薄膜（或油纸）平铺在干净的修复案子上，再铺上纸质档案（字面向下），并将其展平。

(3) 用毛笔把糨糊涂在纸质档案四边，涂刷宽度为 2mm。

(4) 把加边纸贴压在纸质档案上，然后展平。应先加长边，后加短边。加边纸与纸质档案搭接的宽度为 2～3mm。

(5) 加边后的档案可按湿托或干托方法进行托裱。

四、实验要求

(1) 托裱破碎纸质档案时，要把碎片对准，动作要轻，糨糊要刷得均匀。

(2) 应将加边后的纸质档案装入原有的固定盒子或其他装具内。

(3) 加边时使用的糨糊不要太稀。

五、思考题

加边时为什么先加长边后加短边？

实验十三　化学剂恢复蓝墨水褪色字迹

蓝黑墨水、纯蓝墨水中的着色剂在光、氧、水等因素作用下容易发生褪色现象，使档案失去利用价值。用黄血盐、LC蓝墨水耐久固色剂等化学药剂可使其恢复。

一、实验目的

掌握用黄血盐、硫代乙酰铵、LC蓝墨水耐久固色剂恢复蓝墨水字迹的原理和方法。

二、实验原理

（一）黄血盐恢复蓝黑墨水褪色字迹

黄血盐［$K_4Fe(CN)_6$］（亚铁氰化钾）能与蓝黑墨水字迹中的铁离子（Fe^{3+}）作用，生成深蓝色的普鲁士蓝$Fe_4[Fe(CN)_6]_3$（亚铁氰化铁）。反应式如下：

$$3K_4Fe(CN)_6+4Fe^{3+}=Fe_4[Fe(CN)_6]_3+12K^+$$

（二）硫代乙酰铵恢复蓝黑墨水字迹

硫代乙酰铵（CH_3CSNH_2）水解后能生成硫氢离子（HS^-）。硫氢离子电离出的硫离子（S^{2-}）与铁离子反应生成黑色的硫化亚铁（FeS）或三硫化二铁（Fe_2S_3）。反应式如下：

$$CH_3CSNH_2+2OH^-\rightarrow NH_3+CH_3COO^-+HS^-$$

$$HS^-=H^++S^{2-}$$

$$Fe^{2+}+S^{2-}\rightarrow FeS\downarrow\text{（黑）}$$

$$Fe^{3+}+S^{2-}\rightarrow Fe_2S_3\downarrow\text{（黑）}$$

（三）LC蓝墨水耐久固色剂恢复蓝墨水字迹

LC蓝墨水固色剂中包括LC_1和LC_2两种试剂，分别含有大阴离子X和金属离子M，它们与蓝墨水字迹中的墨水蓝分子作用生成不溶于水、耐酸碱、耐光、耐氧化的固体耐久色淀颜料。由于色淀的形成，对色素中共轭体系产生影响，使其颜色恢复。

三、实验仪器及材料

（1）1 200ml量筒、250ml烧杯、500ml烧杯、玻璃棒、玻璃板、酒精灯、水浴锅、三角台、石棉网、台秤天平、蓝墨水褪色字迹档案、脱脂棉、镊子、吸水纸。

（2）黄血盐、硫代乙酰铵、LC蓝墨水耐久固色剂。

四、实验步骤

（一）黄血盐恢复字迹

（1）配制0.25mol黄血盐150ml。

在天平上称取16g黄血盐（亚铁氰化钾），放入250ml烧杯中，再倒入150ml蒸馏水，用玻璃棒搅拌至全部溶解。

(2) 把两张吸水纸浸泡在黄血盐溶液中 2～3 分钟，然后取出，控去多余溶液。

(3) 将褪色字迹的档案放在清水中湿润一下，然后夹放在经过黄血盐溶液浸泡的吸水纸中，用手压实至字迹全部恢复。

(二) 硫代乙酰铵恢复字迹

(1) 配制 5%硫代乙酰铵溶液 250ml。

在天平上称取 12.5g 硫代乙酰铵，然后放入 500ml 烧杯中，再倒入 237.5ml 蒸馏水，用玻璃棒搅拌至全部溶解。

(2) 将盛有硫代乙酰铵溶液的烧杯放在水浴锅中。

(3) 将褪色字迹档案用水湿润，然后放在一块玻璃板上，随后将玻璃板连同档案一起反扣在烧杯上（即字迹一面向下）。

(4) 加热水浴锅，直至字迹全部恢复。

(三) LC 蓝墨水耐久固色剂恢复字迹

将已褪色的蓝墨水字迹档案平铺在桌面上，用镊子夹脱脂棉球并蘸上 LC 蓝墨水耐久固色剂，在褪色字迹处轻轻擦拭一遍，字迹清晰显出。

五、实验结果及要求

用 LC 蓝墨水耐久固色剂恢复出的字迹，趋于当初书写之蓝色，因字迹成分变为耐久的固体颜料，使字迹不易褪变。同时能脱除蓝墨水中的酸，使纸张处于偏碱性状态，有利于其耐久性。

六、思考题

(1) 为什么用黄血盐、硫代乙酰铵可以恢复蓝黑墨水的褪色字迹？

(2) LC 蓝墨水耐久固色剂恢复字迹的优点是什么？

实验十四　“纸灰档案”的修复

由于火灾等原因，纸质档案发生了炭化，纸张变黑、酥脆，稍一触动就成碎片，同时，字迹与发黑纸张间的反差极小，无法阅读其内容。对于这样的“纸灰档案”，需要采用特殊的方法加以修复，才能利用。

一、实验目的

掌握使用干托、拍照等技术修复“纸灰档案”的方法；了解修复中应注意的问题。

二、实验仪器及材料

(1) 修复案子、棕刷、排笔、油纸（或塑料薄膜）、塑料盘、毛巾、宣纸

（单宣）、喷水壶、绷子、吸水纸、“纸灰档案”。

（2）相机、翻拍架（带有四盏150W或100W的乳白灯）、显影液、定影液、3号放大纸、档案片。

三、实验步骤

（一）加固“纸灰档案”

（1）把油纸（或塑料薄膜）平铺在干净的修复案面上。

（2）把托纸（单宣）放在油纸上，用喷水壶润湿并展平，刷上一层稀糨糊后，放在吸水纸上撤潮。

（3）小心地将“纸灰档案”放在托纸上（字面向上），并用排笔一点点地上平，然后盖上一两张吸水纸，用棕刷进行排实。

（4）在托纸背面的四边刷上糨糊（右上角不刷，留作起子口）。

（5）把托完的“纸灰档案”贴在绷子上（字面朝外）进行干燥。

（6）待托裱后的“纸灰档案”完全干燥后，用竹签子插入起子口，挑开托纸的右半部，然后将其揭下。

（二）显示“纸灰档案”的字迹

（1）调整翻拍架上的四盏乳白色灯（每盏150W或100W），使之距台面约0.4m，并与台面成90°垂直照射。

（2）把装有档案片的相机固定在翻拍架上，镜头距台面约0.6m。

（3）把托裱后的“纸灰档案”字面向上平放在翻拍架的台面上。

（4）选用光圈8、速度1/2秒等曝光条件进行试拍、冲洗。冲洗时，可使用含强显影剂菲尼酮的显影液，以加大反差。选出最佳曝光条件。

（5）用最佳曝光条件进行正式拍摄，冲洗、放大。

四、实验要求

（1）托裱使用的稀糨糊，调配时淀粉与水之比为1∶5，使用前再加一倍水稀释。

（2）翻拍时应使用四盏功率相同的乳白灯，灯泡的功率不能过高或过低。每盏以150W或100W为宜。

（3）在胶片冲洗过程中，显影时间和温度与曝光量的大小密切相关。要根据具体情况作相应调整，否则不能获得满意效果。

（4）使用拍照方法对“纸灰档案”显示字迹时应选择高反差胶片、高反差的显影液及高反差的放大纸，以层层加大反差的方法，使与纸张反差极小的字迹加以显示。

五、思考题

(1) 托裱加固“纸灰档案”时，为什么一定要用稀糨糊？

(2) 翻拍时使用的灯泡功率，为什么不能过高或过低？

(3) 在冲洗胶片过程中，应控制哪些条件才能显示出较清晰的字迹？

下　篇

数据恢复技术

信息时代，人们通过计算机来获取和处理信息，同时，将信息以数据文件的形式存入计算机磁盘和其他各种存储介质中，但由于各种原因，如计算机病毒、人为误操作、硬件故障和不可抗力等，会造成存储介质中的数据丢失，为了避免此类数据安全风险发生，常用方法是对数据进行备份，而对日常数据做到实时备份是不现实的，因此，数据恢复技术是数据安全的最后一道防线，对数据安全起到至关重要的作用。

所谓数据恢复，就是把保存在各种存储介质中，由于受到各种破坏、硬件故障和人为误操作等各种原因导致丢失的数据，通过技术手段进行抢救和恢复的技术。它通常分成逻辑恢复技术和物理恢复技术两大类。

逻辑恢复技术：如果保存数据的介质（如硬盘）没有任何物理类故障，能够被计算机系统识别和访问，在这种情况下对该介质中丢失的数据进行恢复，就称为逻辑恢复。它包括误分区、误格式化、误删除、病毒破坏、文件乱码、RAID 无法访问等情况导致的数据丢失后的数据恢复等。

物理恢复技术：如果保存数据的介质（如硬盘）出现了物理故障，不能被计算机系统识别和访问，在这种情况下对该介质中丢失的数据进行恢复，就称为物理恢复。它包括硬盘电路板故障、硬盘磁头组件故障、硬盘主轴电机故障、硬盘盘片故障、硬盘固件故障、U 盘物理故障等导致的数据丢失后的数据恢复技术。

数据恢复一般原则与步骤。进行数据恢复，首要的一点就是认真细致，对每一步操作都要有一个明确的目的。因为数据安全是一个动态过程，其所出现的问题千差万别，没有定式可言。所以，在进行操作之前就应该考虑做完该步之后，能达到什么目的，可能造成什么后果，能不能退回到上一状态。特别是对一些破坏性操作，一定要考虑周到，只要条件允许，就一定要在操作之前进行备份，对每步操作都有相应的记录，并能退回到上一状态。

在开始进行数据恢复之前，应该首先完成以下工作：

(1) 备份数据恢复之前尚能工作的驱动器上的所有数据。如果C盘损坏，那么，在开始进行任何工作之前，首先将D盘（及其他盘）上的数据备份到安全的地方。

(2) 将损坏的硬盘放到一个正常工作的、同样的操作系统下进行查看。

(3) 调查使用者。查出在丢失数据之前发生的事情，查出是否有其他的应用程序对硬盘进行过操作。最后的用户输入非常重要，要查出使用者在送交硬盘前做过什么。

(4) 如果可能，备份所有扇区。如果进行克隆，应确保是按位进行而不是按文件进行。

(5) 手头要有一个好的扇区编辑工具，如 WinHex 就是一款基于扇区的编辑工具。

(6) 尽可能多地得到最后使用者的关键文件信息。

了解完这些信息后，对需要进行数据恢复的设备就有了一个基本的轮廓：为什么会出现这个问题，破坏程度如何，使用什么样的工具能达到最好的效果，其主要步骤有哪些等。另外要记住的是：先抢救那些最有把握的数据，恢复一点，备份一点。

通过本篇的学习，可认识信息存储载体的结构和特性，了解它们的数据结构和文件系统，熟知各种存储载体信息的写入和读出原理，掌握数据丢失的原因和数据恢复的基本原理、方法和技能，熟练使用常用的数据恢复软件。

本篇主要包括数字存储载体与硬盘数据结构，常用数据恢复软件，磁盘检测与管理，磁盘数据恢复技术，光盘数据恢复技术和U盘、移动硬盘和数码存储设备数据恢复技术等六个部分。

第五章

数字存储载体与硬盘数据结构

本章要点

- 磁、光和电载体的存储原理与结构
- 硬盘数据结构

广义上的存储载体（介质）是指所有能够记录信息，并可以长期保存的设备、设施和物体等，如纸张、照片、胶片、磁盘、光盘和U盘等。

数字存储载体主要是指磁盘、磁带、光盘、U盘等用来存储电子数据的存储载体。

存储载体不同，存储信息的原理也不同，目前把数字存储载体分为三类，它们是电存储载体、磁存储载体和光存储载体。磁存储载体主要有硬盘、软盘和磁带等；光存储载体主要有CD、DVD、PD、MO和BD等；电存储载体主要有U盘、各种数码卡等。

不同操作系统下的文件存储结构也各不相同。Windows是FAT和NTFS文件系统；Linux是EXT2和EXT3文件系统；Mac是HFS文件系统；服务器的数据存储方式是RAID。

实验一　磁存储载体

目前计算机中广泛使用的磁存储载体主要有硬盘、软盘和磁带三种形式。

一、实验目的

认识三种不同的磁性载体的存储结构、存储原理和载体类型。

二、磁盘记录原理

计算机磁盘存储器采用数字磁记录，被记录的是脉冲信号，介质上留下的是一连串的饱和磁化翻转，读出时由磁头再转换成电信号。

（一）信息写入

记录介质在磁头下匀速移动，在磁头线圈中通入一定方向和大小的脉冲电流，磁头导体则被磁化，建立起一定方向和强度的磁场。由于磁头工作间隙处有较大的磁阻，因而在其极尖区下形成漏磁场，在漏磁场的作用下，绝大部分漏磁通过介质与磁头导磁体形成闭合磁路。于是，介质表面的微小区域的磁粒子向某一方向磁化，形成一个磁化位元。这种将脉冲电流转换为介质上相应磁化状态的磁化过程即为写入过程，介质上的磁化图形是极性彼此相反而排列有序的磁化位元，信息写入如图 5—1 所示。

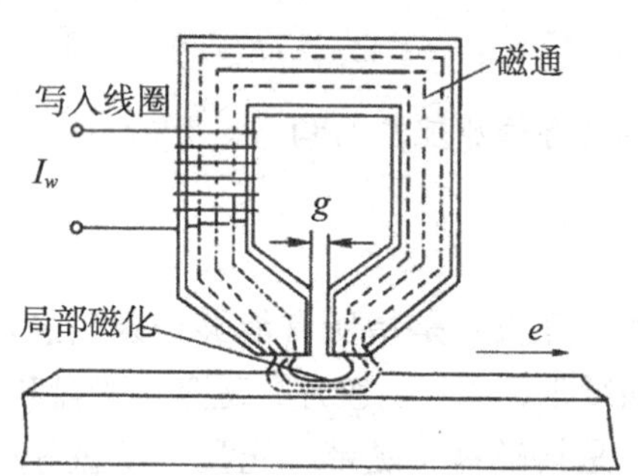

图 5—1　信息写入示意图

在磁盘存储器中，写入操作按照特定的规律把要写入的二进制数字信息转变成相应的磁化翻转状态记录在磁层上，而这种规律是由不同的记录方式决定的。记录方式又称编码方式。当记录密度较低时，可以不需要编码，直接按记录信息的“0”和“1”排序记录。随着对记录密度要求的不断提高，新的记录方式被采用到高密度磁记录表面存储器中。

（二）信息读出

当写入脉冲电流消失时，由于磁头是软磁材料，导磁体立即回到未磁化状态，而介质采用硬磁材料，即使漏磁场消失，介质的饱和磁化状态仍保持不变。磁头写入线圈通入不同方向的电流，漏磁场方向则不同，介质形成磁化位元的饱和磁化状态也不同，两种不同的剩磁状态可分别代表“1”和“0”。因此，当介质运动离开磁头极尖区后，介质上的不同磁化位元即完成信息的存储，信息读出如图5—2所示。

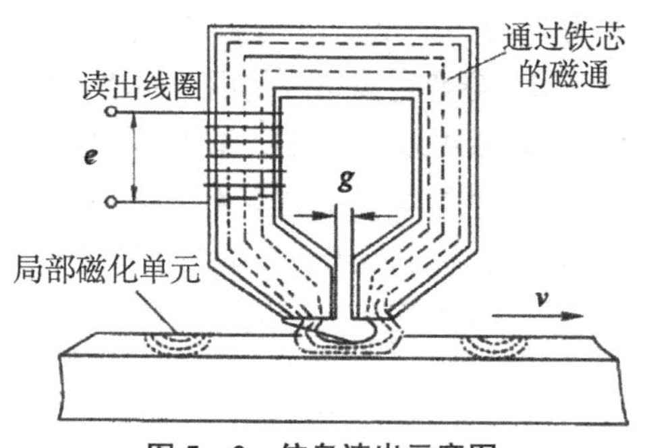

图5—2　信息读出示意图

记录信息的介质在磁头下经过时，不论是哪种磁化状态，磁通都将通过工作间隙耦合进入磁头导磁体形成闭合回路。由于介质与磁头间的相对运动，不同磁化状态的磁化位元使耦合到磁头的磁通发生变化，因此在读出线圈两端产生感应电势 e，感应电势不仅与介质的运动速度有关，而且与磁通变化率成正比。感应电势经放大、整形和选通后，获得符合要求的数字信号。这就是读出过程。

（三）磁盘存储器的结构

磁盘存储器属于磁表面存储器，由磁盘和磁盘机（或称磁盘驱动器）构成。磁盘是圆形的、表面涂有磁性材料的金属或塑料基片，是信息的载体，或称磁载体。磁盘机是磁盘的驱动机构，实现对磁盘信息的读/写操作。磁盘存储器的结构如图5—3所示。

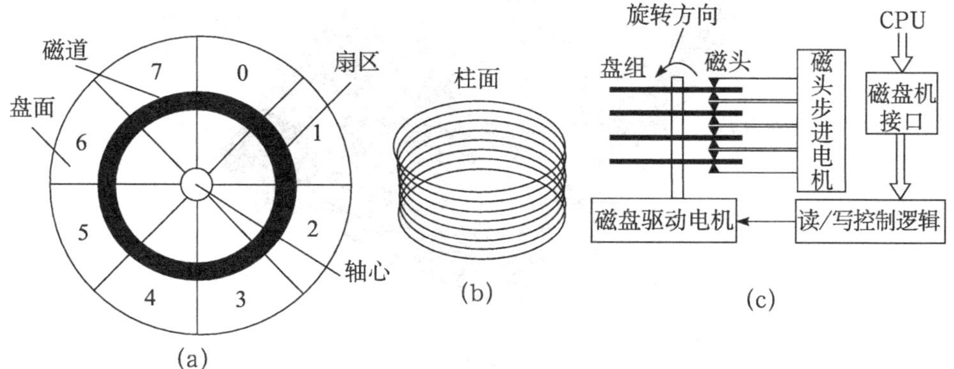

图5—3　磁盘存储器的结构

磁盘作为一种存储器，有它自己的信息存储结构，存储的基本单位仍然是字节（由 8 位二进制位构成）。一片磁盘有两个盘面。每一盘面上有几十或几百条磁道，如 80 道、204 道等等。磁道是盘面上的同心圆，是信息存储的轨迹。磁道由外向内编号为 0、1……每一条磁道被划分成若干扇区，如 18 个、63 个扇区等等。扇区按顺时针方向编号为 0、1……每一扇区有 512 个字节。如图 5—3（a）所示，假设一条磁道分成 8 条磁道。磁盘可以单片使用，如软盘；也可以多片构成盘组使用，如硬盘通常是 2 片、4 片或更多片组成的盘组。不管是那一种情况，柱面都有多个盘面，如 2 个、4 个、8 个等等。所有盘面上同一编号的磁道构成一个柱面[如图 5—3（b）所示]。因此，一个磁盘有多少条磁道就有多少个柱面。磁盘组的每一个盘面上都有一个磁头实现对某条磁道的读/写操作 [如图 5—3（c）所示]。

三、载体类型

（一）硬盘

1. 硬盘结构

硬盘是一个集机、电和磁于一体的高精系统。在硬盘的正面贴有产品标签，标签上有厂家信息和产品信息，如商标、型号、序列号、日期、容量、参数、主从设置方法等，这些信息是正确使用硬盘的基本依据。硬盘的背面是控制电路板，硬盘外部结构可以分成控制电路板和外壳两个部分。硬盘存储器内部结构如图 5—4 所示。

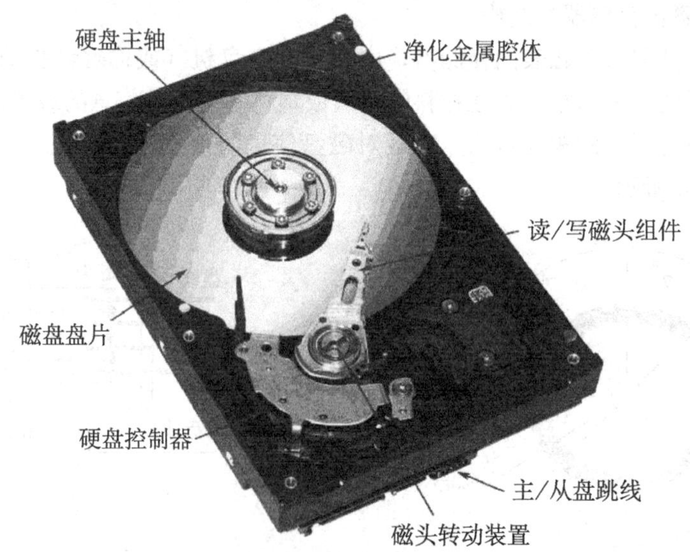

图 5—4　硬盘的内部结构

2. 硬盘的分类

硬盘可分为 SCSI 硬盘、活动硬盘、台式机硬盘、笔记本硬盘和磁盘阵列等。

（1）SCSI 硬盘：目前 SCSI 硬盘接口有三种，分别是 50 针、68 针和 80 针。常见到硬盘型号上标有"N"、"W"、"SCA"，就是表示接口针数的。N 即窄口（Narrow）50 针；W 即宽口（Wide）68 针；SCA 即单接头（Single Connector Attachment）80 针，其中 80 针的 SCSI 盘支持热插拔。

（2）活动硬盘：它的盘片和软盘一样，是可以从驱动器中取出和更换的，存储载体是盘片中的磁合金盘片。根据容量不同，活动硬盘的盘片结构分为单片单面、单片双面和双片双面三种，相应驱动器就有单磁头、双磁头和四磁头之分。

（3）笔记本硬盘：它的直径一般仅为 2.5 英寸（还有 1.8 英寸甚至更小的），厚度也远低于 3.5 英寸台式机硬盘。

（4）台式机硬盘：其大小为 3.5 英寸，常见的接口有并口和串口两种，容量有多种，从早期的 MB 级、GB 级，到现在的 TB 级。如早期的 4.3GB、20GB、80GB、250GB，现在有 500 GB、1TB 和 2TB 等容量。

（5）磁盘阵列：磁盘阵列（RAID）并不是独立的硬盘种类，它起源于集中式大、中、小型计算机网络系统，专门为主计算机存储数据。

（二）软盘

1. 软盘驱动器结构

软盘驱动器是驱动软盘旋转并同时向软盘写入数据或从软盘读出数据的设备，它由机械结构和控制电路两部分组成。软盘驱动器的内部结构如图 5—5 所示。

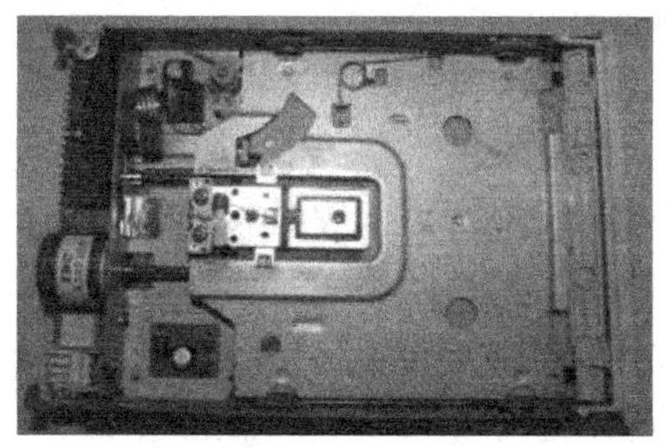

图 5—5　软盘驱动器的内部结构

2. 软盘结构

从外观上看，软盘上有用户标签、检索孔、中心环、磁头读/写窗口和写保护缺口等结构。3.5 英寸软盘的外观结构如图 5—6 所示。

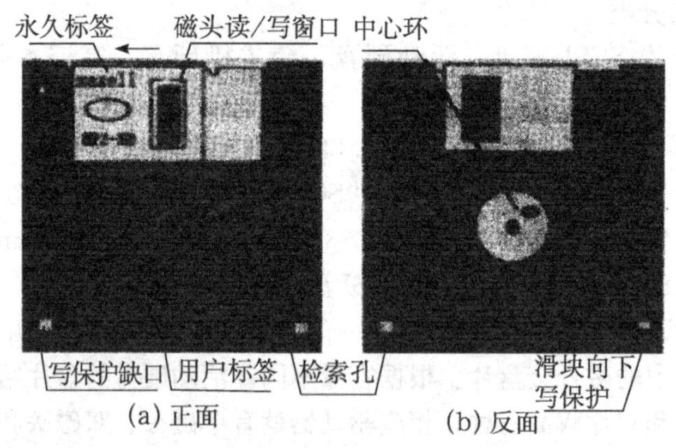

图 5—6　3.5 英寸软盘的外观结构

3. 软盘分类

常见的软盘按直径可划分为 5.25 英寸（通常称 5 英寸）和 3.5 英寸（通常称 3 英寸）盘片；按存取的数据面可划分为单面盘和双面盘；按存储密度可划分为单密度、双密度、高密度等。每一张软盘的标签上都注明了该盘片的有关参数，如 DS 表示双面盘；SS 表示单面盘；DD 表示双密度盘，格式化后的磁道数是 40；2HD 表示双面高密度盘，格式化后的磁道数是 80。磁盘驱动器也有高密度和低密度之分，低密度驱动器中只能使用低密盘，而高密度驱动器既可使用高密盘，也可使用低密盘。

四、思考题

（1）磁性载体的信息存储原理是什么？

（2）硬盘可分为哪几种类型？

（3）软盘有哪些特点？

实验二　光存储载体

光记录是继磁记录之后兴起的重要信息记录技术。以光盘为代表的数字式数据记录媒体已是当代信息社会中不可缺少的信息载体。

一、实验目的

认识光盘的信息存储原理、结构和类型。

二、光盘信息存储原理

（1）信息记录原理。声音、图像、文字等信号→二进制信号→脉冲电信号→激光脉冲信号→热效应→在记录介质上产生细微物理变化。

（2）信息读出原理。光盘上的烧蚀、形变、相变等信号→激光入射光照射→反射偏振光偏振面旋转角度不同→脉冲电信号→二进制信号→声音、图像、文字等信号。

三、光盘结构与类型

（一）光盘结构

光盘通常由盘基层、记录层、反射层、保护层和印刷层等组成。光盘直径有120mm和80mm两种，其结构如图5—7所示。

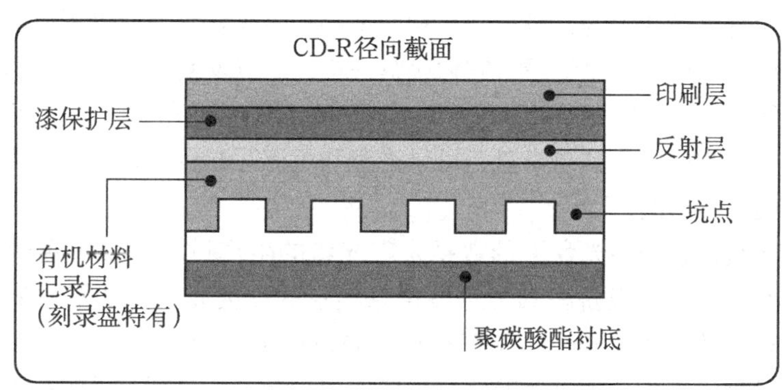

图5—7　光盘结构示意图

盘基层：由聚碳酸酯材料组成，是光盘的载体材料。

记录层：由染料和非晶体等材料组成，是光盘信息的记录材料。

反射层：由铝、银和金等金属材料组成，用于信息读取和写入时的光的反射界面。

保护层：由腊克材料组成，主要是保护记录层和反射层不受外界环境因素的影响。

印刷层：由印刷油墨组成，提供标签识别信息。

（二）光盘的分类

按光盘的读写功能可分为只读式光盘、一次写入式光盘和可重写式光盘三种类型。

（1）只读式光盘（Read Only Memory CD）：只读式光盘中没有染料层，信息直接记录在光盘的盘基上，它可以大量复制，也称再生型光盘。用户只能从光盘中读取数据，而不能向光盘中写入数据，光盘中的数据是在光盘的生产过程中从母盘中复制过来的，这种光盘的制造工艺简单，成本低，价格便宜。常见的有：LD、CD-Audio、CD-ROM、VCD、DVD-Audio、DVD-ROM、DVD-Video光盘等。

（2）一次写入式光盘（Write Once Read Many CD）：由于一次写入式光盘的未记录部分可以追加记录，故又称为追加式光盘，它是依靠在盘基上涂布的染料而进行信息记录的。用户可向光盘中写入数据，但写入数据后不能再擦除，即只能写入一次，其制造工艺比只读式光盘复杂，成本也高，而且必须用记录设备进行信息刻录。常见的有：CD-R、DVD±R 光盘等。

（3）可重写式光盘（Rewritable or Erasable CD）：可重写式光盘又称可改写式光盘或可擦重写式光盘，它能将已写入的信息擦除，再写入新的信息。由于这类光盘上涂有可逆变化的记录材料、相变材料和磁光材料，所以可以利用这些材料的可逆变化来进行信息记录。它像磁盘一样，可以反复地擦写，但需要专门的刻录机。常见的有：CD-RW、DVD-RW、MO、PD 光盘等。

按刻录方式可分为预录光盘、可录光盘和可擦写光盘。这种分类方式与按读写方式分类基本相同。

预录光盘：它是指光盘上的数据是在光盘的生产过程中从母盘中复制过来的，不需要使用刻录设备在其上进行信息刻录的一类光盘。如 CD-Audio、CD-ROM、VCD、DVD-Audio、DVD-ROM、DVD-Video 光盘等。

可录光盘：它是指光盘上的信息需要使用刻录设备进行刻录的一类光盘。它主要是指染料类的光盘，如 CD-R、DVD±R 光盘等。

可擦写光盘：与可重写式光盘相同。

四、CD-R 光盘的数据结构

CD-R 光盘上的数据结构可分为导入区、节目区和导出区三个区域，如图 5—8所示。

（1）导入区（Lead-in Area）：它位于光盘上直径在 46～50mm 之间的区域，播放长度为 2 分钟，含有整张光盘的数据内容表（TOC），也称目录表，它的功能是使读取光斑知道光盘上的数据是如何存放的。当光盘放入播放机时，读取光斑首先就落在导入区的某一位置，这样就能读到 TOC，知道文件存放在光盘上的什么位置，从什么地方开始，如果导入区的起始直径不对，播放机就不能读到 TOC，也就不能播放该光盘上的信息。

（2）节目区（Program Area）：它位于光盘上直径在 50～116mm 之间的区域，该区域是数据的存储区，它的功能主要是存放数据。

（3）导出区（Lead-out Area）：它位于光盘上直径在 116～118mm 之间的区域，该区域含有 2 分钟的数字静音，它的功能是使读取光斑知道节目区已经结束。

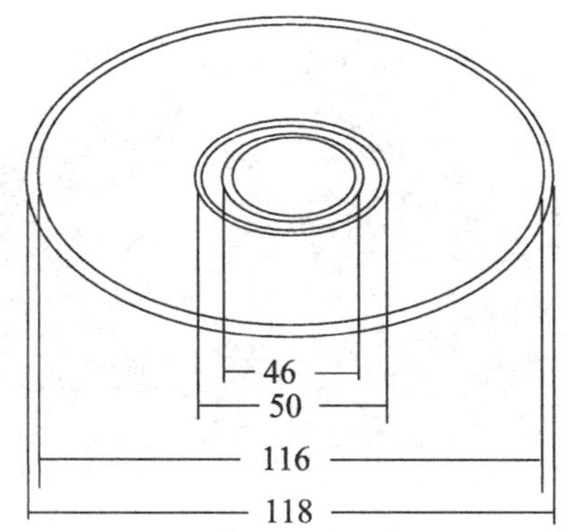

图 5—8　CD-R 光盘的导入区、节目区和导出区尺寸

五、思考题

(1) 光盘上的信息是如何存储的?

(2) 光盘有哪些类型? CD-ROM 和 CD-R 光盘有什么区别?

实验三　电存储载体

电存储载体是继磁存储和光存储载体之后的一种新型存储载体，它主要有 U 盘和数据存储卡等。

一、实验目的

了解电存储载体的信息记录原理和结构。

二、信息记录原理与结构

(一) U 盘

U 盘是基于 USB 接口、以闪存芯片为存储介质的无需驱动器的新一代存储设备。U 盘使用标准的 USB 接口，它能够在各种主流操作系统及硬件平台之间作大容量数据存储及交换。

(1) U 盘的结构。它主要是由 USB 插头、主控芯片、稳压 IC (LDO)、晶振、闪存 (FLASH)、PCB 板、贴片电阻、电容、发光二极管 (LED) 等组成，如图 5—9所示。

(2) U 盘的工作原理。USB 端口负责连接计算机，是数据输入或输出的通道；主控芯片负责各部件的协调管理和下达各项动作指令，并使计算机将 U 盘识别为“可移动磁盘”；FLASH 芯片与计算机中内存条的原理基本相同，是保存数据的实体，其特点是断电后数据不会丢失，能长期保存；PCB 底板是负责

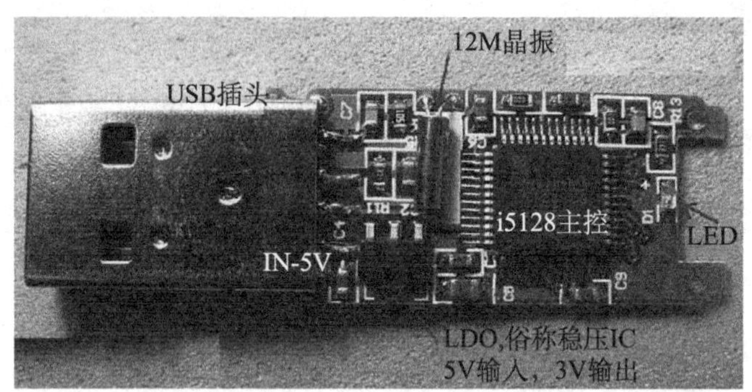

图 5—9　U 盘结构

提供相应处理数据平台，且将各部件连接在一起。当 U 盘被操作系统识别后，使用者下达数据存取的动作指令后，USB 移动存储盘的工作便开始。

（二）存储卡

通常所说的存储卡（数码卡）可以看作对数码存储设备的总称。数码卡的数据存储原理与 U 盘基本相同。目前的存储卡主要有小型闪存卡（CF 卡）、智慧卡（SM 卡）、多媒体卡（MMC 卡）、记忆棒（MS 卡）、安全数字卡（SD 卡）和 XD 图像卡等。

三、思考题

（1）U 盘是如何工作的?

（2）存储卡有哪些类型?

实验四　硬盘数据结构

硬盘是最主要的存储设备。计算机的操作系统、应用程序和重要的数据资料都存储在硬盘之中，不同的操作系统有不同的数据结构，例如，Windows 下的文件系统有 FAT 和 NTFS，Linux 下的文件系统是 EXT2、EXT3。

一、实验目的

认识硬盘的数据组织，掌握不同操作系统下的文件格式。

二、硬盘数据结构（以 Windows 下的文件系统为例）

硬盘在存储数据之前，需经过低级格式化、分区和高级格式化之后才能使用。其作用是在硬盘上建立起一定的数据逻辑结构，在 Windows 的 FAT 文件系统中进行格式化操作之后，一般会将硬盘分为五个区域，分别为主引导记录区（MBR：Master Boot Recorder）、DOS 引导记录区（DBR：DOS Boot Recorder）、文件分配表区（FAT：File Allocation Table）、文件目录表区（FDT：File Direction Table）和数据区（Data），以此来实现对硬盘数据的存储与管理。

（一）数据逻辑结构

1. 低级格式化

硬盘低级格式化简称低格，也称硬盘物理格式化（Physical Format）。它的作用是检测硬盘磁介质，划分磁道，为每个磁道划分扇区，并根据用户选定的交叉因子安排扇区在磁道中的排列顺序等。对硬盘进行低级格式化有多种方法，早期可在CMOS中完成，现在可用专门的磁盘工具软件完成，也可在Debug中编写短小精悍的程序来完成。

2. 分区

为了便于管理和使用硬盘，一般都会把硬盘分成一个个的逻辑分区（表现为一个个的逻辑盘符）。每个分区都有一个确定的起止位置，在起止位置之间的那些连续的扇区都归该分区所有，不同分区的起止位置互不交错。计算机系统为管理好硬盘，需要知道有关各分区的信息，建立在0柱面、0磁头、1扇区上的硬盘分区表用来保存这些信息。这些信息就是分区命令（如Fdisk）完成时写到硬盘的0柱面、0磁头、1扇区上的。该扇区是系统中一个特殊的扇区，是完成系统主板BIOS向操作系统交接的重要入口，称为硬盘主引导记录（MBR）或主引导扇区。主引导记录不属于任何一个操作系统，它先于所有的操作系统调入内存并发挥作用，计算机根据主分区表信息来管理硬盘，然后才将控制权交予活动分区内的操作系统。

一般情况下，一个操作系统对硬盘所进行的一切操作，都在属于本操作系统的分区内进行，其他的分区对该操作系统而言就好像不存在一样。例如，所有的FAT分区，Windows都能正确识别和使用，但Linux使用的EXT2和Swap分区，对Windows来说不可见。

3. 高级格式化

它是指由Format（高级格式化）命令将DOS引导记录（DBR）写到硬盘扇区，主要功能是完成系统的自举，现在的操作系统都带有高级格式化命令。目前，对硬盘进行的格式化都是高级格式化。

一块硬盘只有经过低级格式化、分区和高级格式化后，才能存储数据。

（二）硬盘的五个区域

Windows下的FAT文件系统中逻辑磁盘的五个区域是主引导记录区（MBR）、DOS引导记录区（DBR）、文件分配表区（FAT）、文件目录表区（FDT）和数据区（Data）。

1. 主引导记录区

MBR 位于整个硬盘的第一个扇区，共 512 个字节，由四个部分组成。

(1) 引导程序占用其中的 442 个字节（不同的操作系统版本，其字节数可能不同)。

(2) 硬盘签名，占用 4 个字节（初始化写入)。

(3) 分区表，占用 64 个字节（每个分区为 16 个字节)。

(4) 结束标志，占用 2 个字节（为 55AA)。

通过主引导记录定义的硬盘分区表，最多只能描述 4 个分区，如果想要多于 4 个分区，就要突破主引导记录中的分区描述方法，这在某些时候也是突破硬盘容量限制的一种方法。微软公司为了解决这个问题，采用了一种称作虚拟 MBR 的技术。如果只有一个分区，就定义该分区，然后结束；如果不止一个分区，就定义一个基本分区和一个扩展分区，扩展分区再指向下一个分区描述扇区，在该扇区按上述原则继续定义分区，直至分区定义结束。

2. DOS 引导记录区

逻辑盘的 0 扇区叫做 DOS 引导扇区，又称为 Boot 区。由 Format（高级格式化）命令将 DOS 引导记录写到该扇区，主要功能是完成系统自举。

DOS 引导扇区由以下五个部分组成。

(1) 跳转指令。跳转指令占用 2 个字节，它将程序执行流程跳转到自举代码处，如 EB 3C 和 EB 58，就是跳转到 3C 和 58 处（JMP 3C 和 JMP 58，EB 代表汇编语言的 JMP)。

(2) 厂商标识和 DOS 版本号。这部分占 8 个（03～0A）字节，其内容随 DOS 版本不同而略有变化。

(3) BPB（BIOS Parameter Block，BIOS 参数块)。BPB 从第 12（0BH）字节开始，占用 52（0B～3E，FAT12/FAT16）或 80 个（0B～5A，FAT32）字节，该部分记录了硬盘的每扇区字节数、磁头数、文件目录起始簇号等重要信息。该部分的内容随硬盘类型的不同而变化。

(4) DOS 引导程序。占用 448 字节（3E～1FD）或 420 字节（5A～1FD），负责完成 DOS 三个系统文件的装入。这部分内容随 DOS 版本不同而略有变化。

(5) 结束标志。DBR 的结束标志与分区表的结束标志相同，为“55AA”，占用 2 个字节。

以上五个部分共占用 512 个字节，正好是一个扇区，该扇区的内容，除了第五部分结束标志固定不变外，其余四个部分都是不确定的。第一、第二、第四部分都因 DOS 版本的不同而不同，第三部分（BPB 信息）的内容也随 DOS 版本及硬盘的不同而变化。

3. 文件分配表区

FAT 文件系统是 DOS 文件管理系统用来记录每个文件存储位置的表格，以链表的方式存放簇号。FAT 表紧接着 DOS 引导扇区存放。有两个 FAT 表，一个是基本表，另一个是备份表。两个表的长度和内容相同。每个 FAT 表所占用的扇区数取决于 DOS 版本、分区大小、每簇的扇区数等因素。

4. 文件目录表区

用 Format 命令对磁盘（逻辑盘）进行高级格式化的时候，就已经为整个磁盘建立了一个根目录 FDT。在根目录下，用户可以再创建不同的子目录或文件。根目录以及各个子目录都有自己的 FDT。

在具体操作时，DOS 规定用字母 C～Z 代表逻辑盘符，所以 DOS 简单地用“[盘符:] \”表示根目录。根目录的作用是分配根目录下的所有文件和子目录的存储空间（逻辑扇区号），并通过设备驱动程序接口确定有效的最大目录项。

根目录下的所有文件及其子目录，在根目录的文件目录表中都有一个“目录登记项”。每个目录登记项占用 32 个字节，分为 8 个区域，提供有关文件或子目录的信息。

5. 数据区

数据区用来存放文件的数据。

Windows 下的 FAT 文件系统中的某个逻辑盘中的文件查找可以通过图 5—10所示的流程进行。

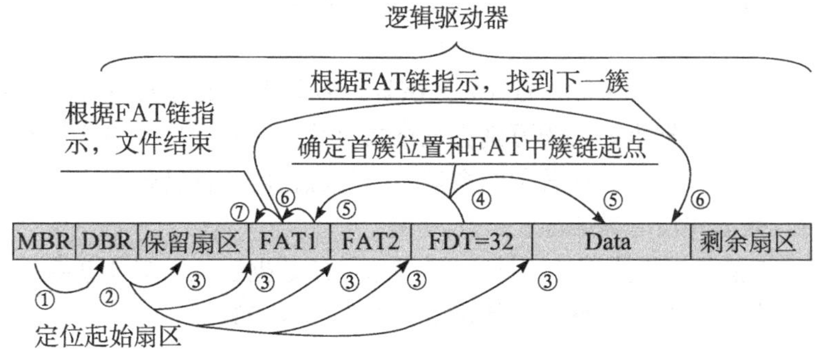

图 5—10　FAT 文件系统中的文件查找流程图

三、文件的写入与删除

（1）文件的写入。为了管理文件，要对磁盘进行分区和格式化。分区是将磁盘分成一个个的逻辑盘。格式化则是根据分区大小，合理地将分区划分为目录、文件分配表和数据区等。目录中记录着文件名称和文件大小等信息，文件分配表记录着每一个文件在数据区的位置。计算机系统对所有文件的操作，都是根据文件分配表来进行的，当向磁盘中存放文件时，系统首先在文件目录写上文件名称、大小，并根据数据区的空闲空间在文件分配表上写上文件在数据区的起始位置。然后向数据区写上文件内容，一个文件存放操作才算完毕。

(2) 文件的删除。当删除一个文件时，系统只是在文件目录中将文件名的第一个字符标上删除标志（如 E5），表示该文件已被删除，它所占用的空间已被“释放”，其他文件可以使用它占用的空间。所以，当又想找回删除文件（数据恢复）时，只需用工具软件将删除标志去掉，数据就被恢复了。如果文件分配表遭到破坏，系统无法定位到文件，虽然每个文件的内容还存放在数据区，系统认为文件已经不存在了。

一个文件被标记上删除标志后，它所占用的空间在有新文件写入时，将有可能被新文件覆盖，尽管删除的文件名还在，但它指向数据区的内容已经被覆盖，这时数据将不能被恢复出来。同样文件分配表有删除标记的文件信息所占用的空间也有可能被新文件名文件信息覆盖，文件名也将不存在了。

(3) 格式化。格式化操作和删除操作相似，都只是操作文件分配表，不过格式化是将所有文件都加上删除标志，或干脆将文件分配表清空，系统将认为磁盘分区上不存在任何内容。格式化操作并没有对数据区做任何操作，目录空了，内容还在，借助数据恢复方法和相应工具，数据仍然能够被恢复回来。

当将一个分区格式化后，被拷贝上新数据，新数据只是覆盖掉分区前的部分空间，去掉新数据占用的空间，该分区剩余数据区上的内容仍然有可能被恢复出来。

格式化后的数据并不能保证 100%恢复。有些情况磁盘打不开，需要格式化才能打开，如果数据重要，千万别尝试格式化后再恢复，因为格式化本身就是对磁盘写入的过程，它会破坏残留的数据。因为磁盘的存储特性，当不需要磁盘上的数据时，数据并没有被删除。

同理，克隆、一键恢复、系统还原等造成的数据丢失，只要新数据占用空间小于破坏前的空间容量，就有可能恢复所要的分区和数据。

四、思考题

(1) 在新购买的硬盘上存储数据时，要进行哪些操作?

(2) 文件删除与格式化有什么区别?

(3) 当被删除的文件的位置被新文件覆盖时，文件还能够恢复吗?

第六章

常用数据恢复软件

本章要点

- 十六进制数据恢复软件 WinHex
- 几种常见的数据恢复软件

目前数据恢复软件较多，有针对不同类型数据的恢复软件，比较常用的主要有 WinHex、R-Studio、FinalData 和 EasyRecovery 等。这四款软件有英文版，也有中文版，建议最好使用英文版，因为中文与原文可能会存在一些差异。在本章中为了便于理解，大部分使用的是中文版。掌握数据恢复软件的使用方法和技巧，能在工作中起到事半功倍的作用。

实验一　数据恢复软件 WinHex

WinHex 是使用最多的一款工具软件，是在 Windows 下运行的十六进制数据编辑软件，它有完善的分区管理功能和文件管理功能，能自动分析分区链和文件簇链，能对硬盘进行不同方式和不同程度的备份，甚至克隆整个硬盘；它能够编辑任何一种文件类型的二进制内容（用十六进制显示），其磁盘编辑器可以编辑物理磁盘和逻辑磁盘的任意扇区，还可以进行数据复制、剪切和擦除，是恢复数据的首选工具软件。

一、实验目的

了解 WinHex 软件的主要功能；学会用 WinHex 软件查看要进行数据恢复的存储载体的数据状况和镜像磁盘的加载方法等。

二、实验设备

电脑 1 台、硬盘（或其他存储设备）、WinHex 软件。

三、实验步骤

（一）WinHex 的启动与打开磁盘

操作步骤如下。

（1）WinHex 的启动。启动界面如图 6—1 所示。它有文件、编辑、搜索、位置、查看、工具、专用、选项、窗口和帮助菜单等（不同的版本菜单稍有差别）。

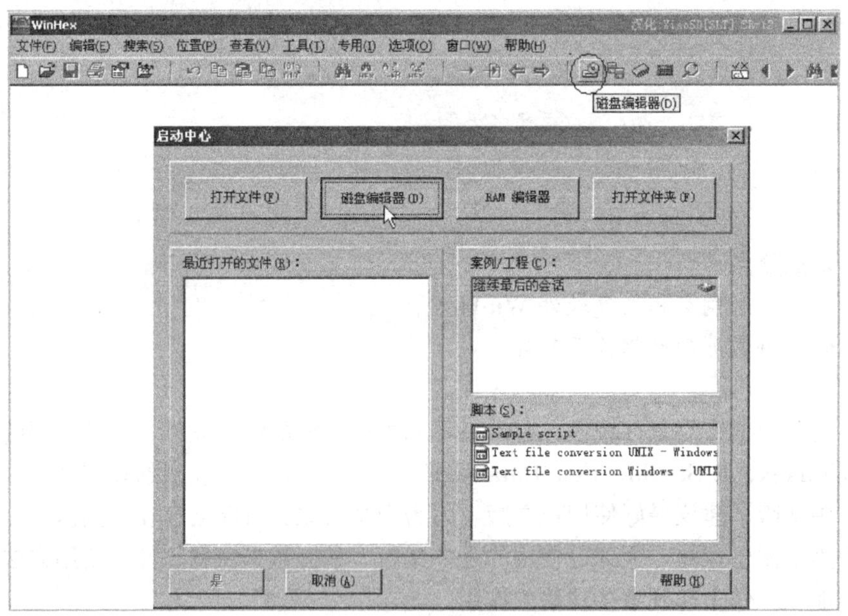

图 6—1　WinHex 的启动界面

（2）选择对磁盘进行操作。点击“磁盘编辑器”，出现“编辑磁盘”对话框，如图 6—2 所示。

在这个对话框里，可以选择对单个分区打开，也可以对整个硬盘打开，硬盘 0 是正在使用的希捷 160GB 系统盘，硬盘 1 是希捷 1 000GB 硬盘。现在选择打开硬盘 1 的整个硬盘，再点“确定”，然后就看到了 WinHex 的整个工作界面，如图 6—3 所示。

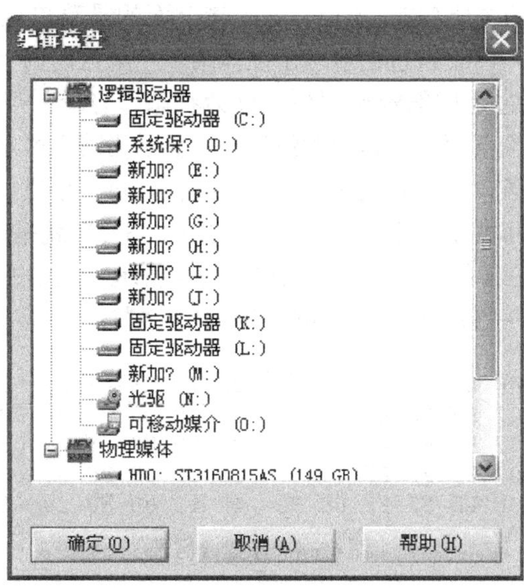

图 6—2　编辑磁盘界面

图 6—3　WinHex 的工作界面

（3）WinHex 的主要功能。图 6—3 中最上面的是菜单栏和工具栏，下面最大的窗口是工作区，以十六进制显示了硬盘第一个扇区的内容，在右边显示相应的 ASCII 码，最右边是详细资源面板，分为状态、容量、当前位置、窗口和剪贴板等五个部分。最下面一栏是辅助信息栏，显示当前扇区/总扇区数目等。

向下拉动滚动条，可以看到一个灰色的横杠，每一个横杠为一个扇区，一个扇区共 512 字节，每两个数字为一个字节，比如“DF”就是一个字节。

MBR 中的分区表有 64 个字节。如图 6—4 所示（从第一行的最后 2 个字节 80 20 开始到最后一行的 20 62 结束，共 64 个字节）。

```
65 6D 00 00 00 63 7B 9A  2B FD E6 A5 00 00 80 20
21 00 07 DF 13 0C 00 08  00 00 00 20 03 00 00 DF
14 0C 07 FE FF FF 00 28  03 00 00 58 17 06 00 FE
FF FF 07 FE FF FF 00 80  1A 06 00 00 35 0C 00 FE
FF FF 0F FE FF FF 00 80  4F 12 00 E0 20 62 55 AA
```

图 6—4 硬盘分区表

分区表中每 16 个字节为一个分区，一共可以描述 4 个分区表项，每一个分区表项可以描述一个主分区或一个扩展分区（比如上面的分区表，第一个分区表项描述主分区 C 盘，第二个分区表项描述主分区 D 盘，第三个分区表项描述主分区 E 盘，第四个分区表项描述扩展分区，扩展分区又分为 3 个分区，即分区 F 盘、G 盘和 H 盘）。

（二）将镜像解释为磁盘

WinHex 支持直接打开一个镜像文件，然后将镜像文件解释成一个磁盘文件。

操作步骤如下。

（1）选择要打开的镜像文件。如图 6—5 所示，单击图中所示的“打开文件”按钮，出现选择文件路径窗口，在窗口中选择要打开的镜像文件，就可以将其打开。

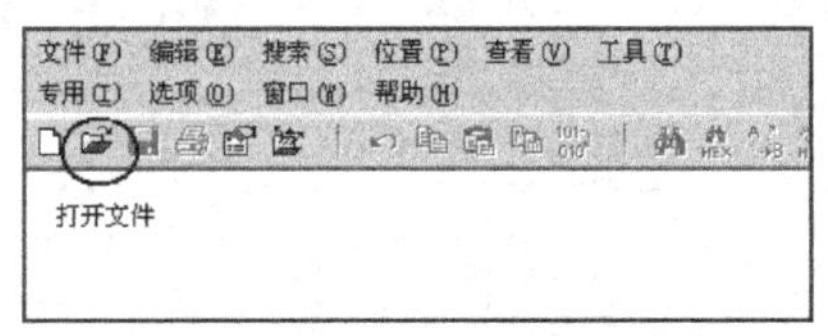

图 6—5 “打开文件”按钮

（2）将镜像文件解释为磁盘文件。文件打开后，选择“专用”菜单下的“解释映像文件为磁盘”菜单命令，便可以达到直接打开一个磁盘一样的效果，如图 6—6所示。

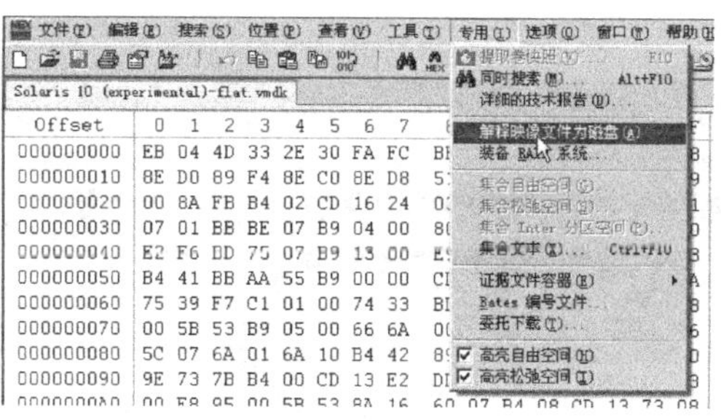

图 6—6　将镜像文件解释为磁盘

四、思考题

（1）WinHex 的主要功能是什么？

（2）WinHex 有哪些主要用途？

实验二　数据恢复软件 R-Studio

R-Studio 是一款功能强大的数据恢复软件，它支持 FAT 系列、NTFS 系列、UFS 系列和 EXTX 系列等文件系统的数据恢复；其参数设置非常灵活，可以根据不同的具体情况进行相应的设置；支持远程数据恢复，可以通过网络恢复远程计算机中的数据；支持分区丢失、格式化、误删除等情况下的数据恢复；支持对基本磁盘和动态磁盘的数据恢复；支持 RAID 数据恢复，可以恢复跨区卷、RAID0、RAID1 及 RAID5 的数据。

R-Studio 也可以像 WinHex 一样不依赖于磁盘主引导扇区的“55AA”有效签名标志对分区表进行识别并列举出各个分区，可以通过对整个磁盘的扫描，利用智能检索技术搜索到的数据来确定现存的和曾经存在过的分区以及它的文件系统格式。

一、实验目的

了解 R-Studio 的主要功能、操作界面，掌握 R-Studio 数据恢复技巧。

二、实验设备

电脑 1 台、硬盘（或其他存储设备等）、R-Studio 软件。

三、实验步骤

（一）R-Studio 的主要功能

操作步骤如下。

(1) R-Studio 的启动。当将 R-Studio 安装完成以后，其图形界面如图 6—7 所示。

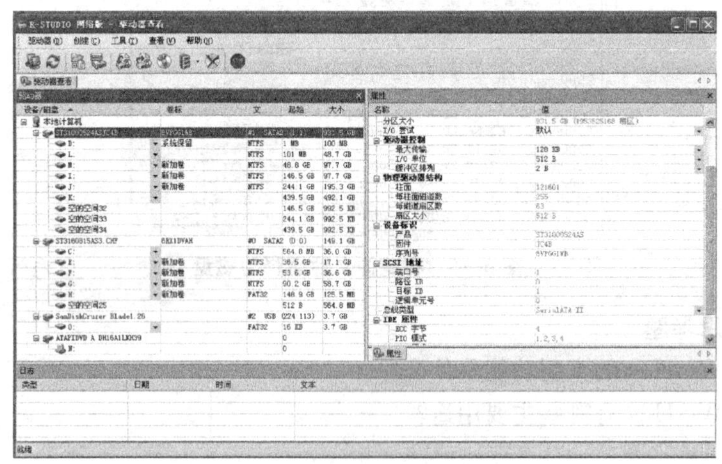

图 6—7 R-Studio 打开磁盘图形界面

从图 6—7 的左边可以看出该机器一共加载了三个磁盘：一个为容量 160GB，型号为 ST31000524ASJC 的硬盘；一个为容量 1 000GB，型号为 ST3160815AS3. CHF 的硬盘；最后一个为容量 4GB，型号为 SanDiskCruzer 的 U 盘。同时，从左边的栏目中，可以清楚地了解到每个磁盘的分区情况、文件系统特性、卷标、分区的起始位置、分区的大小等信息。

(2) 加载磁盘的综合情况。磁盘综合情况如图 6—8 所示。

本地计算机				
ST31000524ASJC4B	6VPGG1WB	#1 SATA2 (1:1)		931.5 GB
D:	系统保留	NTFS	1 MB	100 MB
L:		NTFS	101 MB	48.7 GB
M:	新加卷	NTFS	48.8 GB	97.7 GB
I:	新加卷	NTFS	146.5 GB	97.7 GB
J:	新加卷	NTFS	244.1 GB	195.3 GB
K:			439.5 GB	492.1 GB
空的空间32			146.5 GB	992.5 KB
空的空间33			244.1 GB	992.5 KB
空的空间34			439.5 GB	992.5 KB
ST3160815AS3. CHF	6RX1DVAH	#0 SATA2 (0:0)		149.1 GB
C:		NTFS	564.8 MB	36.0 GB
E:	新加卷	NTFS	36.5 GB	17.1 GB
F:	新加卷	NTFS	53.6 GB	36.6 GB
G:	新加卷	NTFS	90.2 GB	58.7 GB
H:	新加卷	FAT32	148.9 GB	125.5 MB
空的空间25			512 B	564.8 MB
SanDiskCruzer Blade1.26		#2 USB (224:113)		3.7 GB
O:		FAT32	16 KB	3.7 GB
ATAPIDVD A DH16A1LKH39			0	
N:			0	

图 6—8 磁盘综合情况

当选中某一个磁盘后，在右侧的窗口中会显示该磁盘的型号、设备号和容量等信息。

（3）R-Studio 的主要功能。其主菜单和工具栏如图 6—9 所示。

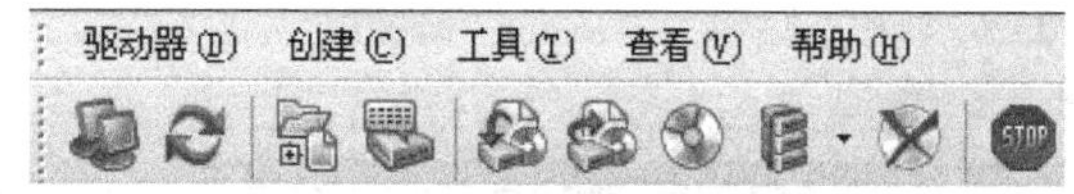

图 6—9　R-Studio 的主菜单和工具栏

在图 6—9 中，主菜单有驱动器、创建、工具、查看等，菜单栏的下一行是工具栏，下面的状态栏目上会显示出扫描文件的类型、日期、时间和文本类型等信息，如图 6—10 所示。

日志

类型	日期	时间	文本
系统	2012-11-14	16:27:22	对于 空的空间32 的扫描已开始。
系统	2012-11-14	16:27:22	对于 空的空间32 的扫描已完成于 47ms
系统	2012-11-14	16:27:32	对于 I: 的扫描已开始。

图 6—10　R-Studio 状态栏

（4）显示磁盘分区数据。在图 6—8 中显示的是一个 160GB 的磁盘，可以看出本磁盘分为五个分区。双击列举出的一个逻辑磁盘，就可以遍历该文件系统，并以目录树的形式显示其中的目录及文件。R-Studio 列出了选择的第一个分区的数据，如图 6—11 所示。

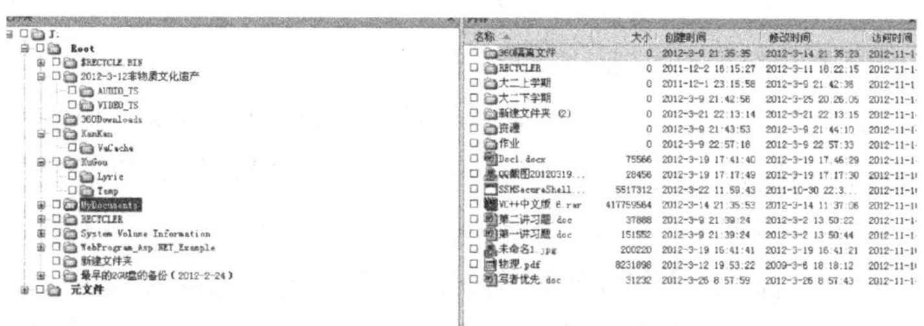

图 6—11　R-Studio 显示的分区数据

第一个目录 Root 为根目录，单击 Root 后，可以在右侧的窗口中显示出根目录下所有的目录及文件。第二个目录为元文件目录，其中存放的是文件系统的管理数据，对于 FAT32 来讲，就是 DBR 及 FAT 表等。

（二）数据恢复

操作步骤如下。

（1）扫描磁盘。扫描逻辑 G 盘（如果磁盘已经被格式化，要找到原来的分区，需要对整个磁盘进行扫描。因此，必须选择界面中的物理磁盘进行操作，而不能选择逻辑磁盘）。

在磁盘上右击，然后在弹出的菜单中单击“扫描”，弹出扫描设置对话框，如图 6—12 所示。

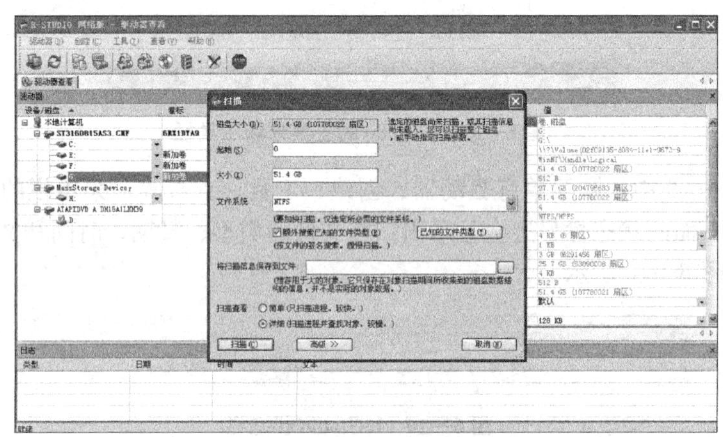

图 6—12　扫描设置

在“扫描”对话框中，可以设置扫描的起始位置和大小。程序默认从磁盘的起始位置开始对整个磁盘进行扫描。如果要寻找磁盘的所有分区，不需要改动“起始”和“大小”栏中的数值。如果只是想恢复某个分区的数据，并且知道该分区的大致起始位置及大小的话，可以在“起始”栏中输入扫描的起始位置，在“大小”栏中输入扫描的范围大小。输入数值时，如果以扇区为单位，需要在输入的数值后加“S”，以 MB 为单位则加“MB”，以 GB 为单位则加“GB”。

“文件系统”栏中为支持的文件系统类型，可以支持的类型有 Linux 的 EXTX、Windows 的 FAT 和 NTFS 文件系统、苹果机的 HFS 以及 Unix 的 UFS 文件系统。单击其后的向下箭头可以在下拉列表中选择想要寻找的文件系统类型。程序默认勾选所有的类型选项，应该根据实际情况只保留可能存在的文件系统类型，以降低计算机的负载并提高扫描速度。在本次操作中，只有 Windows 类型的文件系统，因此，可以去掉其他的类型选项，在图 6—12 中只保留了 NTFS 文件系统类型。

“已知的文件类型”选项默认被勾选后，程序在扫描的过程中会同时搜索已知文件类型的特征值，并在搜索结果中将搜索到的同类文件单独存放在一个目录中。

设置完毕并确认无误后，单击“扫描”按钮，即开始扫描，如图 6—13 所示。

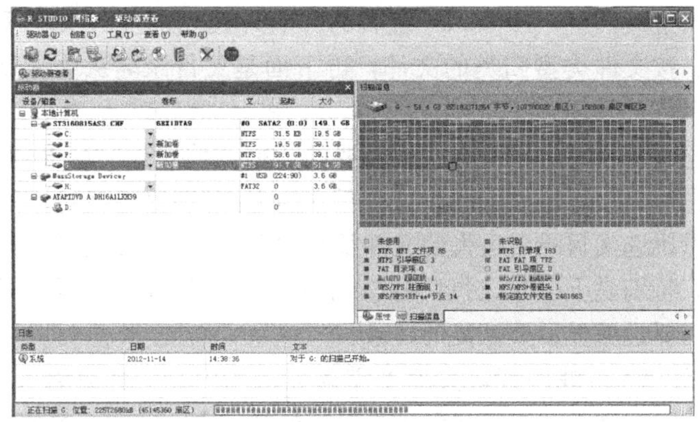

图 6—13　开始扫描

扫描的时间长短依据磁盘容量的大小、接口、扫描设置以及计算机的运算速度不同而有所差异。

（2）查看扫描结果。扫描结束后，程序即列出所有可能存在的数据块，并给出每个数据块的起始位置和大小。单击某个数据块后，右侧窗口的下部将给出扫描出的文件类型数据，如图 6—14 所示。

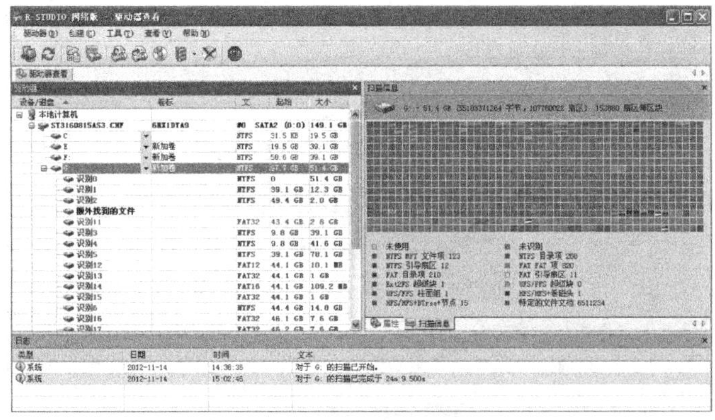

图 6—14　扫描完成

从图 6—14 中可以看到，程序共搜索到了 G 盘的 7 个 NTFS 类型和 7 个 FAT32 类型的文件结构。

（3）恢复数据。根据每个数据块的完整度，R-Studio 分别用绿色、橙色、红色显示不同的推荐级别，绿色表示的是比较完整的文件，其次是橙色，最后才是红色。从 R-Studio 目录列表中可以看到完整的文件夹结构，红色带“×”和带问号“?”的文件及文件夹是以前人为或系统删除过的数据。

拖滚动条继续向下，R-Studio命名的“额外找到的文件夹”里存放的是没有目录结构、按文件类型归类的文件，再下面是父目录名丢失、重命名的文件夹，其目录名为“$ROOT0000n”。

如果在正常目录结构里没有找到需要的数据，就要到“额外找到的文件夹”寻找所要的文件类型，R-Studio将这些孤立的文件根据类型存放在一起。

继续查看挑选父目录名丢失的文件及文件夹。在文件目录多、删除整理频繁的计算机上，特别是FAT32分区格式，这些红“×”文件夹项非常多，显得杂乱。这时就需要过滤显示要恢复的目录。

点击R-Studio过滤图标，去掉不需要显示的内容，如是否显示空文件夹、是否显示已删除的文件、是否显示正常存在的文件夹。如果只恢复删除文件，可以去掉正常存在文件夹，只保留显示删除过的文件夹。在这里是恢复重新分区的数据，一般去掉显示空文件夹、显示已删除的文件这两项。

右击要恢复的目录或文件，在弹出的快捷菜单中选择“恢复”，或对要恢复的数据进行勾选后右击一个目录或文件，在弹出的快捷菜单中选择“输出文件夹”，即可弹出保存路径选择对话框，选择好存放路径后单击“确定”按钮即可将数据恢复至指定的位置，如图6—15所示。

图6—15　将数据恢复至指定的位置

选择设置导出数据存放目的地，其他选项默认即可。恢复导出过程中，R-Studio将显示进度比、剩余文件量等信息。

此外，在进行数据恢复时，想了解整个物理磁盘分区结构情况，以对数据恢复做到心中有数，这时，可以在桌面上点击“我的电脑”右键，然后选择“管理”菜单中“磁盘管理”，打开即可，如图6—16所示。

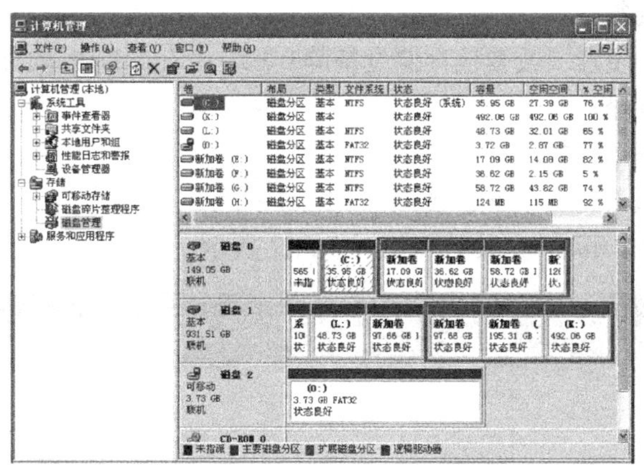

图 6—16　物理磁盘的分区结构

从图 6—16 中可看出，这台机器共有三个物理盘，两个硬盘和一个可移动盘（U 盘）。磁盘 0 的总容量为 149.05GB（标称容量 160GB），分为 5 个逻辑分区；磁盘 1 的总容量为 931.51GB（标称容量 1 000GB），分为 6 个逻辑分区；磁盘 2 为 U 盘，其容量是 3.73 GB（标称容量 4GB），同时，将每个磁盘的分区大小都显示出来了。

当每次用 R-Studio 进行数据恢复时，如果想多次打开同一扫描结果，这时，可以采用将扫描结果存盘的方式来保存结果。其方法是：

当 R-Studio 完成整个分区扫描时，其界面会出现“确定”。选择一个保存位置，注意，不要选择待恢复数据的硬盘上的分区。以后再次需要 R-Studio 的扫描信息时，可以直接打开扫描信息文件。

R-Studio 可以恢复因各种原因造成数据丢失的磁盘、光盘和 U 盘及存储卡上的数据和文件。它最大优点是可以通过网络进行远程数据恢复。

四、思考题

（1）R-Studio 数据恢复软件有哪些特点？

（2）R-Studio 能否支持网络远程数据恢复？

实验三　数据恢复软件 FinalData

FinalData 可以恢复 Office 文档、数据库文档、电子邮件文档、被病毒破坏的文档、被格式化和已删除的文档等。

一、实验目的

了解 FinalData 的主要功能、操作界面；掌握 FinalData 数据恢复技巧。

二、实验设备

电脑 1 台、硬盘（或其他存储设备等）1 块、FinalData 软件。

三、实验步骤

（一）扫描驱动器

操作步骤如下。

（1）运行 FinalData，其界面如图 6—17 所示。

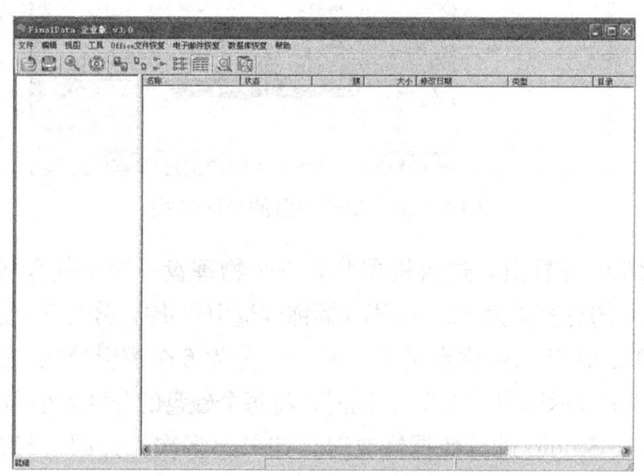

图 6—17　FinalData 运行界面

（2）选择要打开的驱动器（物理驱动器或逻辑驱动器）。点击界面左上角的“文件”→“打开”命令，打开“选择驱动器”对话框，如图 6—18 所示。

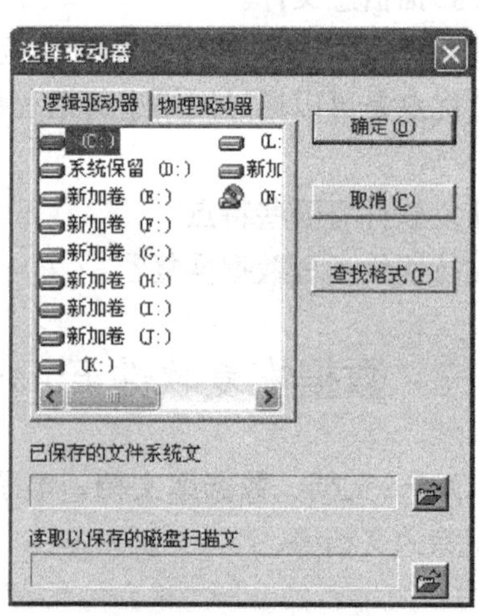

图 6—18　选择驱动器

（3）在“逻辑驱动器”界面中选择想要恢复的文件所在的驱动器，然后单击“确定”。如果修复的文件不知在哪个分区中，可以在“选择驱动器”对话框中点选“物理驱动器”。现选择“C 盘”，选择后单击“确定”。

（4）扫描完毕以后出现一个“选择要搜索的簇范围”对话框，如图 6—19 所示。图中显示了起、止簇号及总的大小。点击“确定”，就可以对整个 C 盘进行扫描。

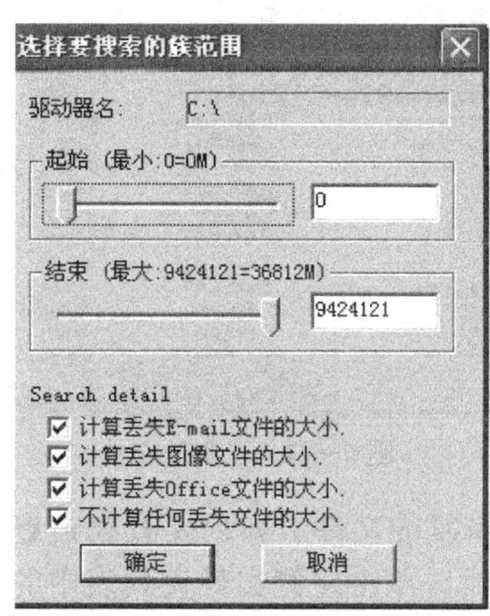

图 6—19　扫描驱动器

（二）查找要恢复的文件

扫描结束后，其结果如图 6—20 所示。其主要项目有：“根目录”、“已删除目录”、“已删除文件”、“丢失的目录”、“丢失的文件”和“已搜索的文件”等。如果想要查找相应的内容，点出其项目列表即可。

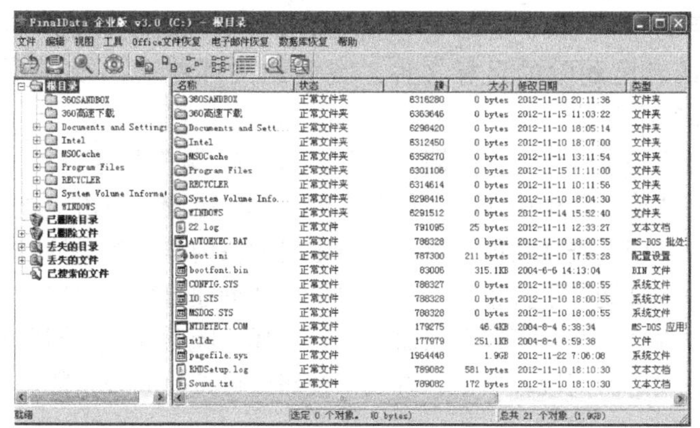

图 6—20　扫描结果

在左侧的文件夹列表中单击“已删除文件”，可以看到在右侧窗口中显示出该分区中所有删除的文件，如图 6—21 所示。

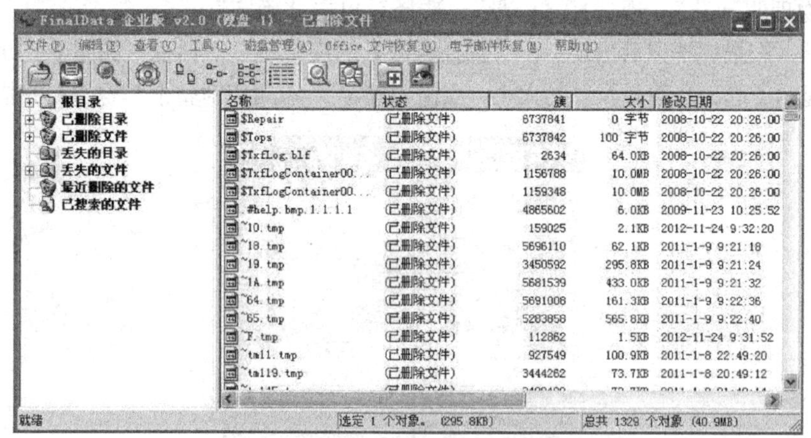

图 6—21　已删除文件

在此可以查找需要恢复的文件。如果要查找被删除的文件夹，可以进入到“已删除目录”中查找，单击左侧文件夹列表中的“已删除目录”前面的“+”号，可对删除文件夹或该文件夹中的文件进行恢复。如果找不到要恢复文件的位置或者在“已删除文件”中有太多文件以至于很难找到需要恢复的文件，可以使用“查找”功能。从菜单中选择“文件”→“查找”命令，弹出“查找”对话框。FinalData 提供的查找方式有三种，即按文件名查找、按簇查找和按日期查找。

按文件名查找时，在提示框中输入所查找文件的关键字或者通配符(DOS 中常用的“?”和“*”)，单击右面的“查找”按钮，将在当前分区查找存在的或者已删除的目标文件。找到的文件将会出现在左窗口区域的“找到的文件”栏目中。

如果知道丢失文件所在的“簇”，那么可以按“簇”快速查找。切换到“簇”标签项中，在“范围”项中输入文件所在的“簇”范围，单击“查找”即可。

使用按“日期”查找功能，可搜索指定时间段内删除的文件。选择日期查找时，单击“检测日期”下拉菜单，程序提供了“创建日期”、“修改日期”和“访问日期”三种方式，在此可以根据需要进行选择，随后在“时期”和“到”时间列表中输入查找的时间段，单击“查找”按钮就可按时间查找数据。

（三）恢复文件

在右面的目录内容窗口找到需要恢复的文件，单击右键，选择“恢复”，出现“选择要保存的文件夹”对话框。在“文件夹”里指定希望恢复文件的保存路径，如“E：\数据恢复”文件夹，随后单击“确定”按钮，被删除的文件即可被保存到指定文件夹中，如图 6—22 所示。

图 6—22　存储恢复的数据

FinalData 的数据恢复方式是将不同类型的文件按类型存储，例如：根目录下存放的是正常文件，已删除文件夹中存放的是被删除文件，已丢失文件存储的是已丢失文件，所以在进行不同类型的数据恢复时，可以根据要恢复的类型来进行选择。

四、思考题

（1）FinalData 的数据恢复的特点是什么？

（2）如何用 FinalData 进行数据恢复？

实验四　数据恢复软件 EasyRecovery

EasyRecovery 能够恢复丢失的数据以及重建文件系统，不会向原始驱动器写入任何数据，它主要是在内存中重建文件分区表，使数据能够安全地传输到其他驱动器中。该软件可以从被病毒破坏或是已经格式化的硬盘中恢复数据，也可以恢复长文件名、被破坏的硬盘中丢失的引导记录，其恢复的数据类型较多。

其主要功能有：磁盘诊断、数据恢复、文件修复、邮件修复等四项功能，分别如图 6—23、图 6—24、图 6—25、图 6—26 所示。

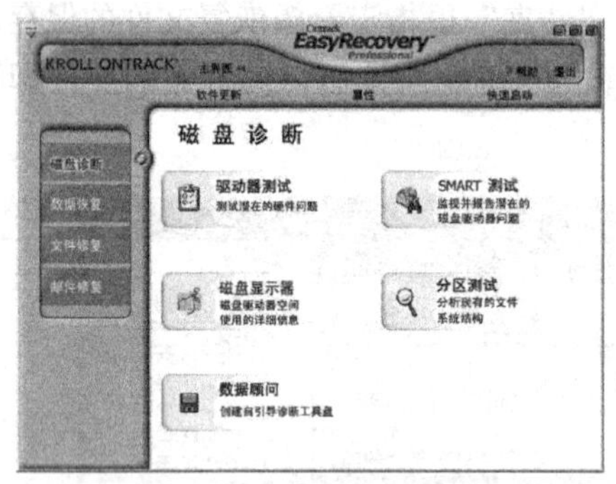

图 6—23　磁盘诊断

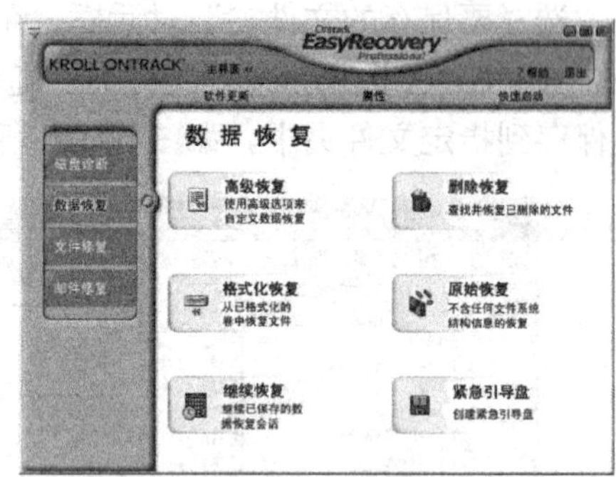

图 6—24　数据恢复

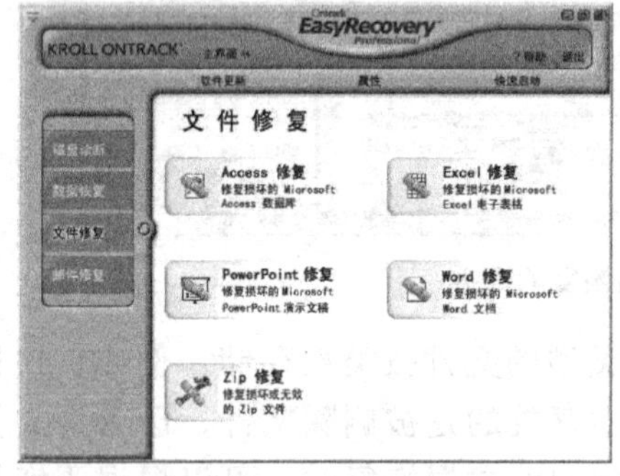

图 6—25　文件修复

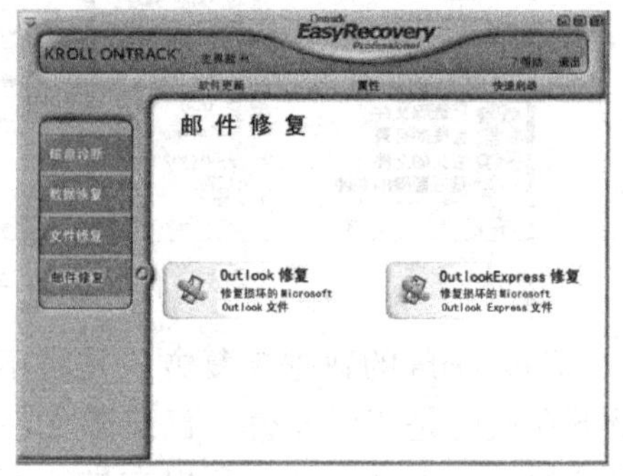

图 6—26　邮件修复

(1) 磁盘诊断的菜单有：

驱动器测试，测试潜在的硬件问题；

SMART 测试，监视并报告潜在的磁盘驱动器问题；

磁盘显示器，磁盘驱动器空间使用的详细信息；

分区测试，分析现有的文件系统结构；

数据顾问，创建自引导诊断工具盘。

(2) 数据恢复的菜单有：

高级恢复，使用高级选项自定义数据恢复；

删除恢复，查找并恢复已删除的文件；

格式化恢复，从格式化过的卷中恢复文件；

原始恢复，忽略任何文件系统信息进行恢复；

继续恢复，继续已保存的数据恢复会话；

紧急引导盘，创建紧急引导盘。

（3）文件修复的菜单有：

Access 修复，修复损坏的 Microsoft Access 数据库；

Excel 修复，修复损坏的 Microsoft Excel 电子表格；

PowerPoint 修复，修复损坏的 Microsoft PowerPoint 演示文稿；

Word 修复，修复损坏的 Microsoft Word 文档；

Zip 修复，修复损坏或无效的 Zip 文档。

（4）邮件修复的菜单有：

Outlook 修复；

OutlookExpress 修复。

一、实验目的

了解 EasyRecovery 的主要功能、操作界面；掌握 EasyRecovery 数据恢复技巧。

二、实验设备

电脑 1 台、硬盘（或其他存储设备等）、EasyRecovery 软件。

三、实验步骤

安装该软件时要注意：如果需要找回 C 盘上误删除的文件，不要将 EasyRecovery 安装到 C 盘，否则会影响 C 盘的文件系统，对数据恢复不利。

（一）恢复已删除的文件

操作步骤如下：

（1）启动 EasyRecovery 之后，点击主界面左边的“Data Recovery”（数据恢复）按钮，再点击右边窗口中的“Deleted Recovery”（删除恢复）按钮，如图 6—27所示。

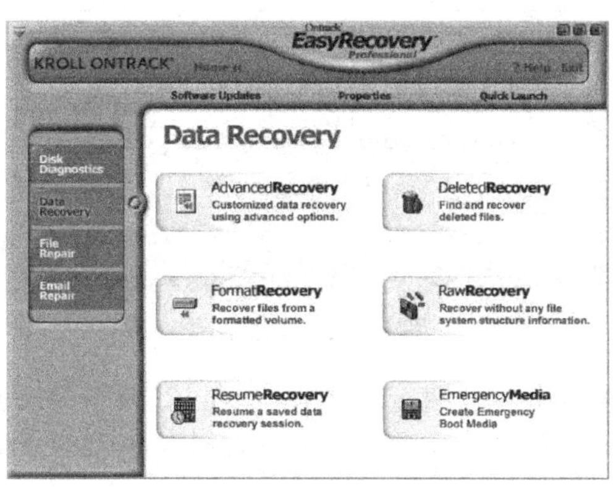

图 6—27　数据恢复界面

（2）经过短暂的扫描后，程序要求选择一个分区来恢复已删除的文件，选中误删文件所在的分区后，可以在右边的“All Files”（所有文件）栏中输入要恢复的文件名及类型（程序默认是查找所有被删除的文件，一般用默认值即可）。注意，如果被删除的文件已经有很长时间了，则建议将“Complete Scan”（完全扫描）前的复选框选中，这样成功的概率要大一些，如图 6—28 所示。

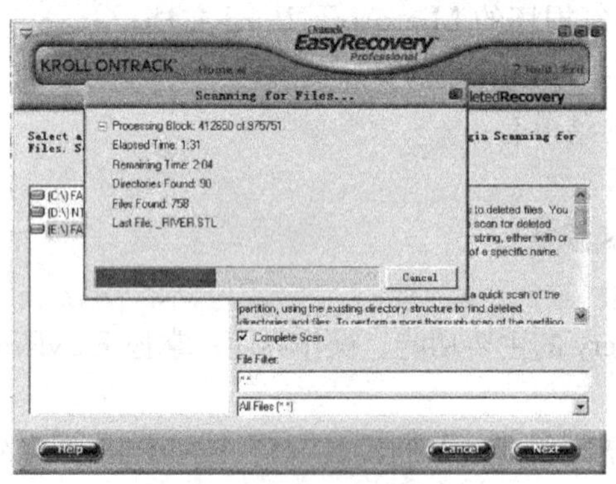

图 6—28　开始扫描

（3）点击“Next”（下一步）后，程序开始扫描该分区，最后弹出一个文件列表窗口，该窗口跟平常使用的“资源管理器”一样。现在要在该列表中查找需要恢复的文件，并在需要恢复的文件前的选择框中打上“√”，如图 6—29 所示。

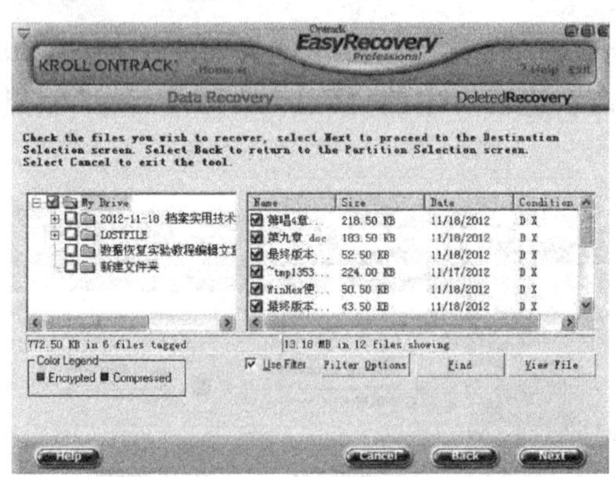

图 6—29　扫描结果

（4）选择好需要恢复的文件后，点击“Next”（下一步），程序要求选择一个用来存放恢复文件的目录。注意，为了恢复数据的安全，建议将恢复数据存放到其他分区中（例如需要恢复的文件在 D 盘，则可将找到的文件保存到 E 盘）。

（5）当选择好用来存放恢复文件的目录后，点击“Next”（下一步），程序就会将选定的文件恢复到设定的文件夹中。最后，还会生成一个“恢复报告”，如有需要还可将它打印或保存。

（二）恢复误格式化的数据

由于某些误操作，可能会将某个分区给格式化了，对于这种情况，可以通过 EasyRecovery 来恢复数据。

（1）启动程序后，点击“Data Recovery”（数据恢复）按钮，再点击右边窗口栏中的“Format Recovery”（格式化恢复）按钮，此时程序要求用户选择需要恢复数据的分区提示，如果不仅格式化了分区，而且改变了该分区格式的话（例如，从 FAT32 格式化成了 NTFS)，在这一步操作中，必须正确选择该分区被格式化之前的分区格式，只有这样才能有好的恢复效果。

（2）点击“Next”（下一步）之后，程序开始扫描该分区，接着弹出一个文件列表窗口，里面显示了所有被找到的文件。选择需要恢复的文件，然后选择一个用来存放数据的目录（具体操作跟前面“恢复已删除的文件”中的恢复方法完全一样)。

（三）注意事项

（1）误删文件或误格式化分区后，不要再向误删文件所在的分区写入内容。这一点在恢复 C 盘时更要注意，由于 C 盘的特殊性，不管是开机还是关机都会进行频繁的读写操作，因此，如果需要恢复 C 盘的数据，则最好在误删文件后立刻关闭计算机，然后将该硬盘挂接到另外一台机器中，利用其他计算机中的工具软件来恢复数据。

（2）不要对需要恢复数据的磁盘进行磁盘整理。磁盘整理就是一个数据搬动的过程，因此，不要进行磁盘整理。

（3）准备好足够的磁盘空间来保存恢复的数据。在通过工具软件恢复数据时，不要将得到的数据又保存到正在恢复的这个分区上。

目前数据恢复的软件较多，针对各种不同情况的恢复软件都相继开发出来了，既有英文的，也有中文的。以上介绍的是四款综合数据恢复软件。在实际的数据恢复工作中，可以针对不同的数据丢失的类型，选取不同的数据恢复软件进行数据恢复。

四、思考题

（1）EasyRecovery 软件有什么特色?

（2）要对删除的文件进行恢复应该选择那种方式?

第七章

磁盘检测与管理

本章要点

- 磁盘分区、格式化、碎片清理和磁盘整理
- 硬盘检测、镜像磁盘
- FAT 和 NTFS 文件系统结构
- 硬盘维护和使用

在计算机中，磁盘是最主要的存储载体，磁盘质量的好坏决定着系统的性能优劣，对磁盘进行分区、格式化、检测与管理等工作，做到心中有数，将对数据恢复起着十分重要的作用。

实验一　磁盘分区与格式化

新购置的硬盘，通常称为“盲盘”，也就是说在硬盘上什么都没有，如果用软件进行查看，上面显示的全为“00”的代码。这样的硬盘是不能存储数据的，为此，首先要对其进行分区，然后再进行格式化，只有这样，才能存储数据。分区和格式化现在都可以采用 Windows 自带的软件来进行。

一、实验目的

学会对新购置的硬盘进行分区和格式化，以便存储数据。

二、实验设备

电脑 1 台、新购置的硬盘 1 块（并口或串口）、硬盘转接器 1 个（串口或并口转接为 USB 接口）。

三、实验步骤

（1）查看硬盘情况。将需要分区的硬盘挂接在机器上（此挂接盘为磁盘 3），在正常情况（Windows）下，打开“我的电脑”，不能看到“磁盘 3”。只有右击打开“我的电脑”中的“磁盘管理”，查看到挂接磁盘 3 的情况。如图 7—1 所示，可以看到磁盘 3 既没有联机（“没有初始化”），也没有分区（“未指派”）。

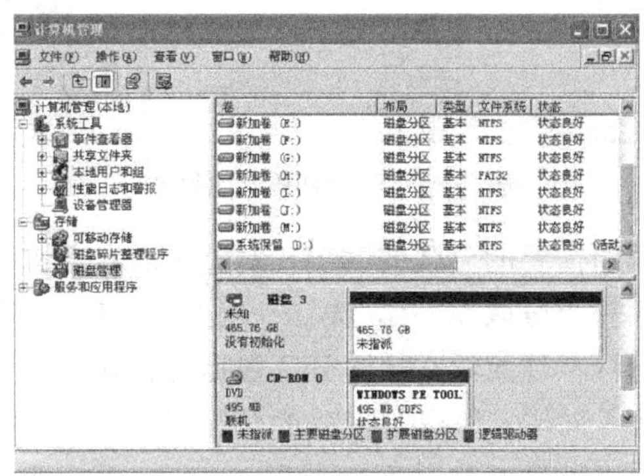

图 7—1　磁盘 3 的分区情况

（2）磁盘初始化。在图 7—1 中，右键点击“磁盘 3”以进行初始化，如图 7—2 所示。

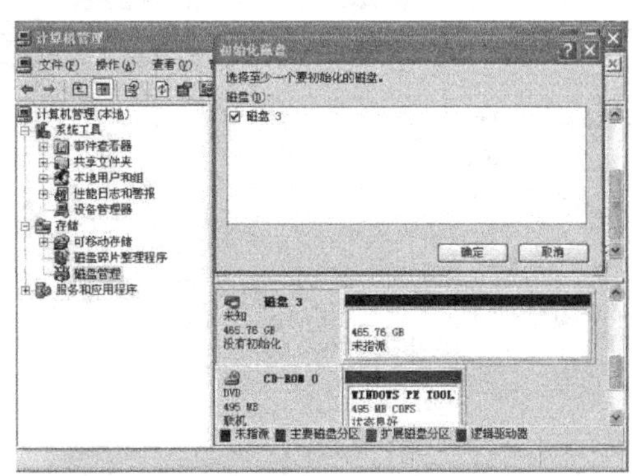

图 7—2　磁盘 3 没有初始化

在图 7—2 的“初始化磁盘”中，点击“确定”，就对该磁盘进行了联机，如图 7—3所示。

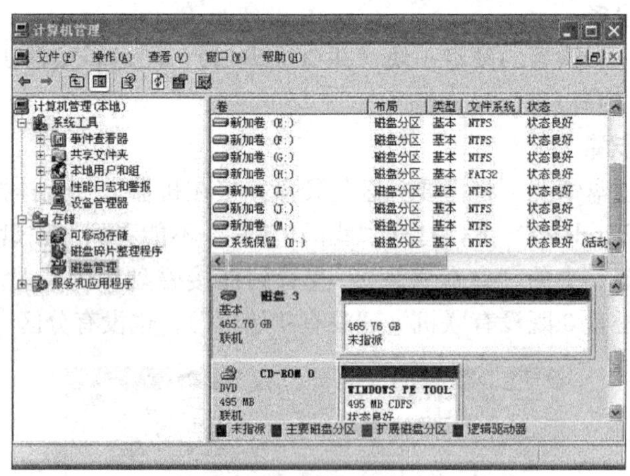

图 7—3　磁盘初始化（联机）

(3) 分区。依据所需要的分区的大小，对整个磁盘 3 进行分区。例如，将磁盘分成四个分区，第一个分区 50GB，第二个分区 100GB ，第三个分区 200GB，余下的都给第四个分区（注意，在填写分区数据时，输入的是 1 000 进位，而实际机器的进位是 1 024 进位，所以，最后的分区实际大小都会小于输入值）。右键点击磁盘 3，出现“新建磁盘分区向导”，点击“下一步”，出现“主磁盘分区”和“扩展磁盘分区”选项（主磁盘分区是能安装操作系统，并能启动机器的分区，而扩展磁盘分区是不能启动机器的），如图 7—4 所示。

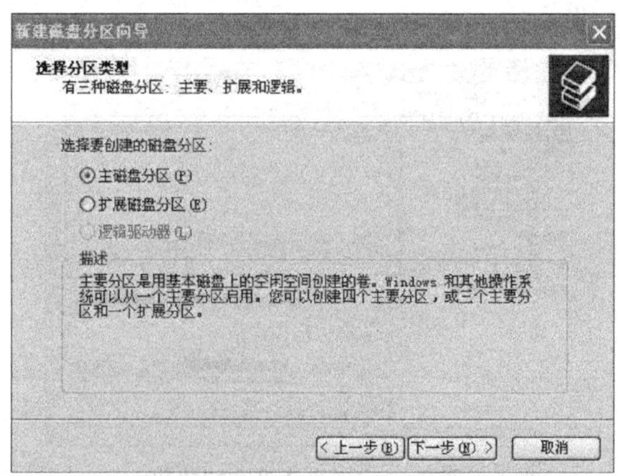

图 7—4　新建磁盘分区向导

下面选择第一个分区为主分区，输入 50 000（机器以 MB 为单位），如图 7—5所示。

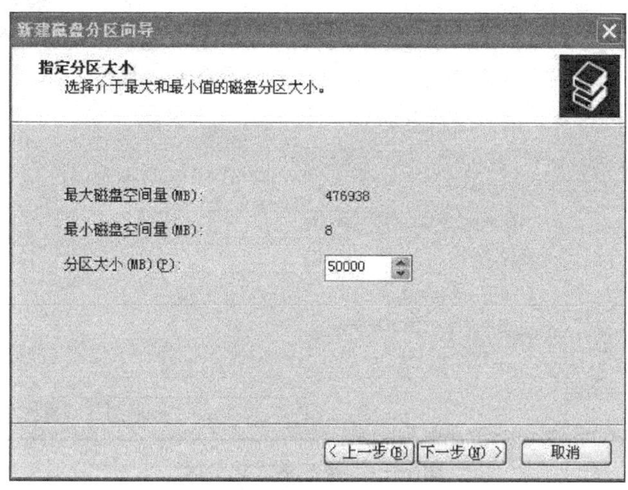

图 7—5　50GB 的主磁盘分区

（4）格式化分区。在图 7—5 中点击“下一步”，就出现了格式化的界面，如图 7—6 所示。

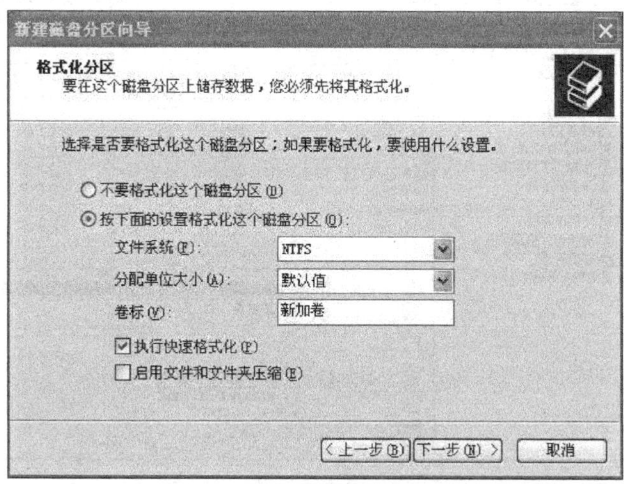

图 7—6　格式化分区选择界面

勾选“执行快速格式化”，并点击“下一步”，就对该分区进行了格式化，如图 7—7 所示。

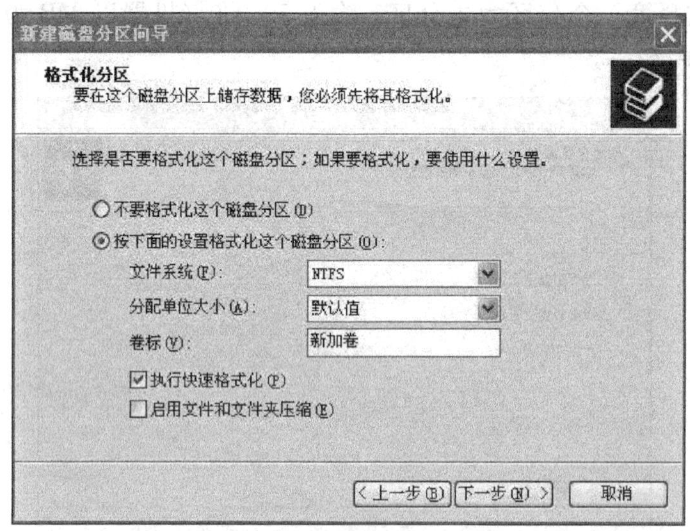

图 7—7　快速格式化分区

对第一个分区进行格式后的结果如图 7—8 所示。图中的“新加卷（P:)”为第一个分区。

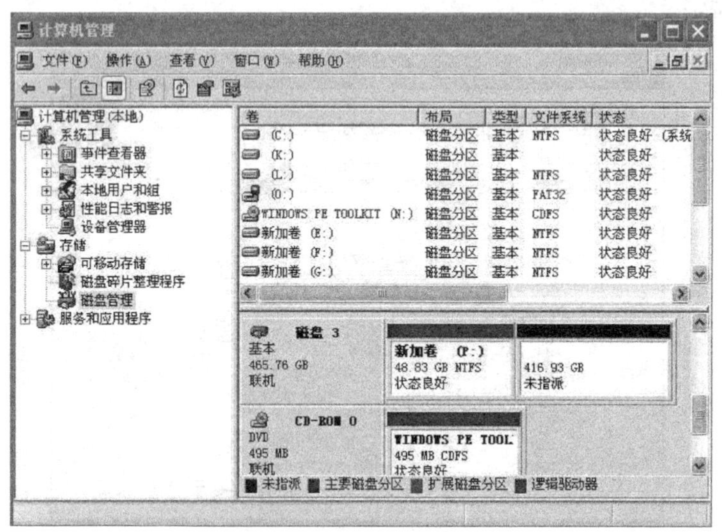

图 7—8　格式化后的结果

同理，可以将余下的空间分为扩展分区（图 7—8 中的“未指派”区域)。然后，再将扩展分区分为第二、三、四分区。

（5）分配扩展分区。在磁盘 3 的“未指派”上点击右键，然后点击“扩展磁盘分区”，出现如图 7—9 所示的界面。

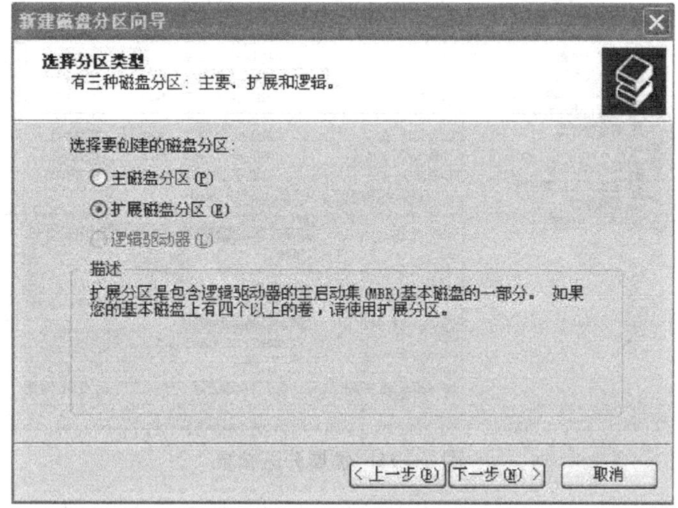

图 7—9　分配扩展分区

（6）在图 7—9 中点击“下一步”，将所有的分区大小的数值都给扩展分区（也就是将除第一分区以外的都给扩展分区），如图 7—10 所示。

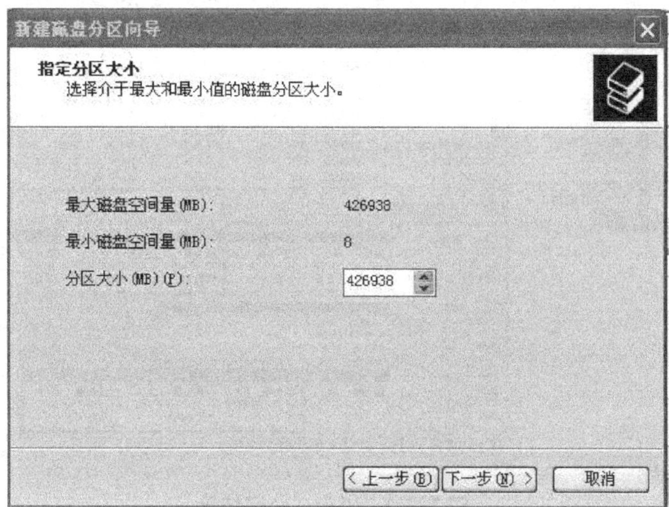

图 7—10　扩展分区大小

（7）在图 7—10 中点击“下一步”，出现如图 7—11 所示的界面。

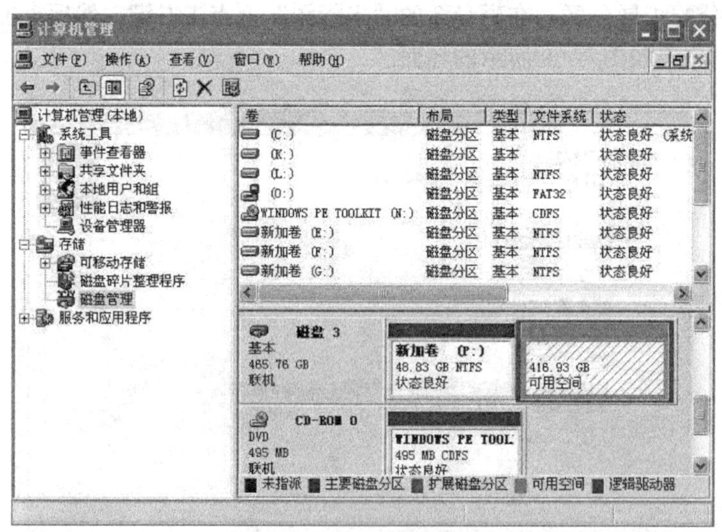

图 7—11　扩展分区结果

(8) 在图 7—11 中，点击“可用空间”，然后按照第一个分区的步骤依次分出第二、第三和第四个分区，并格式化每一个分区，一个完整的磁盘分区如图 7—12 所示。

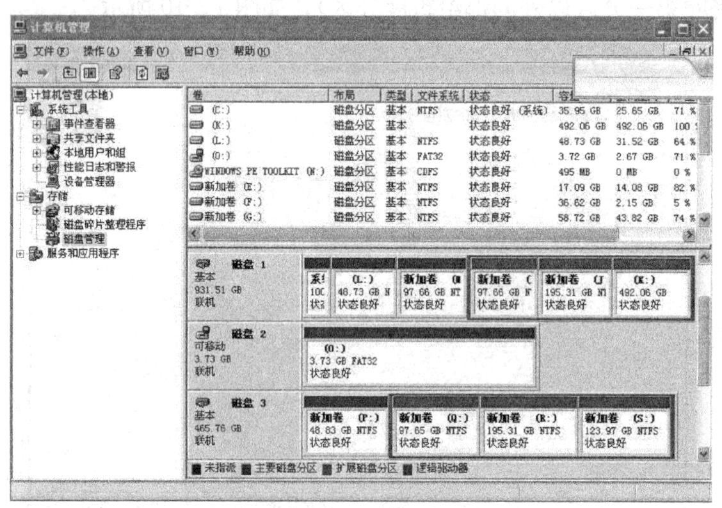

图 7—12　磁盘 3 分区结果

(9) 删除分区。如果对分区不满意，可以删除已存在的分区，再重新进行分区，如图 7—13 所示。

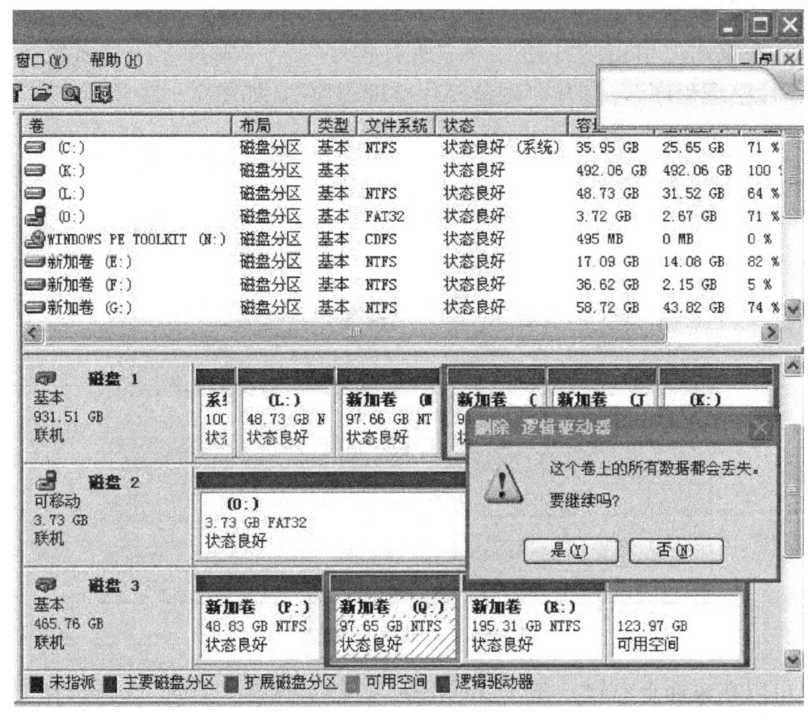

图 7—13　删除分区

四、思考题

（1）为什么要对磁盘进行分区和格式化？

（2）如何对新购置的硬盘进行分区和格式化？

（3）如果对已有文件系统的磁盘进行格式化会有什么影响？

实验二　磁盘碎片整理

通常，磁盘碎片并不影响磁盘的正常工作，其主要危害在于降低磁盘的读写速率，当大量磁盘碎片存在于 Windows 的重要文件中时，也可能导致系统崩溃或数据丢失。对磁盘碎片的整理过程是对整个磁盘的数据进行读取和移动的过程，因此，如果频繁对磁盘进行数据整理，会影响磁盘的使用寿命，建议半个月或一个月左右对磁盘进行一次整理。

一、实验目的

掌握对磁盘的碎片进行有效整理的方法，以提高磁盘的读写速度。

二、实验步骤

（1）在桌面上单击“开始”→“所有程序”→“附件”→“系统工具”→“磁盘碎片整理程序”，打开“磁盘碎片整理程序”，如图 7—14 所示。

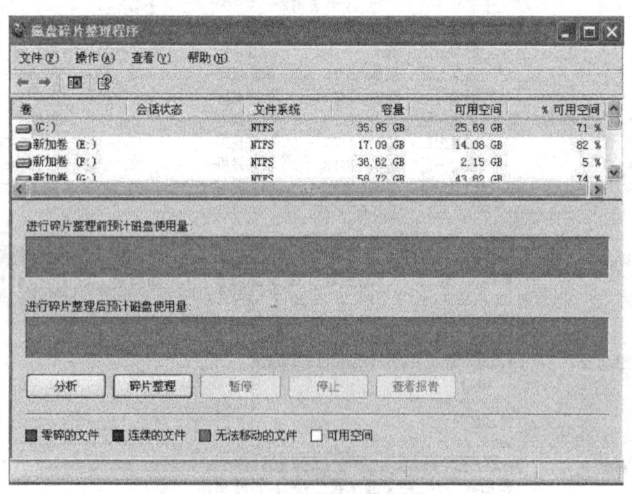

图 7—14　磁盘碎片整理 1

也可以在桌面上右键点击“我的电脑”，然后选择“管理”，再选择“磁盘碎片整理程序”，如图 7—15 所示。

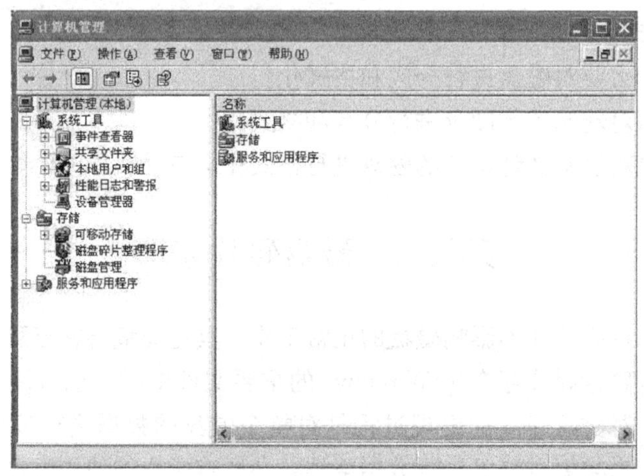

图 7—15　磁盘碎片整理 2

(2) 磁盘碎片整理结果如图 7—16 所示。

图 7—16 磁盘碎片整理结果

除了使用 Windows 自带的磁盘碎片整理程序外，还可以选用其他软件公司开发的磁盘碎片整理程序，如 O&O Defrag、Vopt 和 Diskeeper 等软件。

磁盘碎片出现之后的整理毕竟是被动的，虽然磁盘的使用过程中不可避免地会出现磁盘碎片，但很多方法可以减少磁盘碎片的出现。最有效和常见的方法就是通过合理的分区与分配文件来预防磁盘碎片的出现。

三、思考题

(1) 为什么要进行磁盘碎片整理?

(2) 磁盘碎片整理对数据恢复有什么好处?

(3) 磁盘碎片整理后对机器的运行速度有何影响?

(4) 是否可以每天都对磁盘进行碎片整理?

实验三 磁盘碎片清理

磁盘清理程序可以清理已下载的程序文件、临时文件、临时同步文件、缩略图。除了上述项目，使用磁盘清理程序还可以清理旧的 chkdsk 文件和压缩旧文件等。

一、实验目的

掌握磁盘清理方法，提高磁盘空间的利用率。

二、实验步骤

(一) 用 Windows 自带的磁盘清理工具

操作步骤如下。

(1) 选择驱动器。单击“开始”→“所有程序”→“附件”→“系统工具”→“磁盘清理”命令，打开“磁盘清理”，选择要清理的驱动器（例如 C 盘），如图 7—17所示。

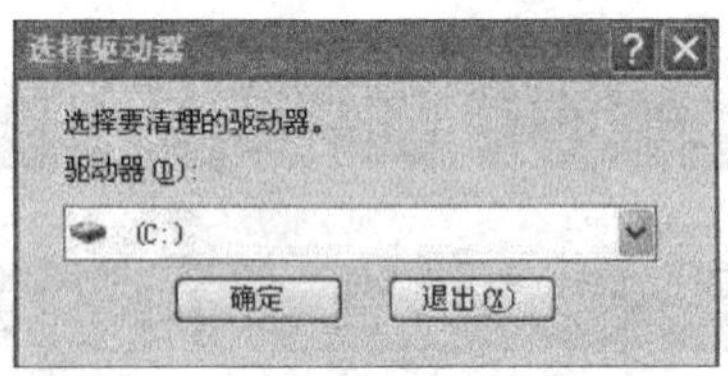

图 7—17 选择要清理的驱动器

(2) 磁盘清理扫描。在图 7—17 中点击“确定”后，开始进行磁盘上文件的清理扫描，如图 7—18 所示。

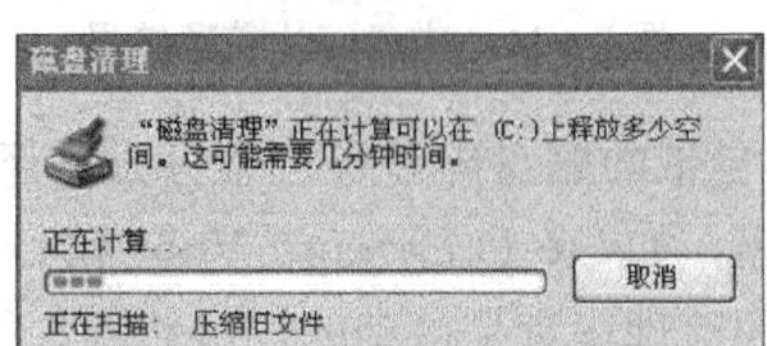

图 7—18 磁盘清理扫描

(3) 显示删除内容。扫描完成后，磁盘上需要清理的文件大小和磁盘空间如图 7—19所示。

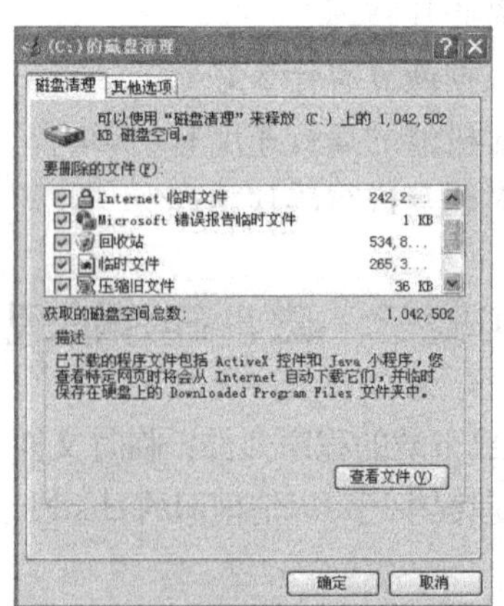

图 7—19 需要清理的文件大小和磁盘空间

（4）开始清理工作。在图 7—19 中点击“确定”，如果出现“您确信要执行这些操作吗?”对话框，在图 7—20 中点击“是”，磁盘清理工作开始。

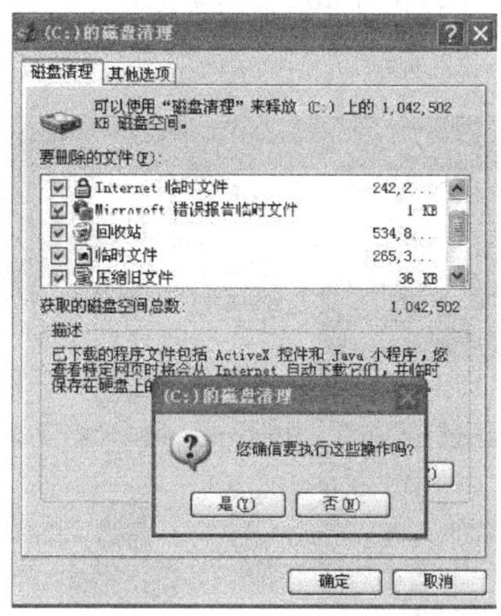

图 7—20　磁盘清理工作开始

（二）用磁盘清理工具

操作步骤如下。

（1）单击左键打开“我的电脑”。

（2）选择要清理的磁盘驱动器，如 E 盘，然后单击右键，打开“属性”选项。

（3）单击“磁盘清理”选项。

（4）选择好要删除的文件后，单击“确定”按钮，当弹出磁盘清理对话框时，单击“是”按钮，如图 7—21 所示。

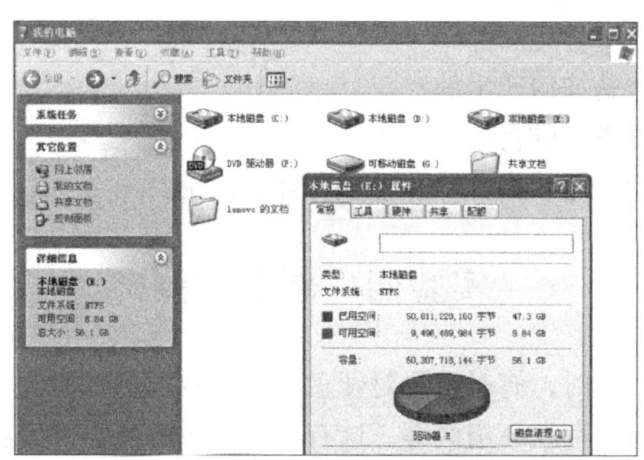

图 7—21　磁盘清理对话框

磁盘经过清理后，一些不需要的文件将会被删除。

（三）清理 Windows 组件或安装程序

打开“控制面板”，直接启动“添加或删除程序”对话框，删除不需要的程序和系统组件，如图 7—22 所示。

图 7—22　添加或删除程序

（四）通过第三方程序清理磁盘

很多第三方系统工具软件都提供对系统和磁盘的清理维护。例如，常见的有 Windows 优化大师、超级兔子魔法设置、卸载大师等。

三、思考题

（1）磁盘碎片是如何产生的？

（2）为什么要进行磁盘碎片清理？

（3）磁盘碎片清理和磁盘碎片整理有什么区别？

实验四　硬盘检测

在进行数据恢复时，有时需要对硬盘的健康状况进行检测。例如，硬盘是否能够正常识别，是否存在坏扇区等。这有助于在了解硬盘健康状况的基础上判断数据丢失的可能原因，增加数据恢复成功概率及正确制订数据恢复方案。

MHDD 是一款运行于 DOS 下的硬盘检测与修复软件，MHDD 可以不依赖于主板的 BIOS 对硬盘进行识别和操作。例如，当硬盘存在坏道，尤其是 0 磁道存在缺陷时，通过主板 BIOS 识别硬盘将很难实现，甚至根本无法将计算机引导至工作界面。这时可以在主板的 BIOS 中将该硬盘屏蔽掉，然后就可以顺利地进入 MHDD 界面对其进行后续的操作。

对硬盘进行检测主要是为了了解下列问题。

（1）硬盘能否正常识别。如果硬盘无法正常识别，则说明存在其他物理故障，应根据不同的故障类型进行相应的修复处理。

（2）硬盘坏道量及坏道位置。硬盘坏道的多少及坏道的位置直接关系到数据恢复的成功率。通过检测，可以预先估计数据恢复的可能性，并制订合理的恢复方案。例如，要恢复的数据位于硬盘的中部和后部，而检测过程发现硬盘的中部存在大量坏道，但硬盘后部完好，则可以考虑先对硬盘后部进行扇区级镜像，以保证硬盘后部的数据可以完好恢复。然后，再对存在大量坏道的硬盘中部进行恢复。这样可以避免因处理大量坏道区而导致硬盘意外损坏，致使硬盘后部的数据也无法恢复的情况发生。

（3）磁头健康情况。某些多磁头硬盘在主头完好，其他磁头存在故障时依然可以正常识别，但坏磁头所在的盘面却无法读取。使用 MHDD 可以大致判断是否有某个磁头已经损坏。主要依据是，在检测过程中发现硬盘存在有规律的坏道，这通常是由于其中某个磁头无法正常工作，导致在读取该磁头所对应的盘面时无法读取数据。

注意：如果硬盘因摔落等原因致使盘片表面产生划伤也会表现为有规律的坏道，但这种有规律的坏道与因磁头损坏而导致的有规律的坏道会有所不同，例如，某个区段内异常，超出这个区段后即表现为正常。

（4）固件是否损坏。有些硬盘虽然可以正常识别型号，但检测时却出现全盘坏道或全盘叹号（例如，西部数据硬盘），这时就要考虑到固件损坏的可能性。

（5）硬盘是否加密或剪切。通过 MHDD 可以检测硬盘是否因意外情况而被加密或剪切了容量。

一、实验目的

全面了解硬盘健康状况，以便根据不同的情况初步判断硬盘可能存在的故障及数据恢复的可能性，并根据不同的情况制订妥善的数据恢复方案，以求最大限度地挽救数据。

二、实验设备

电脑 1 台、软驱 1 个、软盘 1 张、硬盘 1 块、MHDD 软件和 HD Tune 软件。

三、实验步骤

(一) 用 MHDD 对硬盘进行检测

操作步骤如下。

(1) 启动软盘。将制作好的 MHDD 软盘插入软驱，将硬盘接在第一 IDE 或第二 IDE 的主口，并确保硬盘的跳线设置为主盘。如果是 SATA 接口硬盘，需要将其接入主 SATA 口，这样才能够被 MHDD 识别，因为 MHDD 要求被检测的硬盘必须为主盘。开机由软驱进行引导（如果计算机没有设置为软驱引导，则需要进入 BIOS 将其设置为软驱引导），程序运行后，出现一个选项界面，如图 7—23 所示。

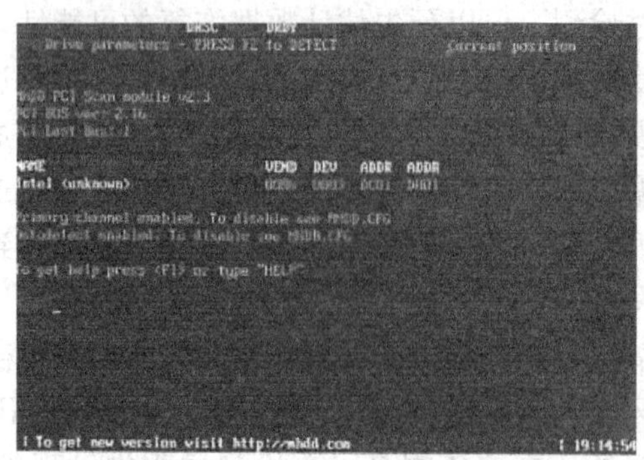

图 7—23 MHDD 选项界面

界面中有两个选项，选项 1 为加载 SCSI 驱动，如果要对 SCSI 硬盘进行检测，则需要选择该选项；选项 2 为默认选项，如果只是对 IDE 硬盘或 SATA 硬盘进行检测，可以不必加载 SCSI 驱动。

(2) 选择检测磁盘。按 Enter 键后进入如图 7—24 所示的硬盘选择界面。

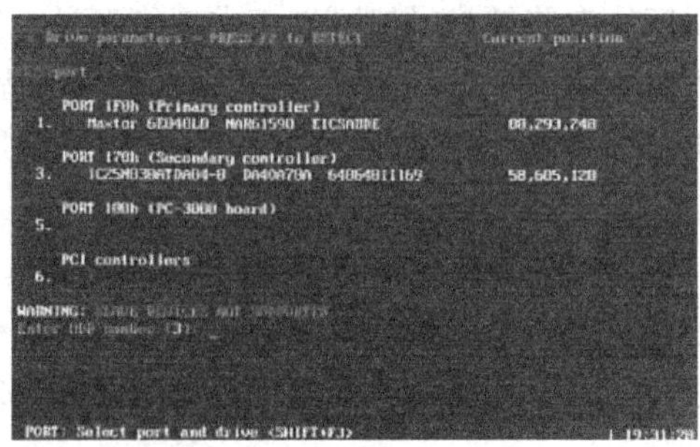

图 7—24 硬盘选择界面

要对哪块硬盘进行操作就输入其号码后按 Enter 键。如要对硬盘 1 进行操作，按键盘上的数字键“1”，然后按 Enter 键，程序进入硬盘 1 的操作界面。这时，就可以对硬盘 1 进行操作了。

(3) 设置检测参数。按硬盘检测快捷键 F4，即可设置对话框，如图 7—25 所示。

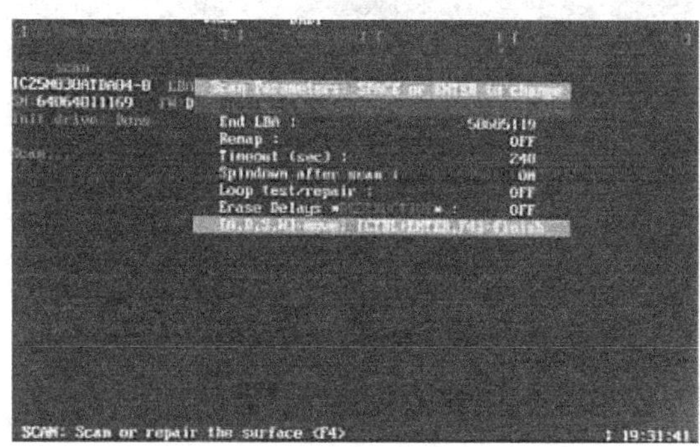

图 7—25 设置界面

在设置对话框时，可以设置检测的范围。“Start LBA”为起始扇区号，默认为 0 号扇区；“END LBA”为结束扇区号，默认为硬盘的最大 LBA 地址。通常在硬盘检测时需要对全盘进行检测，因此不需要改动这些设置值。

(4) 检测磁盘。再次按 F4 键，即开始对硬盘进行扫描，如图 7—26 所示。

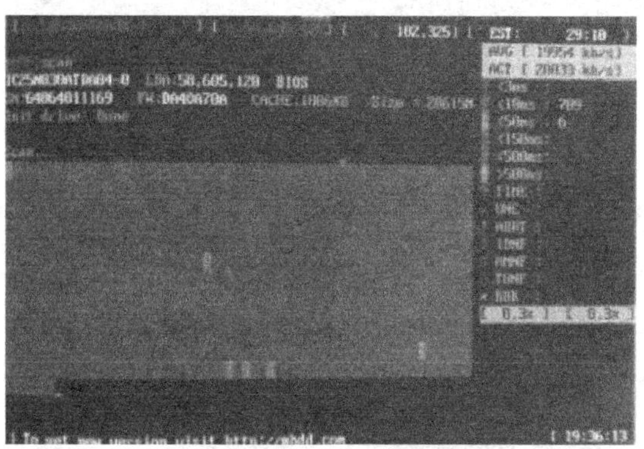

图 7—26 硬盘检测中

MHDD 将坏扇区分为若干个等级，在检测界面的右侧由上到下给出各种坏扇区标志的含义。通常情况下，红色块的扇区读取时就已经显得比较困难，显示“?”及故障标志的扇区将无法读取出其中的数据内容。

(5) 检测结果。检测过程可以随时按 Esc 中止检测，检测结果如图 7—27 所示。

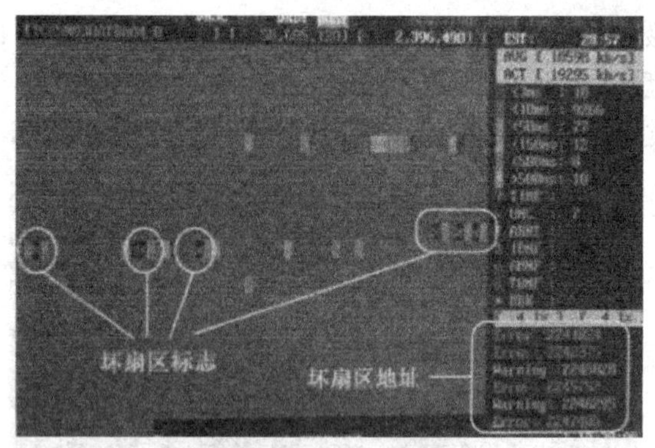

图 7—27　检测结果

在图 7—27 中，红“×”为坏扇区标志，在右侧标出了坏扇区的具体地址。

（二）用 HD Tune 软件检测硬盘

该软件可以在 Windows 下直接进行硬盘检测，不需要像 MHDD 软件由软驱来启动。

操作步骤如下。

（1）打开 HD Tune 软件，其界面如图 7—28 所示。

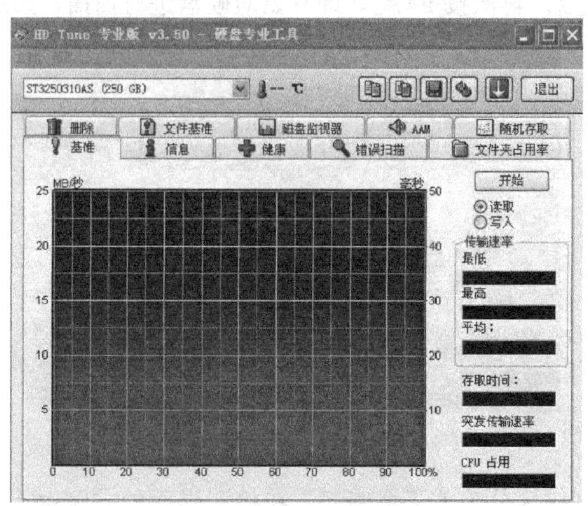

图 7—28　HD Tune 软件界面

（2）选择检测硬盘。在左上方有一个选择所要进行检测硬盘的选项，选好硬盘后，再选择图 7—28 所示的“错误扫描”，再点击“开始”，就可以进行硬盘检测，如图 7—29所示。

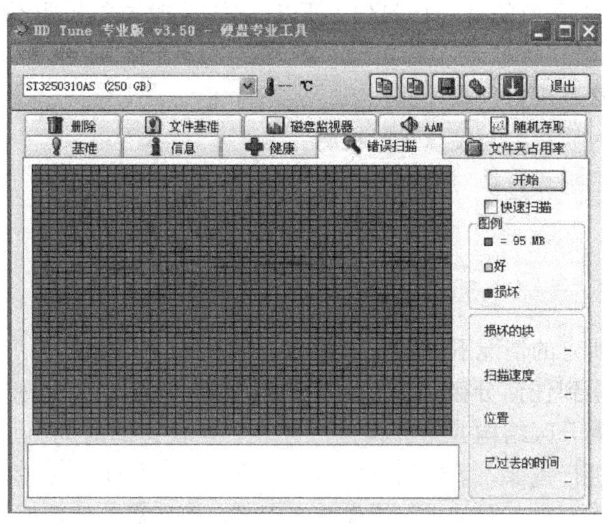

图 7—29　硬盘检测

（3）硬盘检测。磁盘检测结果如图 7—30 所示。

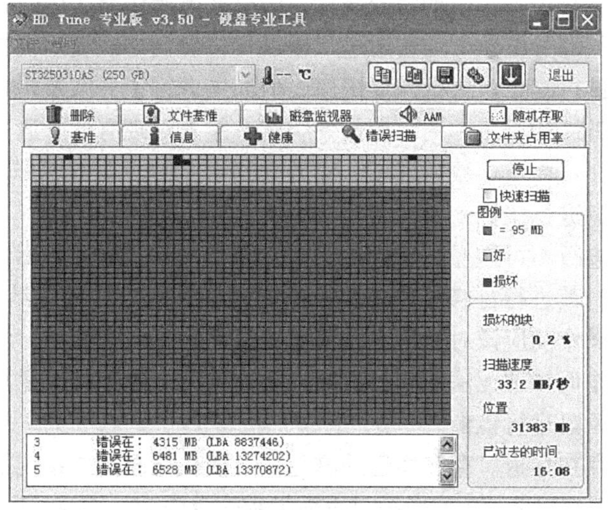

图 7—30　硬盘检测结果

从图 7—30 中可以看出，黑色加深标记为损坏区域，图中有 5 块标记，每块大小为 95MB，因此，该硬盘已扫描出的区域中有 475MB 的损坏内容，其详细的出错位置在图的下面有标示。例如，3 号块的错误位置在 4 315MB 处，4 号块和 5 号块的错误位置是相连的，分别在 6 481MB 和 6 528MB 处。这块硬盘的操作系统是安装在前面部分（也就是硬盘的第一个分区），所以，硬盘有时候会出现死机或蓝屏现象。

四、思考题

（1）为什么要进行硬盘检测？

（2）什么时候需要对硬盘进行检测？

（3）硬盘的损坏区域对数据有什么影响？

实验五　镜像磁盘

并不是在所有的情况下都需要对磁盘进行镜像。例如，一个500GB的硬盘主分区已经看不到任何分区，这时可不对其进行镜像，如果操作得当，只要搜索、计算原来的分区结构并重新构建分区表，在很短的时间就可以完成数据重构。如果对其进行镜像，最快的镜像时间也在1～2小时。另一种情况是，磁盘的坏道情况非常严重，对其进行镜像非常困难，而所需要的数据非常少，为了避免长时间对其进行镜像而导致坏道，可以考虑直接用软件强行提取数据。在下列情况下应该考虑对原盘进行镜像。

（1）数据逻辑丢失。数据因误删除、误分区等操作而丢失时，必要情况下需要修改硬盘中的部分参数，无法通过只读设备将硬盘与恢复用机进行连接，就必须对故障硬盘进行镜像，进行恢复操作。但如果进行了分区及格式化操作，对于操作系统而言其结构是正常的，操作系统就有能力对现有的分区进行访问，并有可能产生写操作，而破坏数据现场，降低数据恢复的成功概率。因此，在这种情况下应该对磁盘进行镜像。

（2）需要进行不可逆操作。例如，对NTFS分区运行CHKDSK检查，试图通过操作系统对其进行自修复，这种操作是无法人为控制的，结果也无法预料，在这种情况下操作前应该对原盘进行镜像，然后针对镜像盘进行尝试，以避免直接针对原盘操作而导致无法预测的损失。当需要大范围地修改磁盘中的数据代码时，也应该对原盘进行镜像。

（3）磁盘存在坏道。存在坏道的磁盘，直接在桌面操作系统下拷贝数据会比较困难。扇区很有可能使磁盘负荷过重而导致磁盘失效。而且，因为存在坏扇区，分区及文件结构也会受到影响，很多数据已经处于操作系统不可见的状态。如果在原盘上进行软件扫描寻找丢失的数据，会加重磁盘的损伤程度。这时，应该考虑在DOS环境下对其进行镜像，然后对镜像盘进行后续的分析、扫描，恢复数据。

（4）更换磁头组件。磁头损坏时，有可能会伤及盘片。如果数据量较大，且比较零散，在桌面操作系统下直接拷贝数据时间较长，存在磁头二次损坏可能性，应先在 DOS 环境下对原盘进行镜像，然后从镜像盘中恢复数据。如果更换磁头后，硬盘状况良好，数据量相对于硬盘总容量来讲比例较少，在桌面操作系统下很快就可以拷贝完毕的情况下，不建议采取镜像操作，可直接拷贝数据。

(5) 硬盘工作不稳定。硬盘由于老化、达到寿命期，这时应对其进行镜像。

一、实验目的

掌握用 WinHex 制作扇区级磁盘镜像的方法和操作步骤。

二、实验设备

电脑 1 台、硬盘 2 块（1 块源盘和 1 块目标盘）、数据恢复软件 WinHex。

三、实验步骤

操作步骤如下。

(1) 启动镜像工具。选择“工具”→“磁盘工具”→“克隆磁盘”菜单命令，即可弹出“克隆磁盘”设置对话框，如图 7—31 和图 7—32 所示。

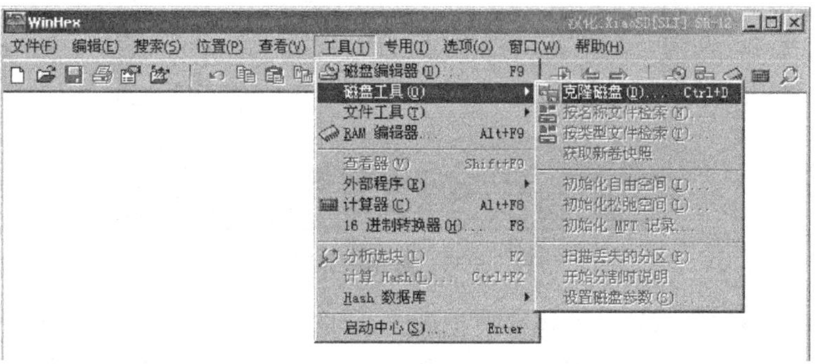

图 7—31　克隆磁盘菜单

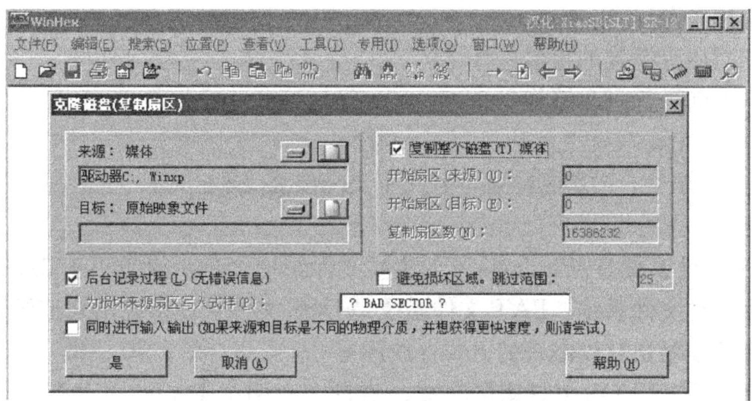

图 7—32　克隆磁盘设置对话框

（2）选择镜像来源。“来源：媒体”是指将要对其进行镜像的来源盘或文件，一般情况下都是对磁盘进行镜像，所以选择左侧的磁盘按钮，弹出“选择磁盘”对话框后，可以根据不同情况选择是针对单个逻辑盘做镜像还是对某一物理磁盘进行镜像，如图 7—33 所示。

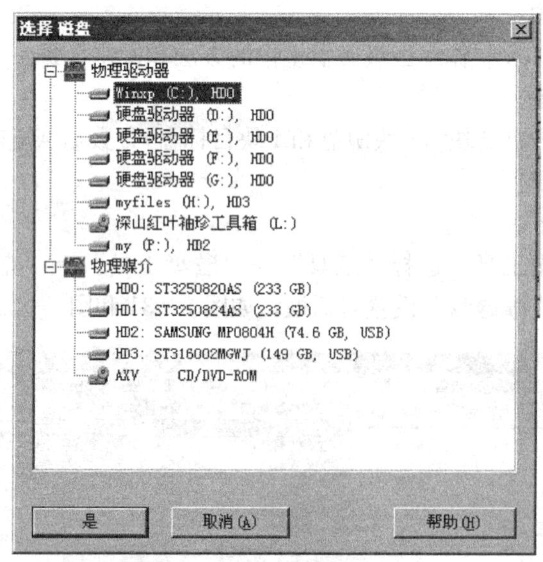

图 7—33　选择来源磁盘

（3）选择镜像目标。选择好来源盘后，可以选择“目标：原始映像文件”栏中左侧的磁盘按钮进行磁盘对磁盘的镜像，也可以选择右侧的文件按钮把镜像保存成一个文件。

四、思考题

（1）对磁盘镜像的目的是什么？

（2）如何进行磁盘镜像？

实验六　FAT 文件系统结构

FAT 文件系统是 Windows 下的主要文件结构之一，对于小于 32GB 的分区可以采用这种文件系统。FAT 文件系统是 DOS 文件管理系统用来记录每个文件存储位置的表格，它以链表的方式存放簇号。

FAT 紧接着 DOS 引导扇区存放。磁盘上有两个 FAT，一个是基本表，另一个是备份表。两个表的长度和内容相同。每个 FAT 所占用的扇区数取决于

DOS 版本、分区大小、每簇的扇区数等因素。

磁盘格式化后，用户文件以簇为单位存放在数据区中，一个文件至少占用一个簇。当一个文件占用多个簇时，这些簇的簇号不一定是连续的，但这些簇号在存储该文件时就确定了顺序，即每个文件都有其特定的“簇号链”。在磁盘上的每一个可用的簇在 FAT 中有且只有一个登记项，通过在对应簇号的登记项内填入“表项值”来表明数据区中的该簇是已占用、空闲或是坏簇三种状态之一。损坏的簇可以在格式化过程中，由 Format 命令发现并记录在 FAT 中。在一个簇中，只要有一个扇区有问题，该簇就不能使用。

簇号的长度由簇的多少决定，进而决定 FAT 中表项的位数，现在 FAT 的位数有 12 位、16 位和 32 位三种。FAT 表项的位数与操作系统版本及所用磁盘的容量等有关，12 位表项值可表示 4 096（2^{12}）个簇，若磁盘的簇数大于4 096，则必须用 16 位表项值表示。一般来说，小于 20 740 个扇区（10MB）的磁盘 DOS 分区用 12 位映射一个簇，若多于 20 740 个扇区，则采用 16 位的 FAT 表项，1.44M 的软盘使用 12 位的 FAT 表项。

16 位的 FAT 表项最多可表示 65 536（2^{16}）个簇，一般每簇不多于 64 个扇区（32KB），这样，采用 16 位 FAT 的系统最多只能管理 32×65 536=2 097 152KB=2 048MB=2GB 的磁盘，对于容量超过 2GB 的大容量磁盘，必须使用 FAT32 或其他格式。

32 位的 FAT 表项最多可表示 4 294 967 296（2^{32}）个簇，2～32GB 可以使用 FAT32 或其他格式。与 FAT16 文件系统相比，FAT32 变化并不大，其中，变化部分主要有如下两个方面。

FAT32 文件系统将逻辑盘的空间划分为三个部分，依次是引导区（Boot 区）、文件分配表区（FAT 区）和数据区（Data 区）。引导区和文件分配表区又合称为系统区。

引导区从第一扇区开始，使用三个扇区（实际只使用了第一个扇区，但第二和第三个扇区也写入了“55AA”标志），保存有该逻辑盘每扇区字节数、每簇对应扇区数等重要参数和引导记录。之后还留有若干个保留扇区，两者共占用 32 个扇区。而 FAT16 文件系统的引导区一般只占用一个扇区，没有保留扇区。

在 FAT 的簇登记项中，0 号登记项和 1 号登记项是表头，簇的登记项从 2 号开始，即磁盘上的第一个文件从第 2 簇开始分配。早期 DOS 版本中，在启动盘上，系统文件 IO.SYS（或 IBMBIO.COM）所在的首簇号总是 2。

FAT 对每个文件来说其数据结构是一个单向链表，而每个文件在文件目录表 FDT 中占一个文件目录项，每个文件的首簇号就存放在该文件目录项的第

26、27 字节中（对 FAT16），系统根据这两个字节中的值乘以 2 得到它在 FAT 中该文件的单向链表的首表项，通过 FAT 即可找到文件全部内容。

只有当文件需要时，系统才给文件分配数据区空间。存放数据的空间按每次一个簇的方式分配，分配时系统跳过已分配的簇，第一个遇到的空簇就是下一个将要分配的簇，此时系统并不考虑簇在磁盘上的物理位置。同时，文件删除后空出来的簇也可以分配给新的文件，这样做可使磁盘空间得到有效的利用。

可以说，数据区空间的使用是在文件分配表和文件目录表的统一控制下完成的，每个文件所有的簇在文件分配表中都是链接在一起的。

一、实验目的

通过了解 FAT 文件系统，查看 MBR（扩展分区为 EBR）、DBR、FAT、FDT 和 Data 五个区域；掌握 FAT 文件的数据结构特点。

二、实验设备

电脑 1 台、FAT 文件结构的磁盘、U 盘或移动硬盘等、WinHex 软件。

三、实验步骤

要想知道系统是否使用 FAT32，可在 Windows 系统中查看逻辑盘属性，选中“常规”选项，如图 7—34 所示。

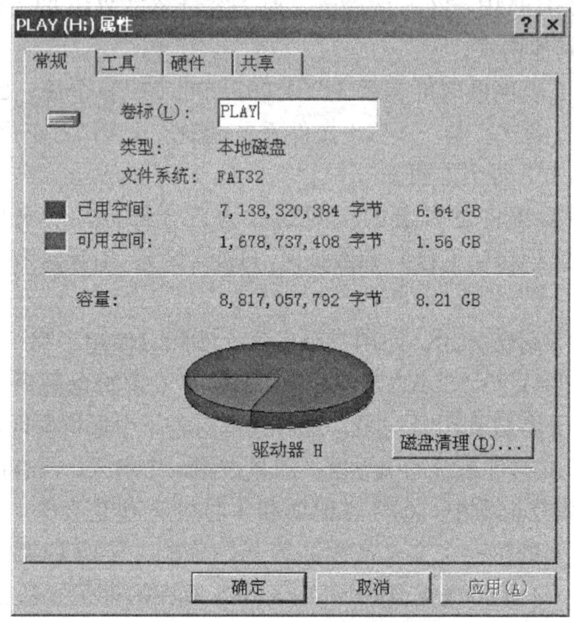

图 7—34　FAT32 文件系统

操作步骤如下。

(1) 查看 MBR。用 WinHex 打开一个物理磁盘，该磁盘的 0 扇区就是 MBR 所在的区域，如图 7—35 所示。

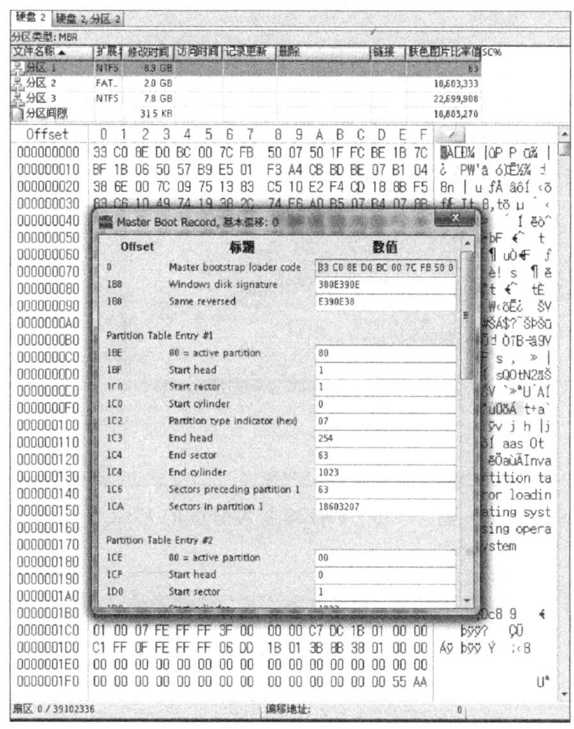

图 7—35　磁盘的 MBR

从图 7—35 中可以看出，该磁盘为 20GB，分为一个主磁盘分区（分区 1 为 NTFS，大小为 8.9GB）和一个扩展磁盘分区（分为两个分区，分区 2 为 FAT32，大小为 2GB，分区 3 为 NTFS，大小为 7.8GB）。

(2) 查看 EBR。第二个分区为 FAT32，对于扩展分区，它的 EBR 如图 7—36所示。

从图 7—36 中可以看出，本扇区中只有分区表中有内容，其余均为 0（EBR 的特点）。

(3) 查看 DBR。它是 FAT 文件系统的第二个区域，是系统文件存放的地方，其具体位置在本逻辑分区的 0 扇区（512 字节），本扇区的最后两个字节为“55AA”，如果该扇区出现问题，就会出现磁盘分区需要格式化的提示。0 扇区中的 DBR 内容如图 7—37 所示。

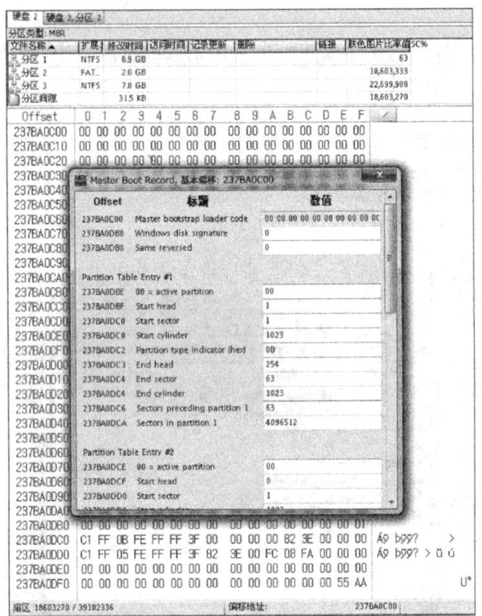

图 7—36　FAT32 扩展分区的 EBR

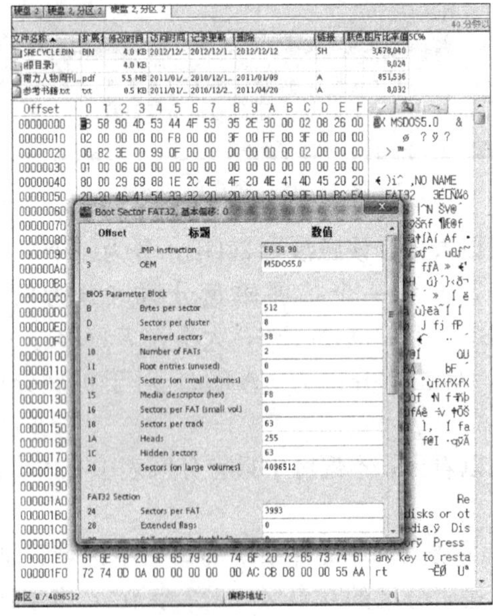

图 7—37　DBR 结构

（4）查看FAT1和FAT2。DBR后面接着就是FAT项，共有两个FAT，其大小相等，内容完全一样。FAT2是FAT1的备份，如图7—38所示。

从图7—38中可以看出，FAT1的起始扇区为38/4096512，从05H到0FH（其值为FFFFFF0F）簇为一个文件，该文件是连续存放的。FAT2是FAT1的备份，其内容与FAT1完全一样，如图7—39所示。

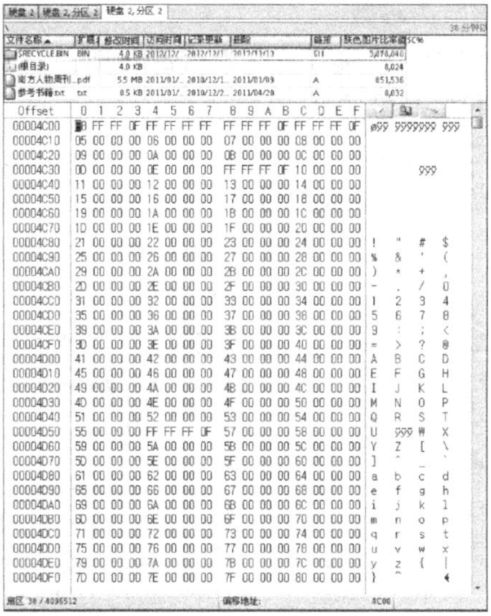

图7—38　文件簇号

从图7—39中可以看出，FAT2起始于4031/4096512，每个FAT的大小为（4031～4038）3 993个扇区。

（5）查看FDT。目录区中每32个字节（两行）为一个文件名或目录名，FAT32文件系统的全部32个字节的定义如下：

- 0～7字节，文件名。
- 8～10字节，文件扩展名。
- 11字节，文件属性，按二进制位定义，最高两位保留未用，0至5位分别是只读位、隐藏位、系统位、卷标位、子目录位、归档位，当只读位、隐藏位、系统位、卷标位全为1，其他位全为0，即11字节为“0FH”时，表示该项为长文件名记录项。
- 12～13字节，仅长文件名目录项有效，用来存储其对应的短文件名目录项的文件名字节校验和。
- 13～15字节，24位二进制文件建立时间，其中高5位为小时，次6位为分钟，再次5位的倍数为秒，最后8位为单位精确到10毫秒的创建秒数。

● 16～17 字节，16 位二进制文件建立日期，其中高 7 位为相对于 1980 年的年份值，次 4 位为月份，后 5 位为月内日期。

● 18～19 字节，16 位二进制文件最新访问日期，定义同 16～17 字节。

● 20～21 字节，起始簇号的高 16 位。

● 22～23 字节，16 位二进制文件最新修改时间，其中高 5 位为小时，次 6 位为分钟，后 5 位的倍数为秒数。

● 24～25 字节，16 位二进制文件最新修改日期，定义同 16～17 字节。

● 26～27 字节，起始簇号的低 16 位。

● 28～31 字节，32 位文件字节长度。

FAT32 文件系统的 FDT 结构如图 7—40 所示。

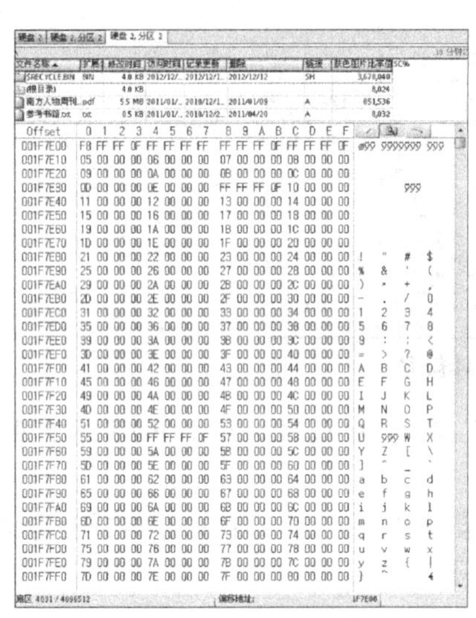

图 7—39 FAT2 结构

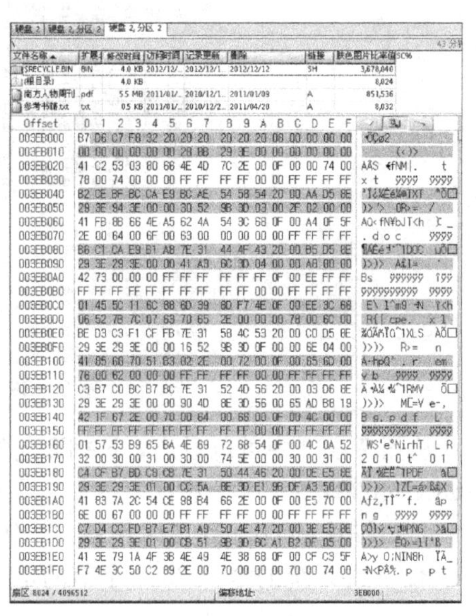

图 7—40 FAT32 文件系统的 FDT 结构

(6) 查看 Data。紧接着 FAT2 后面就是文件的数据区 Data。

四、思考题

(1) FAT 文件系统有什么特点?

(2) 如何查看 FAT 文件系统的五个区域?

实验七 NTFS 文件系统结构

NTFS 是 Windows NT 以及之后的 Windows 2000、Windows XP、Windows Server 2003、Windows Server 2008、Windows Vista 和 Windows 7 的标准文件系统。NTFS 取代了文件分配表（FAT）文件系统，为微软的 Windows 系列操作系统提供文件系统。

NTFS 对 FAT 和 HPFS（高性能文件系统）作了若干改进，例如，支持元数据，使用了高级数据结构，以便改善性能、可靠性和磁盘空间利用率，并提供了若干附加扩展功能，如访问控制列表（ACL）和文件系统日志。

NTFS 可以支持的分区大小可以达到 2TB；它是一个可恢复的文件系统；支持对分区、文件夹和文件的压缩；采用了更小的簇，可以更有效率地管理磁盘空间。

（1）NTFS 文件结构。

NTFS 文件系统的结构如图 7—41 所示。

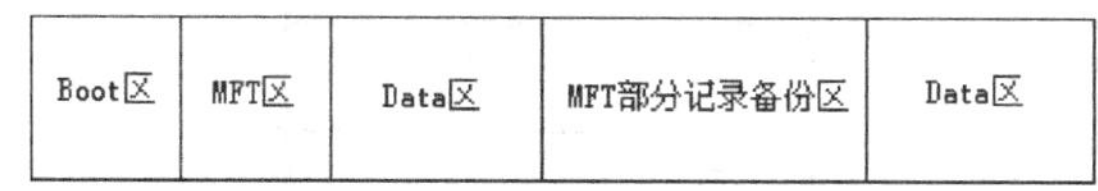

图 7—41　NTFS 文件系统结构图

NTFS 分区也称为 NTFS 卷，卷上簇的大小称为卷因子，分为 Boot、MFT 和 Data 三个主要的区域。

Boot 共 16 个扇区，第一个扇区为 DBR，之后的 15 个扇区是 NTLDR 区域。

MFT 主文件表（每个文件的大小为 1KB）。

Data 区，其中包含有 MFT 主文件的备份表。

NTFS 使用逻辑簇号 LCN（Logical Cluster Number）和虚拟簇号 VCN（Virtual Cluster Number）来对簇进行定位。LCN 是对整个卷中所有的簇从头到尾所进行的简单编号。用卷因子乘以 LCN，NTFS 就能够得到卷上的物理字节偏移量，从而得到物理磁盘地址。VCN 则是对属于特定文件的簇从头到尾进行编号，以便于引用文件中的数据。

MFT 中的文件记录大小一般是固定的，不管簇的大小是多少，均为 1KB。所以，NTFS 是预定义文件系统。MFT 仅供系统本身组织、架构文件系统使用，这在 NTFS 中称为元数据（Metadata，是存储在卷上支持文件系统格式管理的数据。它不能被应用程序访问，只能为系统提供服务），其中最基本的前 16 个记录是操作系统使用的非常重要的元文件。这些元文件的名字都以“$”开始，所以是隐藏文件。在 WinHex 中带有 NFI. EXE，用此工具可以显示这些记录与文件的对应关系。

不同的分区大小，其值有所变化，NTFS 的缺省簇的大小如下：

当分区小于或等于 512MB 时，簇大小为 1S（512 字节）。

当分区在 513MB～1GB 时，簇大小为 2S（1KB）。

当分区在 1 025MB～2GB 时，簇大小为 4S（2KB）。

当分区大于或等于 2GB 时，簇的大小为 8S（4KB）。

从上面可以看出，不管分区多大，NTFS 簇的大小不会超过 4KB。

（2）NTFS 文件系统的元文件。

当将一个分区格式化为 NTFS 时，格式化程序会往该分区写入很多重要的信息，这些信息在 NTFS 中称为元文件，这些元文件用户是不能访问的，它们的文件名第一个字符都是“$”，表示该文件是隐藏的，用户无法访问和修改。

NTFS 主文件（MFT）记录结构如图 7—42 所示。

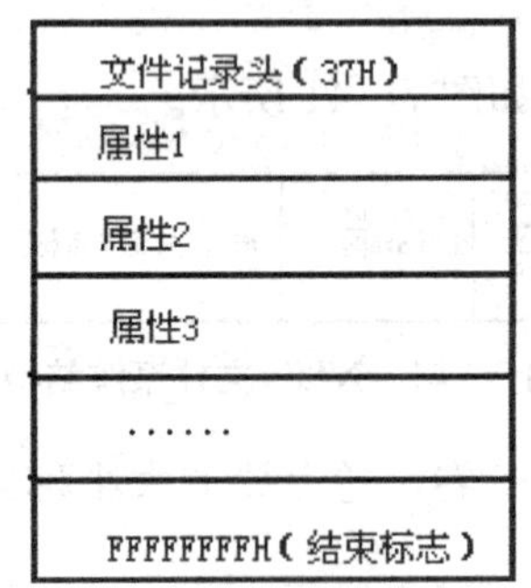

图 7—42　NTFS 主文件（MFT）记录结构

每个文件记录由文件记录头和文件记录属性组成。每个属性又由属性头和属性值组成。

文件中的每个文件属性都可能会有一个名字。在这种情况下，在命令行方式下可以通过语法“文件名：属性名”来访问它（这也是文件名中不能使用“：”的原因）。

文件属性类型如下：

10 $STANDARD_INFORMATION（标准信息）

20 $ATTRIBUTE_LIST（属性列表）

30 $FILE_NAME（文件名）

40 $VOLUME_VERSION（卷版本）

50 $SECURITY_DESCRIPTION（安全描述符）

60 $VOLUME_NAME（卷名）

70 $VOLUME_INFORMATION（卷信息）

80 $DATA（数据）

90 $INDEX_ROOT（索引根）

A0 $INDEX_ALLOCATION（索引分配）

B0 $BITMAP（位图）

C0 $SYMBOLIC_LINK（符号链接）

D0 $EA_INFORMATION（扩充属性信息）

E0 $EA（扩充属性）

100 $LOGGED_UTILITY_STREAM（加密属性）

每一个属性都分为两个部分，即属性头和属性值。另外，属性还有常驻与非常驻之分。当一个文件很小时，其所有的属性值都可以存放在 MFT 中，该属性就是常驻属性（其值为 00H）。有些属性总是常驻的，如标准和根索引属性总是常驻属性。如果属性都放在 MFT 中，系统只需要访问一次磁盘就可以得到全部数据，而不需要像 FAT 文件那样通过多次才能找到数据。

如果一个属性的属性值太大，在 MFT 中存放不下，那么系统将从 MFT 之外为其分配区域，这些区域通常称为 RUN LIST，这种将属性值存储在 RUN LIST 中而不是 MFT 中的属性称为非常驻属性（其属性值为 80H）。

一个属性根据其是否常驻和是否有属性名，可以排列成四种情况，分别为常驻没有属性名、常驻有属性名、非常驻没有属性名、非常驻有属性名。

（3）MFT 文件记录结构分析。

主文件表 MFT 的文件记录由记录头和属性列表组成，由“FF FF FF FF”结束，一般大小为 1K，或一个簇大小，记录头包括以下一些域：

偏移	长度（字节）	属性
0X00	4	标志，一定是“FILE”
0X04	2	更新序列的偏移
0X06	2	更新序列号的大小与数组，包括第一个字节
0X08	8	日志文件序列号 LSN
0X10	2	序列号（SN）
0X12	2	硬连接数
0X14	2	第一个属性的偏移地址
0X16	2	标志，1 表示记录正在使用，2 表示该记录为目录
0X18	4	记录头和属性的总长度，即文件记录的实际长度
0X1C	4	总共分配给记录的长度

每个属性都是以一个标准头开始的，在头中包含该属性的信息和 NTFS 通

常用来管理属性的信息。该头总是常驻的，并记录着属性值是否常驻，对于常驻属性，头中还包含着属性值的偏移量和属性值的长度。

(4) NTFS 文件系统结构分析。

文件通过主文件表（MFT）来确定其在磁盘上的存储位置。主文件表是一个对应的数据库，由一系列的文件记录组成，卷中每一个文件都有一个文件记录(对于大型文件还可能有多个记录与之相对应)。主文件表本身也有它自己的文件记录。

NTFS 卷上的每个文件都有一个 64 位（bit）称为文件引用号（File Reference Number，也称文件索引号）的唯一标识。文件引用号由两部分组成：一是文件号，二是文件顺序号。文件号为 48 位，对应于该文件在 MFT 中的位置。文件顺序号随着每次文件记录的重用而增加，这是为 NTFS 进行内部一致性检查而设计的。

NTFS 的目录只是一个简单的文件名和文件引用号的索引，如果目录的属性列表小于一个记录的长度，那么该目录的所有信息都存储在主文件表的记录中，对于大于记录的目录则使用 B+树进行管理。

(5) NTFS 文件系统的元文件。

在 NTFS 中，所有存储在卷上的数据都包含在文件中，包括用来定位和获取文件的数据结构，引导程序和记录这个卷的记录（NTFS 元数据）的位图，这体现了 NTFS 的原则：磁盘上的任何事物都为文件。

NTFS 中的第 1 个记录就是 MFT 自身。由于 MFT 文件本身的重要性，为了确保文件系统结构的可靠性，系统专门为它准备了一个镜像文件（$MFT-Mirr)，也就是 NTFS 中的第 2 个记录。

第 3 个记录是日志文件（$LogFile)。该文件是 NTFS 为实现可恢复性和安全性而设计的。当系统运行时，NTFS 就会在日志文件中记录所有影响 NTFS 卷结构的操作，包括文件的创建和改变目录结构的命令，例如复制，从而在系统失败时能够恢复 NTFS 卷。

第 4 个记录是卷文件（$Volume)，它包含了卷名、被格式化的卷的 NTFS 版本和一个标明该磁盘是否损坏的标志位（NTFS 系统以此决定是否需要调用 CHKDSK 程序来进行修复)。

第 5 个记录是属性定义表（$AttrDef，attribute definition table)，其中存放了卷所支持的所有文件属性，并指出它们是否可以被索引和恢复等。

第 6 个记录是根目录（\），其中保存了存放于该卷根目录下所有文件和目录的索引。在访问了一个文件后，NTFS 就保留该文件的 MFT 引用，第二次就能够直接进行对该文件的访问。

第 7 个记录是位图文件（$Bitmap）。NTFS 卷的分配状态都存放在位图文件中，其中每一位（bit）代表卷中的一簇，标识该簇是空闲的还是已被分配了的，由于该文件可以很容易地被扩大，所以 NTFS 的卷可以很方便地动态扩大，而 FAT 格式的文件系统由于涉及 FAT 表的变化，所以不能随意地对分区大小进行调整。

第 8 个记录是引导文件（$Boot），它是另一个重要的系统文件，存放着 Windows 2000/XP 的引导程序代码。该文件必须位于特定的磁盘位置才能够正确地引导系统。该文件是在 Format 程序运行时创建的，这正体现了 NTFS 把磁盘上的所有事物都看成文件的原则，这也意味着虽然该文件享受 NTFS 系统的各种安全保护，但还是可以通过普通的文件 I/O 操作来修改。

第 9 个记录是坏簇文件（$BadClus），它记录了磁盘上该卷中所有损坏的簇号，防止系统对其进行分配使用。

第 10 个记录是安全文件（$Secure），它存储了整个卷的安全描述符数据库。NTFS 文件和目录都有各自的安全描述符，为了节省空间，NTFS 将具有相同描述符的文件和目录存放在一个公共文件中。

第 11 个记录为大写文件（$UpCase，upper case file），该文件包含一个大小写字符转换表。

第 12 个记录是扩展元数据目录（$Extended metadata directory）。

第 13 个记录是重解析点文件（$Extend\$Reparse）。

第 14 个记录是变更日志文件（$Extend\$UsnJrnl）。

第 15 个记录是配额管理文件（$Extend\$Quota）。

第 16 个记录是对象 ID 文件（$Extend\$ObjId）。

第 17～23 记录是系统保留记录，用于将来扩展。

MFT 的前 16 个元文件是如此重要，为了防止数据的丢失，NTFS 系统在该卷文件存储部分对它们进行了备份。

（6）NTFS 文件系统文件分配与存储。

NTFS 把磁盘分成了两大部分，其中大约 12%分配给了 MFT，以满足其不断增长的文件数量。为了保持 MFT 元文件的连续性，MFT 对这 12%的空间享有独占权。余下的 88%的空间被分配用来存储文件，而剩余磁盘空间则包含了所有的物理剩余空间，MFT 剩余空间也包含在里面。MFT 空间的使用机制可以这样来描述：当文件耗尽了存储空间时，Windows 操作系统会简单地减少 MFT 空间，并把它分配给文件存储。当有剩余空间时，这些空间又会重新被划分给 MFT。虽然系统尽力保持 MFT 空间的专用性，但是有时不得不做出牺牲。

（7）NTFS 中文件的访问。

那么 NTFS 到底是怎么通过 MFT 来访问卷的呢？首先，当 NTFS 访问某个卷时，它必须“装载”该卷：NTFS 会查看引导文件（$Boot 元文件定义的文件），找到 MFT 的物理磁盘地址。然后它就从文件记录的数据属性中获得 VCN 到 LCN 的映射信息，并存储在内存中。这个映射信息定位了 MFT 的运行（run 或 extent）在磁盘上的位置。接着，NTFS 再打开几个元文件的 MFT 记录，并打开这些文件。在 NTFS 打开了剩余的元文件后，用户就可以开始访问该卷了。

（8）文件和目录记录。

NTFS 将文件作为属性/属性值的集合来处理，这一点与其他文件系统不一样。文件数据就是未命名属性的值，其他文件属性包括文件名、文件拥有者、文件时间标记等。

每个属性由单个的流（stream）组成，即简单的字符队列。严格地说，NTFS并不对文件进行操作，而只是对属性流进行读写。NTFS 提供对属性流的各种操作：创建、删除、读取（字节范围）以及写入（字节范围）。读写操作一般是针对文件的未命名属性的，对于已命名的属性则可以通过已命名的数据流句法来进行操作。

一个文件通常占用一个文件记录。然而，当一个文件具有很多项属性值或很零碎的时候，就可能需要占用一个以上的文件记录。这种情况下，第一个文件记录是其基本的文件记录，存储有该文件需要的其他文件记录的位置。小文件和文件夹将全部存储在文件的 MFT 记录里。

文件夹记录包括索引信息，小文件夹记录完全存储在 MFT 结构内，然而大的文件夹则被组织成 B+树结构，用一个指针指向一个外部簇，该簇用来存储那些 MFT 内存储不了的文件夹的属性。

如果属性值能直接存放在 MFT 中，那么 NTFS 对它的访问时间将大大缩短。NTFS 只需访问磁盘一次，就可立即获得数据；而不必像 FAT 文件系统那样，先在 FAT 表中查找文件，再读出连续分配的单元，最后找到文件的数据。

小文件或小目录的所有属性，均可以在 MFT 中常驻。小文件的未命名属性可以包括所有文件数据。

一、实验目的

认识 NTFS 文件系统；了解它的 Boot、MFT、元文件和文件记录结构等。

二、实验设备

电脑 1 台、磁盘 1 块（文件系统为 NTFS）、WinHex 软件。

三、实验步骤

操作步骤如下。

（1）查看整个磁盘的 MBR。磁盘的 MBR 如图 7—43 所示。

从图 7—43 中可以看出，该磁盘的 0 扇区为 MBR，整个磁盘分为两个分区，一个主分区和一个扩展分区。主分区的第一个字节为“80”，所以，它是操作系统所在的分区，分区类型为“07”，表明文件系统为 NTFS。第二个分区类型为“0F”，表明它是扩展分区，文件系统是 NTFS。

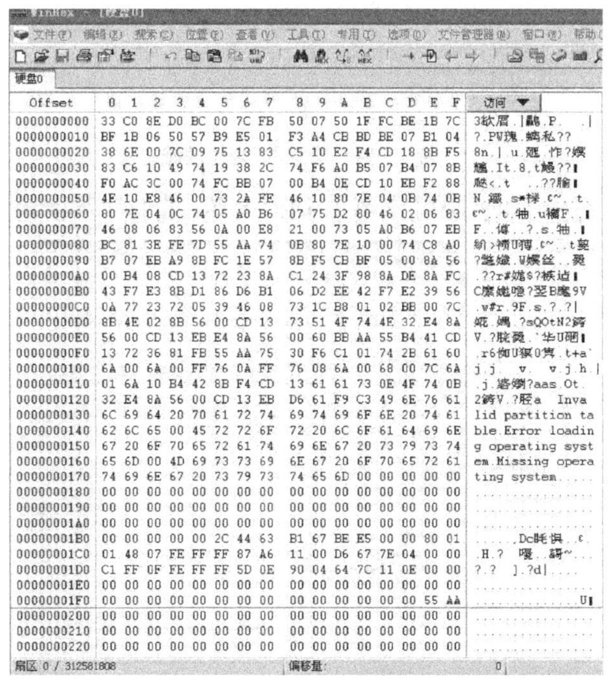

图 7—43　磁盘的 MBR

（2）查看分区 1 的 Boot（DBR）。打开磁盘的第一个逻辑分区，它的第一个扇区（0 扇区）为 DBR，之后的 15 个扇区是 NTLDR 区域，如图 7—44 所示。

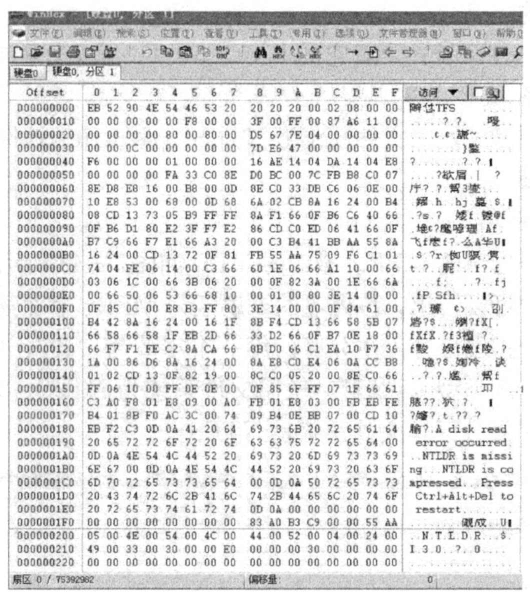

图 7—44　磁盘的 Boot 区域

（3）查看分区 1 的 $ MFT。查看 PBP 参数，如图 7—45 所示。

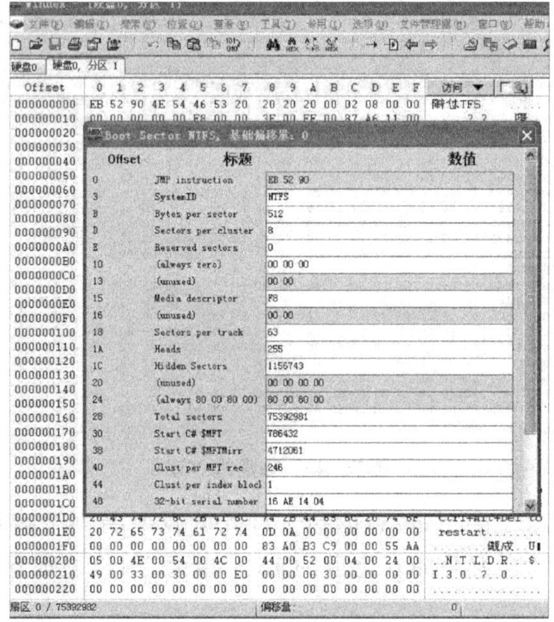

图 7—45　分区 1 的 PBP 参数

从图 7—45 中可以看出，该分区的大小为 75 392 982 个扇区（37 696 490.5KB），$MFT 的起始位置簇号为 786432（6291451 扇区），$MFTMirr 的起始位置簇号为 4712061。从 6291451 扇区开始，接下来的 32 个扇区为系统的 16 个元文件，元文件后保留了 16 个扇区（系统预留），再后面每 2 个扇区（1KB）就是用户文件记录。跳转到 786432 簇（6291451 扇区），如图 7—46所示。

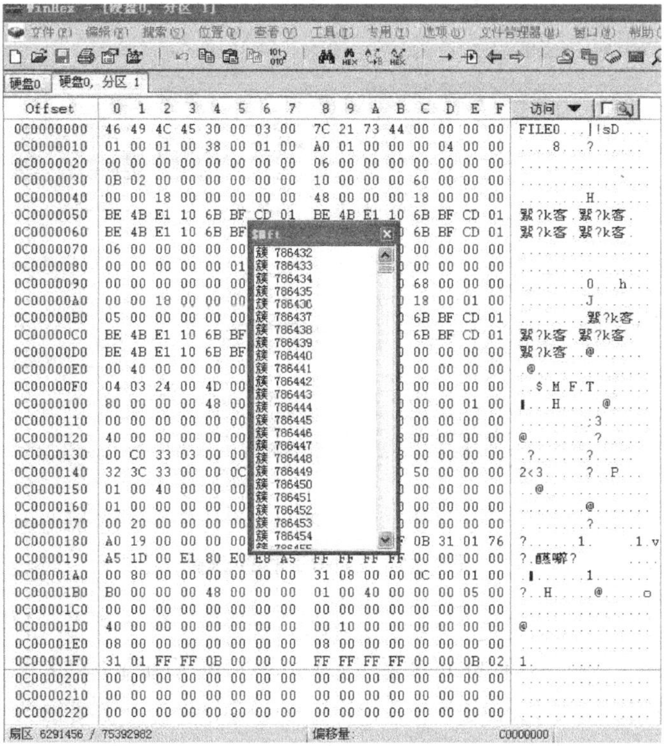

图 7—46　$MFT 的起始位置

从图 7—46 可以看出，$MFT 文件记录的标志为“46 49 4C 45 30（FILE0）”，每两个扇区为一个文件记录。文件记录中包含有文件系统的各种属性，每个文件记录的 10 属性和 30 属性是常驻属性（一定有的），其他属性根据每个文件记录的要求而有所不同。$MFT 的 30 属性（文件名属性）如图 7—47 所示，$MFTMirr 的 30 属性如图 7—48 所示，用户文件 Y1216W-2.JPG 的 30 属性如图 7—49 所示。

从图 7—47 中可以看出，该文件的编号为 0 号（也就是系统的第一个文件），有 10 属性、30 属性、80 属性和 B0 属性。其 80 属性中的 RUN LIST 为“32 3C

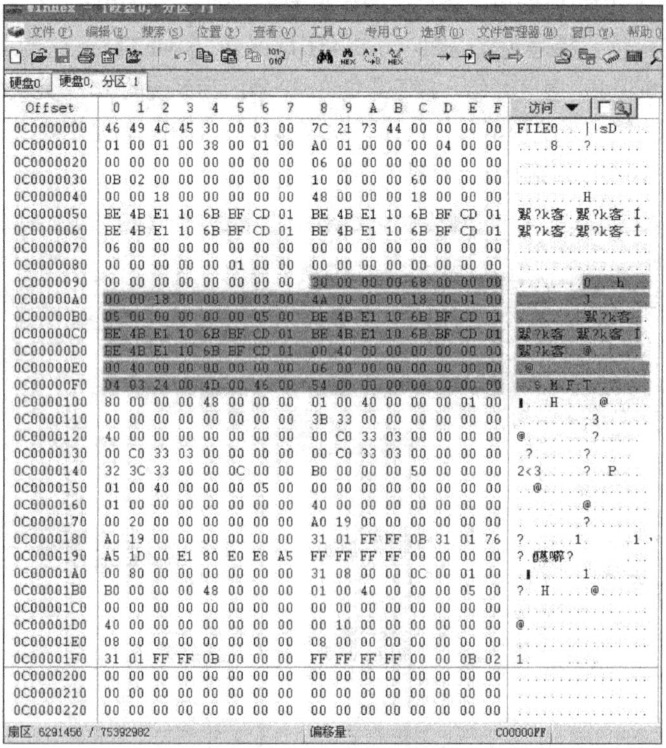

```
Offset     0  1  2  3  4  5  6  7   8  9  A  B  C  D  E  F
0C0000000  46 49 4C 45 30 00 03 00  7C 21 73 44 00 00 00 00
0C0000010  01 00 01 00 38 00 01 00  A0 01 00 00 00 04 00 00
0C0000020  00 00 00 00 00 00 00 00  06 00 00 00 00 00 00 00
0C0000030  0B 02 00 00 00 00 00 00  10 00 00 00 60 00 00 00
0C0000040  00 00 18 00 00 00 00 00  48 00 00 00 18 00 00 00
0C0000050  BE 4B E1 10 6B BF CD 01  BE 4B E1 10 6B BF CD 01
0C0000060  BE 4B E1 10 6B BF CD 01  BE 4B E1 10 6B BF CD 01
0C0000070  06 00 00 00 00 00 00 00  00 00 00 00 00 00 00 00
0C0000080  00 00 00 00 00 01 00 00  00 00 00 00 00 00 00 00
0C0000090  00 00 00 00 00 00 00 00  30 00 00 00 68 00 00 00
0C00000A0  00 00 18 00 00 00 03 00  4A 00 00 00 18 00 01 00
0C00000B0  05 00 00 00 00 00 05 00  BE 4B E1 10 6B BF CD 01
0C00000C0  BE 4B E1 10 6B BF CD 01  BE 4B E1 10 6B BF CD 01
0C00000D0  BE 4B E1 10 6B BF CD 01  00 40 00 00 00 00 00 00
0C00000E0  00 40 00 00 00 00 00 00  06 00 00 00 00 00 00 00
0C00000F0  04 03 24 00 4D 00 46 00  54 00 00 00 00 00 00 00
0C0000100  80 00 00 00 48 00 00 00  01 00 40 00 00 00 01 00
0C0000110  00 00 00 00 00 00 00 00  3B 33 00 00 00 00 00 00
0C0000120  40 00 00 00 00 00 00 00  00 C0 33 03 00 00 00 00
0C0000130  00 C0 33 03 00 00 00 00  00 C0 33 03 00 00 00 00
0C0000140  32 3C 33 00 00 0C 00 00  B0 00 00 00 50 00 00 00
0C0000150  01 00 40 00 00 00 05 00  00 00 00 00 00 00 00 00
0C0000160  01 00 00 00 00 00 00 00  40 00 00 00 00 00 00 00
0C0000170  00 20 00 00 00 00 00 00  A0 19 00 00 00 00 00 00
0C0000180  A0 19 00 00 00 00 00 00  31 01 FF FF 0B 31 01 76
0C0000190  A5 1D 00 E1 80 E0 E8 A5  FF FF FF FF 00 00 00 00
0C00001A0  00 80 00 00 00 00 00 00  31 08 00 00 0C 00 01 00
0C00001B0  B0 00 00 00 48 00 00 00  01 00 40 00 00 00 05 00
0C00001C0  00 00 00 00 00 00 00 00  00 00 00 00 00 00 00 00
0C00001D0  40 00 00 00 00 00 00 00  00 10 00 00 00 00 00 00
0C00001E0  08 00 00 00 00 00 00 00  08 00 00 00 00 00 00 00
0C00001F0  31 01 FF FF 0B 00 00 00  FF FF FF FF 00 00 0B 02
0C0000200  00 00 00 00 00 00 00 00  00 00 00 00 00 00 00 00
0C0000210  00 00 00 00 00 00 00 00  00 00 00 00 00 00 00 00
0C0000220  00 00 00 00 00 00 00 00  00 00 00 00 00 00 00 00
扇区 6291456 / 75392982          偏移量:          C00000FF
```

图 7—47　$ MFT 的 30 属性

33　00　00　0C”，数据 32（3＋2＝5）表示后面的 5 个字节为 $ MFT 的大小和起始位置（数字 32 后面的 2 个数字为大小，再后面的 3 个字节为起始位置）。数字 2 表示大小占用 2 个字节，为 333CH（十进制值为 13 316）个簇，数字 3 表示 $ MFT 的位置占用 3 个字节，为 0C0000H（十进制值为 786 432）个簇。786 432×8（每簇为 8 个扇区）＝6 291 456 个扇区。正好是 $ MFT 的位置，其大小为 13 316 个簇，从 786432 簇到 799748 簇（106 528个扇区）。

从图 7—48 中可以看出，该文件的编号为 01 号（也就是系统的第二个文件），有 10 属性、30 属性和 80 属性。其 80 属性中的 RUN LIST 为“31　01　7D　E6　47”，因此，其大小为 1 个簇（8 个扇区），起始位置为“477DE6H（十进制值为 4 685 286）”，跳转到 4685286 簇的位置就是 $ MFT 的前面几个文件的备份。

从图 7—49 中可以看出，文件编号的十六进制数据为“AB 80”，十进制

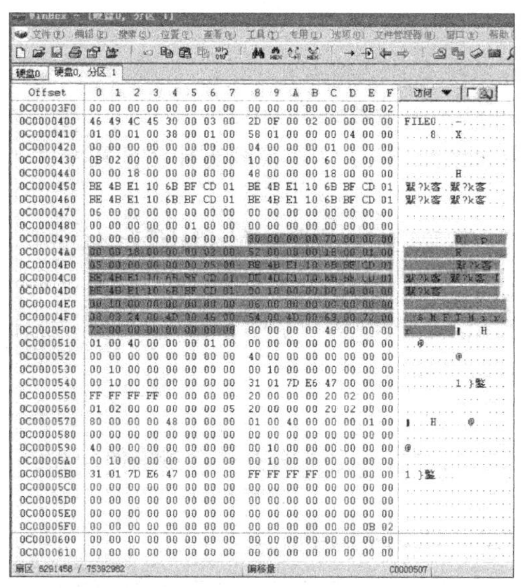

图 7—48 $ MFTMirr 的 30 属性

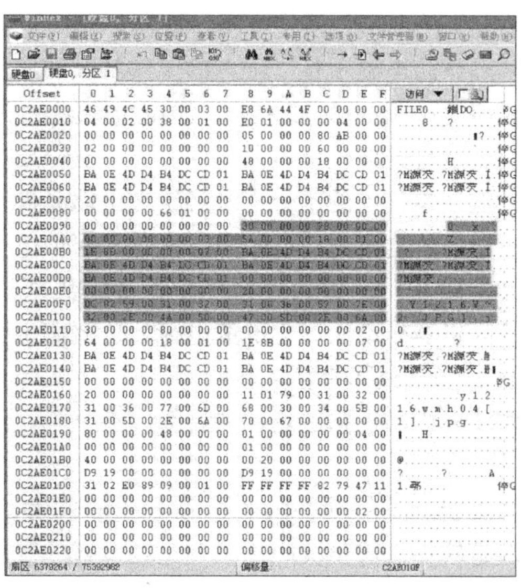

图 7—49 用户文件 Y1216W-2. JPG 的 30 属性

值为 43 904，也就是系统的第 43904 号文件记录为用户文件 Y1216W-2. JPG。通过 80 属性中的 RUN LIST 值“3102E08909”就可以找到数据存储位置。

四、思考题

(1) NTFS 文件系统有什么特点?

(2) 如何查看 NTFS 文件系统的 MFT?

(3) NTFS 文件系统和 FAT 文件系统有什么区别?

实验八　硬盘的使用和维护

硬盘是计算机的主要存储设备，它集机电于一体，其对工作环境要求较高，在日常使用中要注意对它的保护和管理。

一、实验目的

掌握日常对硬盘进行维护和保护的方法；正确使用和管理硬盘。

二、实验内容

(一) 硬盘设备基本的维护方法

(1) 保持工作环境清洁。硬盘以带有超精过滤纸的呼吸孔与外界相通，它可以在普通无净化装置的室内环境中使用，若在灰尘严重的环境下，会被吸附到 PCBA 的表面及主轴电机的内部，堵塞呼吸过滤器，因此，必须防尘。

(2) 防高温、防潮、防电磁干扰。硬盘的工作状况和使用寿命与温度有很大的关系，硬盘使用时温度以 20～25℃为宜，温度过高或过低都会使晶体振荡器的时钟频率发生改变，还会造成硬盘电路元件失灵，磁介质也会因热胀效应而造成记录错误。温度过低，空气中的水分会被凝结在电路元件上，造成短路。湿度过高时，电子元件表面可能会吸附一层水膜，氧化、腐蚀电子线路，以致接触不良，甚至短路，还会使磁介质的磁力发生变化，造成数据的读写错误。湿度过低，容易积累大量的因机器转动而产生的静电荷，这些静电会烧坏 CMOS 电路。机房内的相对湿度以 45%～65%为宜。

另外，尽量不要使硬盘靠近强磁场，如音箱、喇叭等，以免硬盘所记录的数据被磁化而损坏。

(3) 避免频繁开关机。虽然现在的主板和电源都采用了 ATX 的板型设计，支持程序软关机，但是软关机需要关闭一系列正在运行的程序操作，而由于各种操作系统与不同芯片组和主板的厂商设计之间往往存在兼容性和 Bug，导致 Windows 在执行软关机的时候经常出现死机。此时若强行切断电源，而工作中硬盘的复位动作尚未完成，很可能会使磁头与盘片摩擦而造成硬盘的物理损伤，出现不可修复的坏道。

正确的做法是：关机前注意面板上的硬盘指示灯是否还在闪烁，只有当硬盘指示灯停止闪烁时，硬盘结束读写后方可关机。如果软关机出现死机故障，应该按下“Reset”键，待系统重启进入系统后再执行关机操作。

（4）读写数据时切勿断电。在读写操作时不但不能挪动，而且也不能断电。虽然硬盘厂商已经做了各种各样的安全措施，但是突然断电操作对硬盘来说还是一个灾难性的问题。

另外，不要频繁地开关电源。在计算机出现问题后经常采用换硬件的方法来进行检测，这时应该把硬盘电源断开，否则硬盘的磁头就要频繁地经历“起飞”→“着陆”的过程，必定会增加硬盘的损坏概率。

（5）正确移动硬盘，注意防震。移动硬盘时最好等待关机十几秒，待硬盘完全停转后再进行。在开机时硬盘高速转动，轻轻移动都可能因盘片与读写头相互摩擦而产生盘片坏轨或读写头毁损。所以在开机的状态下，千万不要移动硬盘或机箱。在硬盘的安装、拆卸过程中应多加小心，硬盘移动、运输时严禁磕碰，最好用泡沫或海绵包装保护一下，减少震动。

正确拿硬盘的方法是：以手抓住硬盘两侧，并避免与其背面的电路板直接接触；轻拿轻放，避免与其他坚硬物体相撞；不能用手随便触摸硬盘背面的电路板，因为手上可能会有静电，静电会伤害到硬盘上的电子元件，导致无法正常运行。切勿带电插拔硬盘。

（6）不能自行拆开硬盘盖。空气中的灰尘进入硬盘内都可能使磁头或盘片损坏，导致数据丢失，即使仍可继续使用，硬盘寿命也会大大缩短。

（7）避免频繁读写数据。读写操作频繁的话，会使硬盘老化过程加剧。

（8）预防病毒。硬盘是计算机病毒攻击的重点目标，应注意利用最新的杀毒软件防范病毒。要定期对硬盘进行杀毒，并注意对重要的数据进行保护和经常备份。建议平时不要随便运行来历不明的应用程序和打开邮件附件，运行前一定要先查病毒和木马。

（9）不要轻易低级格式化或对硬盘分区。一般来说，硬盘的故障都是软件故障，能通过硬盘扫描纠正错误和导入备份恢复，即使是丢失了分区表，一般用一些工具软件是可以重建的，也能进行重装系统和恢复部分数据。如果硬盘真到了要低级格式化才能解决问题的程度，多是硬件的问题了，此时要做的是备份原有的数据。低级格式化磁盘对硬盘的“硬”损伤较大。

（10）避免频繁高级格式化。它同样会对盘片性能带来影响，在不重新分区的情况下，可采用加参数“/Q”的快速格式化命令。

（11）尽量不要使用磁盘压缩技术。当压缩卷文件逐渐增大时，硬盘的读写数据大大地减慢了。如果硬盘的容量够用，就没有必要再使用磁盘压缩技术。

(12) 定期整理硬盘。定期整理硬盘可以提高硬盘读写速率，如果碎片积累过多，不但访问效率下降，还可能损坏磁道。但不要经常整理硬盘，这样也会有损硬盘寿命。

(13) 善用硬盘工具。用各类硬盘工具，如超级兔子、完美卸载等定时清理自己的硬盘，可提高系统整体性能。

(二) 硬盘维护高级技巧

(1) 硬盘使用前合理分区。从一开始就应该设置好分区的大小。建议 C 盘不要分得太小，30～50GB 是比较好的选择。太小的话，装不下 Windows 7 或更高版本，或者是装了也运转不灵。太大的话，一是系统初始化的时间会加长，二是整理磁盘的时间也会加长。在 C 盘的使用上，除了 Windows 系统文件外，最好不要存放重要数据。“我的文档”中的重要内容一定要重新设置保存路径。其他的分区，数值大小可以根据自己的情况决定。一般数据分成一个区，视频和音乐分成一个区比较好。原则是同类数据同一分区。

(2) 备份和恢复问题。数据恢复的一个最好的基础就是备份。备份、更新硬盘分区表和检查备份的完好性比 Windows 下的任何文件都重要。

(三) 使用软件保护硬盘

在电脑之家中，硬盘就是一个仓库保管员，承担着所有的重要数据。一旦发生灾难，后果严重。

(1) 在屏幕上加个读写“指示灯”。Hard Disk LED 就是解决这个问题的小软件，它可以把硬盘指示灯“挪到”屏幕右下角的系统托盘区。硬盘读取时绿灯闪，写入时红灯闪。这样就可以了解到硬盘的读写状况。

(2) 给硬盘加个“体温计”。用 HDD Temperature Pro 能够测量出硬盘的“体温”，它可以通过驻留在系统托盘区里的图标即时显示出硬盘温度。

(3) 容量满了提个醒。用 Check Space 软件可以在硬盘空间用完之前给出提醒。使用时先添加一个“Monitor a disk/partition”的任务，然后在“Reports option”输入日志文件名和邮件地址。这样，当硬盘空间快用完时，它就会向指定邮件地址发出通知。它还可以监视目录、程序、CPU、系统服务文件、网页等。

三、思考题

(1) 如何保护硬盘?

(2) 硬盘在使用中应该注意哪些方面?

第八章

磁盘数据恢复技术

本章要点

- FAT32 和 NTFS 文件删除与恢复
- 文件系统破坏后的数据恢复
- 磁盘分区被格式化的数据恢复
- 磁盘数据销毁
- 软盘数据恢复

磁盘是数据的重要载体之一，由于各种原因，例如，误删除、误格式化、病毒破坏和物理故障，会造成磁盘上的数据丢失或损坏，因此，掌握磁盘数据恢复技术，对抢救数据是十分必要的。

实验一　FAT32 文件删除与恢复

在 Windows 环境下，FAT32 文件系统通常用于 32MB～32GB 的分区当中，如果分区小于 32MB 或大于 32GB，Windows 系统将不允许该分区格式化成为 FAT32 分区。

一、实验目的

认识 FAT 文件系统的结构，进一步深入了解 FAT 文件系统的 FAT 表、目录区和数据区的具体结构；通过对一个文件的删除和恢复来理解数据的存储和恢复原理。

二、实验设备

电脑 1 台、U 盘（FAT32 文件系统）1 个、WinHex 软件。

三、实验步骤

下面以 FAT32 分区中的文件“Winter. jpeg”为例来分析其删除与恢复的过程，图 8—1 是一个图片文件，打开后如图 8—2 所示。

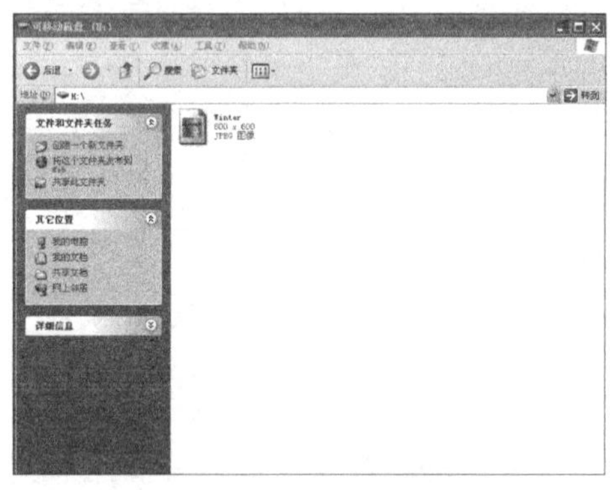

图 8—1　图片文件

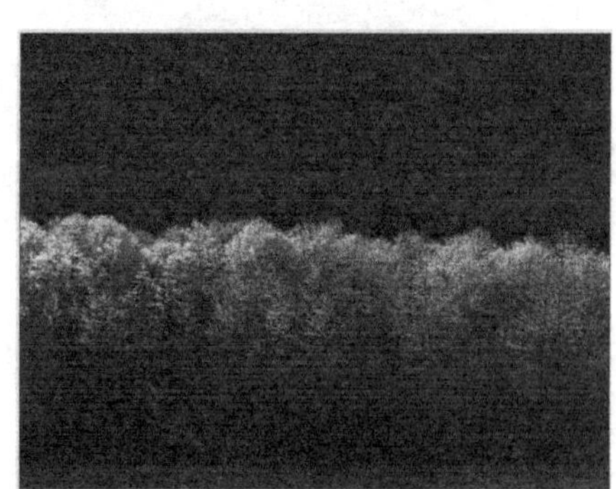

图 8—2　Winter. jpeg 内容

（一）文件查看

该文件在 FAT32 文件系统中由三部分结构进行管理，分别为目录项、FAT 表和数据区。

操作步骤如下：

(1) 查看文件目录项内容，如图 8—3 所示。从目录中可以看出该文件开始于 03H（十进制为 3，在图中的第 4 行，第 A 列上）簇，文件大小为 19C46H（十进制为 105 542）字节。

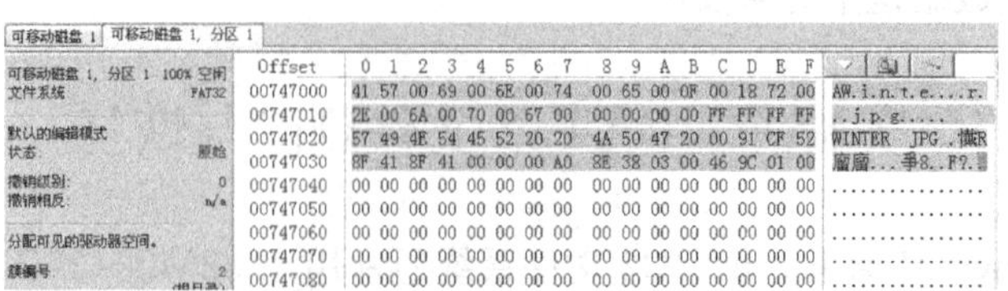

图 8—3　Winter 文件目录

（2）查看 FAT 表。该文件在 FAT 表中的簇链如图 8—4 所示。

Offset	0	1	2	3	4	5	6	7	8	9	A	B	C	D	E	F
00004800	F8	FF	FF	0F	FF	FF	FF	FF	FF	FF	FF	0F	04	00	00	00
00004810	05	00	00	00	06	00	00	00	07	00	00	00	08	00	00	00
00004820	09	00	00	00	0A	00	00	00	0B	00	00	00	0C	00	00	00
00004830	0D	00	00	00	0E	00	00	00	0F	00	00	00	10	00	00	00
00004840	11	00	00	00	12	00	00	00	13	00	00	00	14	00	00	00
00004850	15	00	00	00	16	00	00	00	17	00	00	00	18	00	00	00
00004860	19	00	00	00	1A	00	00	00	1B	00	00	00	1C	00	00	00
00004870	FF	FF	FF	0F	00	00	00	00	00	00	00	00	00	00	00	00
00004880	00	00	00	00	00	00	00	00	00	00	00	00	00	00	00	00
00004890	00	00	00	00	00	00	00	00	00	00	00	00	00	00	00	00

图 8—4　Winter 文件簇链

FAT 文件系统的 FAT 表是 32 位的，每个 FAT 项占用 4 个字节，可以看出该文件是连续存放的，占用 26 个簇。

（3）查看数据区。用 WinHex 跳转到 3 号簇，其内容如图 8—5 所示。

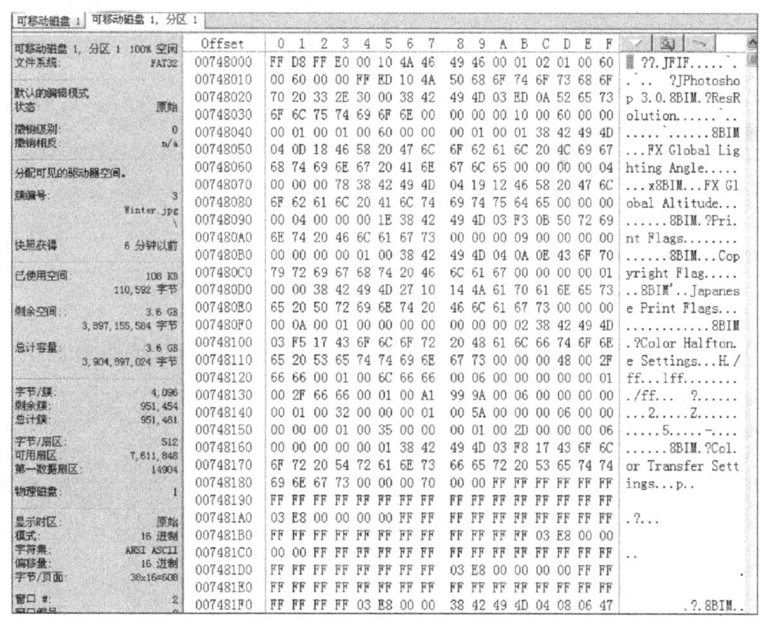

Offset	0	1	2	3	4	5	6	7	8	9	A	B	C	D	E	F	
00748000	FF	D8	FF	E0	00	10	4A	46	49	46	00	01	02	01	00	60	??.JFIF.....`.
00748010	00	60	00	00	FF	ED	10	4A	50	68	6F	74	6F	73	68	6F	.`.. ?JPhotosho
00748020	70	20	33	2E	30	00	38	42	49	4D	03	ED	0A	52	65	73	p 3.0.8BIM.?ResR
00748030	6F	6C	75	74	69	6F	6E	00	00	00	00	10	00	60	00	00	olution......`..
00748040	00	01	00	01	00	60	00	00	00	01	00	01	38	42	49	4D	.....`......8BIM
00748050	04	0D	18	46	58	20	47	6C	6F	62	61	6C	20	4C	69	67	...FX Global Lig
00748060	68	74	69	6E	67	20	41	6E	67	6C	65	00	00	00	00	04	hting Angle.....
00748070	00	00	00	78	38	42	49	4D	04	19	12	46	58	20	47	6C	...x8BIM...FX Gl
00748080	6F	62	61	6C	20	41	6C	74	69	74	75	64	65	00	00	00	obal Altitude...
00748090	00	04	00	00	00	1E	38	42	49	4D	03	F3	0B	50	72	69	......8BIM.?Pri.
007480A0	6E	74	20	46	6C	61	67	73	00	00	00	09	00	00	00	00	nt Flags........
007480B0	00	00	00	00	01	00	38	42	49	4D	04	0A	0E	43	6F	70	......8BIM...Cop
007480C0	79	72	69	67	68	74	20	46	6C	61	67	00	00	00	00	01	yright Flag.....
007480D0	00	00	38	42	49	4D	27	10	14	4A	61	70	61	6E	65	73	..8BIM'..Japanes
007480E0	65	20	50	72	69	6E	74	20	46	6C	61	67	73	00	00	00	e Print Flags...
007480F0	00	0A	00	01	00	00	00	00	00	00	00	02	38	42	49	4D	............8BIM
00748100	03	F5	17	43	6F	6C	6F	72	20	48	61	6C	66	74	6F	6E	.?Color Halfton.
00748110	65	20	53	65	74	74	69	6E	67	73	00	00	00	48	00	2F	e Settings...H./
00748120	66	66	00	01	00	6C	66	66	00	06	00	00	00	00	00	01	ff...lff........
00748130	00	2F	66	66	00	01	00	A1	99	9A	00	06	00	00	00	00	./ff... ?......
00748140	00	01	00	32	00	00	00	01	00	5A	00	00	00	06	00	00	...2.....Z......
00748150	00	00	00	01	00	35	00	00	00	01	00	2D	00	00	00	06	.....5.....-....
00748160	00	00	00	00	00	01	38	42	49	4D	03	F8	17	43	6F	6C	......8BIM.?Col.
00748170	6F	72	20	54	72	61	6E	73	66	65	72	20	53	65	74	74	or Transfer Sett
00748180	69	6E	67	73	00	00	00	70	00	00	FF	FF	FF	FF	FF	FF	ings...p..
00748190	FF	FF	FF	FF	FF	FF	FF	FF	FF	FF	FF	FF	FF	FF	FF	FF	
007481A0	03	E8	00	00	00	00	FF	FF	FF	FF	FF	FF	FF	FF	FF	FF	.?...
007481B0	FF	FF	FF	FF	FF	FF	FF	FF	FF	FF	FF	FF	03	E8	00	00	
007481C0	00	00	FF	FF	FF	FF	FF	FF	FF	FF	FF	FF	FF	FF	FF	FF	..
007481D0	FF	FF	FF	FF	FF	FF	FF	FF	03	E8	00	00	00	00	FF	FF	.
007481E0	FF	FF	FF	FF	FF	FF	FF	FF	FF	FF	FF	FF	FF	FF	FF	FF	
007481F0	FF	FF	FF	FF	03	E8	00	00	38	42	49	4D	04	08	06	47	.?.8BIM..

图 8—5　Winter 数据区

从 3 号簇所在的扇区开始，往后连续的 105542（Winter. jpeg 的文件大小）字节，就是这个文件的所有数据。

（二）文件删除

为了了解文件删除后的恢复方法，先从文件系统级别了解一下文件删除时在

FAT32 文件系统中发生的变化。

操作步骤如下：

（1）删除文件。将“Winter. jpeg”删除，如图 8—6 所示。

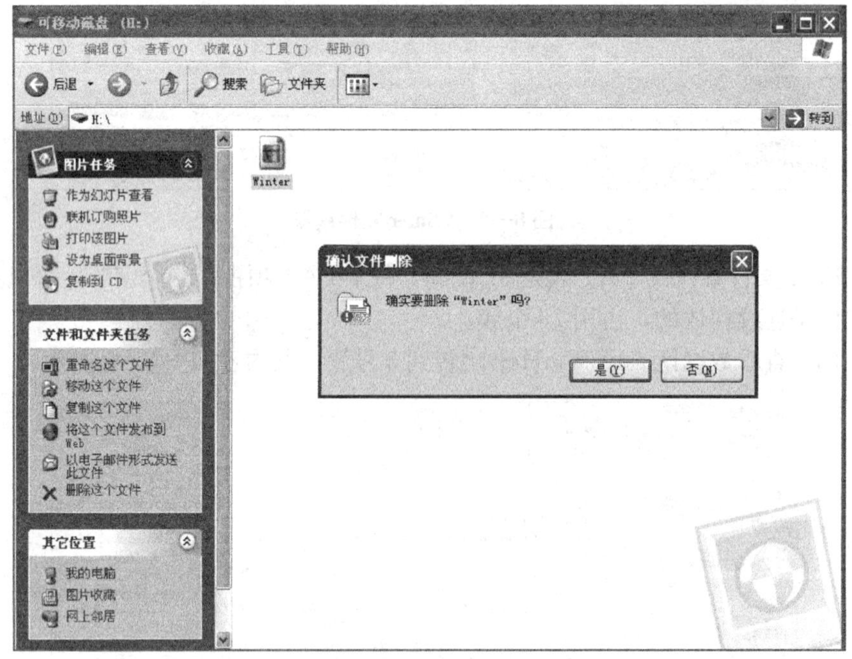

图 8—6　Winter. jpeg 文件删除

（2）查看删除后的目录项。Winter. jpeg 文件删除后的目录项如图 8—7 所示。

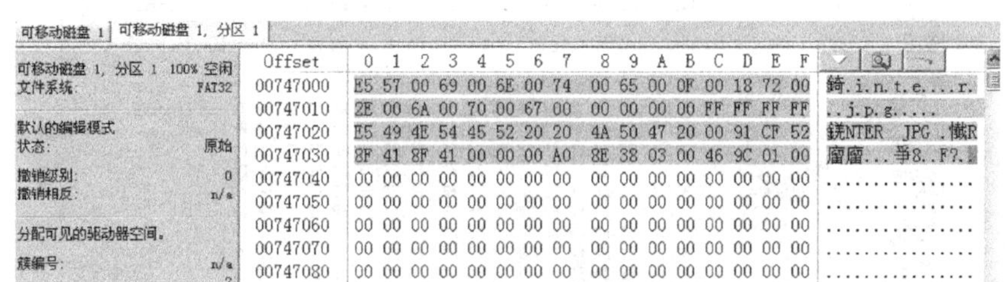

图 8—7　Winter. jpeg 文件删除后的目录项

从图 8— 7 中可以看出，Winter. jpeg 文件目录项和文件名的第一个字节都已经被改为了“E5”，而目录名和文件名的其他字节没有变化，文件开始的簇号 03H 看似也没有什么变化，但其实已经发生了改变，因为 FAT32 文件系统是用 4 个字节来记录文件开始簇号的，当文件被删除后，文件开始簇号高位的 2 个字节是要清零的，所以“文件开始簇号”这个值实际上已经发生了改变，只是这个文件的开始簇号高位本身就为零，所以看不出变化。另外文件大小 19C46H（十进制为 105 542）字节没有改变。

（3）查看 FAT 表的簇链。文件删除后的簇链如图 8—8 所示。

可移动磁盘 1 | 可移动磁盘 1，分区 1

可移动磁盘 1，分区 1 100% 空闲
文件系统：FAT32
默认的编辑模式
状态：原始
撤销级别：0
撤销相反：n/a
分配可见的驱动器空间。

Offset	0	1	2	3	4	5	6	7	8	9	A	B	C	D	E	F
00004800	F8	FF	FF	0F	FF	FF	FF	FF	FF	FF	FF	0F	00	00	00	00
00004810	00	00	00	00	00	00	00	00	00	00	00	00	00	00	00	00
00004820	00	00	00	00	00	00	00	00	00	00	00	00	00	00	00	00
00004830	00	00	00	00	00	00	00	00	00	00	00	00	00	00	00	00
00004840	00	00	00	00	00	00	00	00	00	00	00	00	00	00	00	00
00004850	00	00	00	00	00	00	00	00	00	00	00	00	00	00	00	00
00004860	00	00	00	00	00	00	00	00	00	00	00	00	00	00	00	00
00004870	00	00	00	00	00	00	00	00	00	00	00	00	00	00	00	00

图 8—8 文件删除后的簇链

很明显，文件删除后其 FAT 表的簇链已经全部清零。

（4）查看数据区。数据区 3 号簇如图 8—9 所示。

可移动磁盘 1 | 可移动磁盘 1，分区 1

可移动磁盘 1，分区 1 100% 空闲
文件系统：FAT32
默认的编辑模式
状态：原始
撤销级别：0
撤销相反：n/a
分配可见的驱动器空间。
簇编号：3
Winter.jpg
\
快照获得 6 分钟以前
已使用空间：108 KB
110,592 字节
剩余空间：3.6 GB
3,897,155,584 字节
总计容量：3.6 GB
3,904,897,024 字节
字节/簇：4,096
剩余簇：951,454
总计簇：951,481
字节/扇区：512
可用扇区：7,611,848
第一数据扇区：14904
物理磁盘：1
显示时区：原始
模式：16 进制
字符集：ANSI ASCII
偏移量：16 进制
字节/页面：38x16=608
窗口 #：2

Offset	0	1	2	3	4	5	6	7	8	9	A	B	C	D	E	F	
00748000	FF	D8	FF	E0	00	10	4A	46	49	46	00	01	02	01	00	60	??.JFIF.....`.
00748010	00	60	00	00	FF	ED	10	4A	50	68	6F	74	6F	73	68	6F	.`.. ?JPhotosho
00748020	70	20	33	2E	30	00	38	42	49	4D	03	ED	0A	52	65	73	p 3.0.8BIM.?ResR
00748030	6F	6C	75	74	69	6F	6E	00	00	00	00	10	00	60	00	00	olution......`..
00748040	00	01	00	01	00	60	00	00	00	01	00	01	38	42	49	4D	.....`......8BIM
00748050	04	0D	18	46	58	20	47	6C	6F	62	61	6C	20	4C	69	67	...FX Global Lig
00748060	68	74	69	6E	67	20	41	6E	67	6C	65	00	00	00	00	04	hting Angle.....
00748070	00	00	00	78	38	42	49	4D	04	19	12	46	58	20	47	6C	...x8BIM...FX Gl
00748080	6F	62	61	6C	20	41	6C	74	69	74	75	64	65	00	00	00	obal Altitude...
00748090	00	04	00	00	00	1E	38	42	49	4D	03	F3	0B	50	72	69	......8BIM.?Pri.
007480A0	6E	74	20	46	6C	61	67	73	00	00	00	09	00	00	00	00	nt Flags........
007480B0	00	00	00	00	01	00	38	42	49	4D	04	0A	0E	43	6F	70	......8BIM...Cop
007480C0	79	72	69	67	68	74	20	46	6C	61	67	00	00	00	00	01	yright Flag.....
007480D0	00	00	38	42	49	4D	27	10	14	4A	61	70	61	6E	65	73	..8BIM'..Japanes
007480E0	65	20	50	72	69	6E	74	20	46	6C	61	67	73	00	00	00	e Print Flags...
007480F0	00	0A	00	01	00	00	00	00	00	00	00	02	38	42	49	4D	............8BIM
00748100	03	F5	17	43	6F	6C	6F	72	20	48	61	6C	66	74	6F	6E	.?Color Halfton.
00748110	65	20	53	65	74	74	69	6E	67	73	00	00	00	48	00	2F	e Settings...H./
00748120	66	66	00	01	00	6C	66	66	00	06	00	00	00	00	00	01	ff...lff........
00748130	00	2F	66	66	00	01	00	A1	99	9A	00	06	00	00	00	00	./ff... ?......
00748140	00	01	00	32	00	00	00	01	00	5A	00	00	00	06	00	00	...2.....Z......
00748150	00	00	00	01	00	35	00	00	00	01	00	2D	00	00	00	06	.....5.....-....
00748160	00	00	00	00	00	01	38	42	49	4D	03	F8	17	43	6F	6C	......8BIM.?Col.
00748170	6F	72	20	54	72	61	6E	73	66	65	72	20	53	65	74	74	or Transfer Sett
00748180	69	6E	67	73	00	00	00	70	00	00	FF	FF	FF	FF	FF	FF	ings...p..
00748190	FF	FF	FF	FF	FF	FF	FF	FF	FF	FF	FF	FF	FF	FF	FF	FF	
007481A0	03	E8	00	00	00	00	FF	FF	FF	FF	FF	FF	FF	FF	FF	FF	.?...
007481B0	FF	FF	FF	FF	FF	FF	FF	FF	FF	FF	FF	FF	03	E8	00	00	
007481C0	00	00	FF	FF	FF	FF	FF	FF	FF	FF	FF	FF	FF	FF	FF	FF	..
007481D0	FF	FF	FF	FF	FF	FF	FF	FF	03	E8	00	00	00	00	FF	FF	.
007481E0	FF	FF	FF	FF	FF	FF	FF	FF	FF	FF	FF	FF	FF	FF	FF	FF	
007481F0	FF	FF	FF	FF	03	E8	00	00	38	42	49	4D	04	08	06	47	.?.8BIM..

图 8—9 文件删除后的 3 号簇

从图 8—9 中可以看出文件删除后的 3 号簇的数据区没有任何变化。

（三）文件删除后的恢复

（1）将这个被删除文件的数据区的内容全部选中后（文件复制请参看 WinHex 软件中的文件复制），另存为一个新文件 123.jpg，如图 8—10 所示。

（2）将文件存在桌面上，如图 8—11 所示。

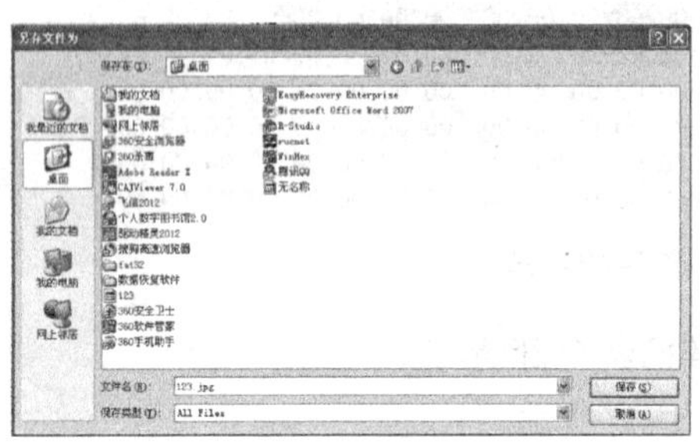

图 8—10　文件存储

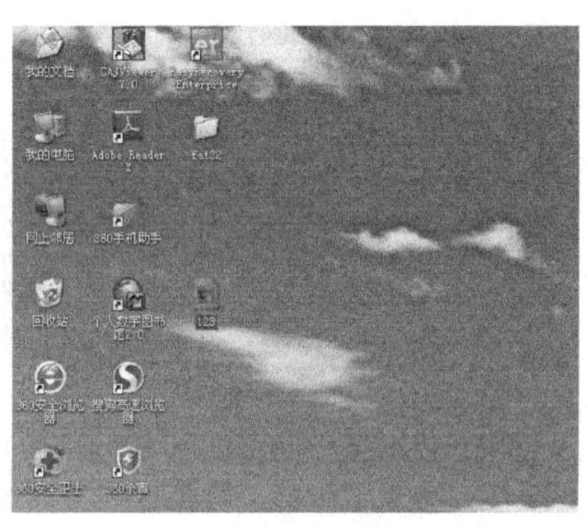

图 8—11　存 123.jpg 文件

（3）打开文件。打开 123.jpg 文件，如图 8—12 所示。

图 8—12　打开的 123.jpg 文件

从图 8—12 中可以看出恢复后的 123.jpg 文件与原来的 Winter.jpeg 文件完全一样。

四、思考题

（1）FAT 文件系统中的文件删除后，文件名有什么变化？

（2）格式化 FAT 文件系统，文件名和 FAT 有什么变化？

（3）删除文件、格式化分区，数据区会发生改变吗？

实验二　NTFS文件删除与恢复

NTFS 文件系统是 Windows 下的一种文件系统结构，对于 32GB 以上的磁盘分区，Windows 下的文件系统是 NTFS 结构。在 NTFS 文件系统结构中，由 MFT 来管理文件目录。

一、实验目的

从文件系统的底层了解 NTFS 文件系统中各部分结构的管理。

二、实验设备

电脑 1 台、硬盘 1 块（有 NTFS 分区结构）、WinHex 软件。

三、实验步骤

以 NTFS 分区中的 aaaaa. txt 文档和 27520535. pdf 文件为例，讲解文件的各部分结构，如图 8—13 所示。

图 8—13　两个文件目录

（一）aaaaa. txt 文件

（1）查看 MFT 文件记录。Text 文件在 NTFS 文件系统中由文件记录进行管理，文件记录占用两个扇区，其文件记录第一个扇区的内容如图 8—14 所示。

（2）查看文件名。该文件的文件名在 30 属性中，如图 8—15 所示。

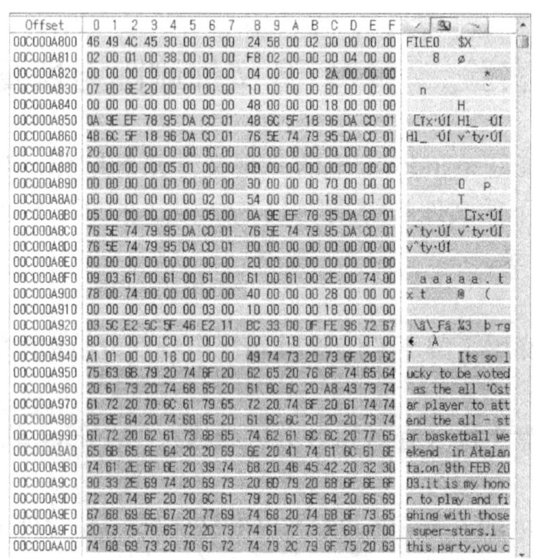

图 8—14　aaaaa. txt 文件记录

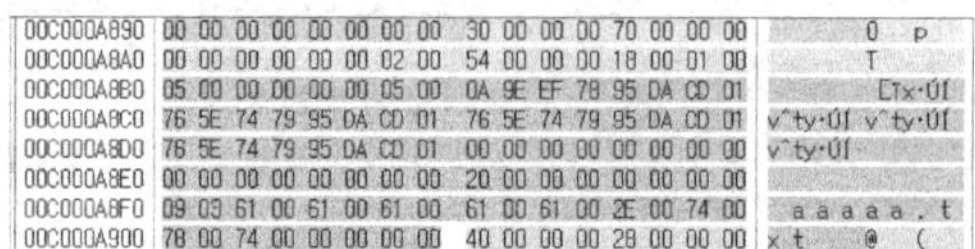

图 8—15　文件名

从图 8—15 中倒数第一和倒数第二行可以看出，其文件名为 aaaaa. txt。

（3）查看数据区。文件的数据区是由 80 属性管理的，aaaaa. txt 的 80 属性如图 8—16 所示。

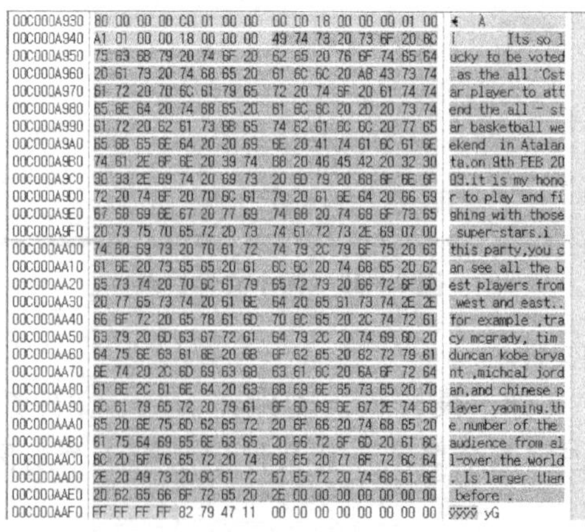

图 8—16　aaaaa. txt 文件的 80 属性

从 80 属性可以看出 aaaaa.txt 文件的属性体是常驻的，属性体开始于该属性的 18H 偏移处，属性体大小为 1A1H（十进制值为 417）字节。其内容如图 8—16 中右侧的英文所示。80 属性为数据属性，所以其属性体就是这个文件的数据。

（4）删除文件。将 aaaaa.txt 从目录中删除，这时，该文件记录的 MFT 中的数据并没有发生任何变化，只是文件的标识由“1”变为“0”。

（5）恢复文件。找到 aaaaa.txt 的文件记录，用 WinHex 中的文件复制功能将 80 属性中的数据复制出来，就可以将删除的数据恢复出来，如图8—17 所示。

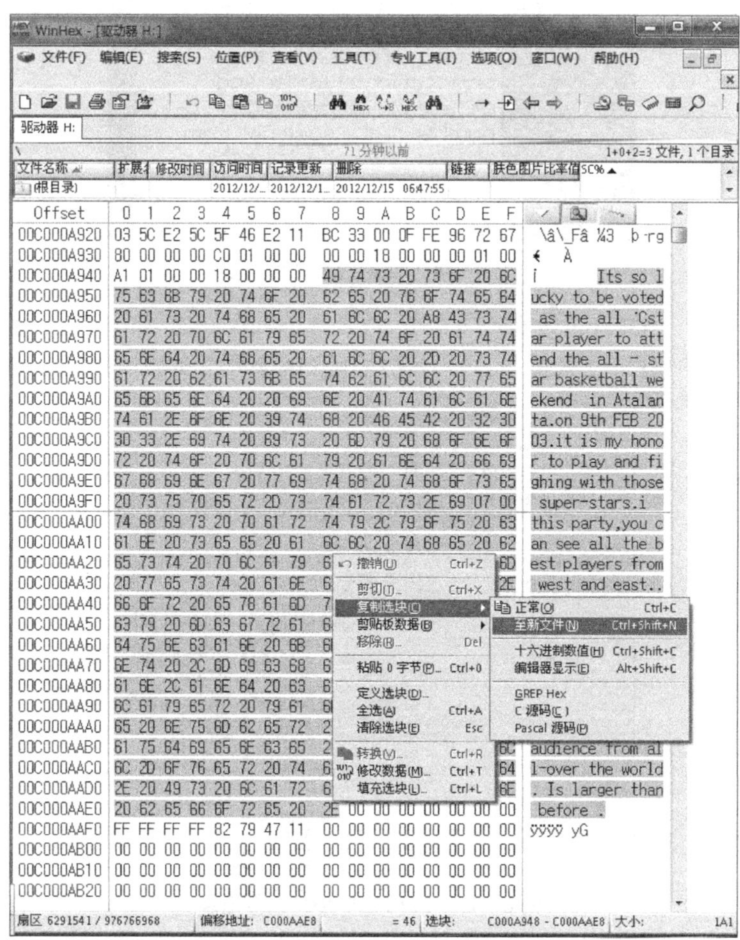

图 8—17 复制 80 属性中的数据

恢复后的数据如图 8—18 所示。

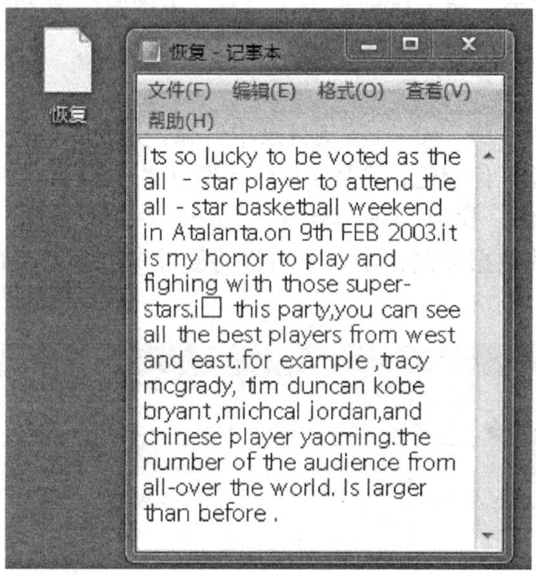

图 8—18　aaaaa. txt 文件内容

（二）27520535. pdf 文件

（1）查看 MFT 文件记录。27520535. pdf 的文件记录如图 8—19 所示。

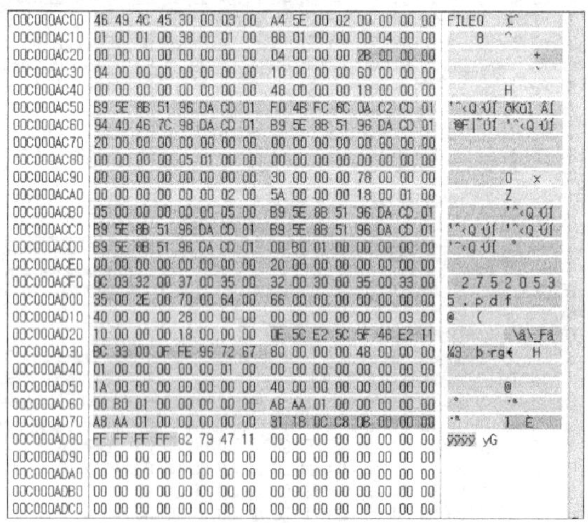

```
00C000AC00  46 49 4C 45 30 00 03 00  A4 5E 00 02 00 00 00 00  FILE0   ¤^
00C000AC10  01 00 01 00 38 00 01 00  88 01 00 00 00 04 00 00     8  ^
00C000AC20  00 00 00 00 00 00 00 00  04 00 00 00 2B 00 00 00          +
00C000AC30  04 00 00 00 00 00 00 00  10 00 00 00 60 00 00 00          `
00C000AC40  00 00 00 00 00 00 00 00  48 00 00 00 18 00 00 00          H
00C000AC50  B9 5E 8B 51 96 DA CD 01  F0 4B FC 6C 0A C2 CD 01  ¹^‹Q–ÚÍ ðKül ÂÍ
00C000AC60  94 40 46 7C 98 DA CD 01  B9 5E 8B 51 96 DA CD 01  ”@F|˜ÚÍ ¹^‹Q–ÚÍ
00C000AC70  20 00 00 00 00 00 00 00  00 00 00 00 00 00 00 00
00C000AC80  00 00 00 00 05 01 00 00  00 00 00 00 00 00 00 00
00C000AC90  00 00 00 00 00 00 00 00  30 00 00 00 78 00 00 00          0   x
00C000ACA0  00 00 00 00 00 00 02 00  5A 00 00 00 18 00 01 00          Z
00C000ACB0  05 00 00 00 00 00 05 00  B9 5E 8B 51 96 DA CD 01          ¹^‹Q–ÚÍ
00C000ACC0  B9 5E 8B 51 96 DA CD 01  B9 5E 8B 51 96 DA CD 01  ¹^‹Q–ÚÍ ¹^‹Q–ÚÍ
00C000ACD0  B9 5E 8B 51 96 DA CD 01  00 B0 01 00 00 00 00 00  ¹^‹Q–ÚÍ  °
00C000ACE0  00 00 00 00 00 00 00 00  20 00 00 00 00 00 00 00
00C000ACF0  0C 03 32 00 37 00 35 00  32 00 30 00 35 00 33 00    2 7 5 2 0 5 3
00C000AD00  35 00 2E 00 70 00 64 00  66 00 00 00 00 00 00 00  5 . p d f
00C000AD10  40 00 00 00 28 00 00 00  00 00 00 00 00 00 03 00  @   (
00C000AD20  10 00 00 00 18 00 00 00  0E 5C E2 5C 5F 46 E2 11          \â\_Fâ
00C000AD30  BC 33 00 0F FE 96 72 67  80 00 00 00 48 00 00 00  ¼3  þ–rg€   H
00C000AD40  01 00 00 00 00 00 01 00  00 00 00 00 00 00 00 00
00C000AD50  1A 00 00 00 00 00 00 00  40 00 00 00 00 00 00 00          @
00C000AD60  00 B0 01 00 00 00 00 00  A8 AA 01 00 00 00 00 00   °      ¨ª
00C000AD70  A8 AA 01 00 00 00 00 00  31 1B DC C8 0B 00 00 00  ¨ª      1 ÜÈ
00C000AD80  FF FF FF FF 82 79 47 11  00 00 00 00 00 00 00 00  ÿÿÿÿ‚yG
00C000AD90  00 00 00 00 00 00 00 00  00 00 00 00 00 00 00 00
00C000ADA0  00 00 00 00 00 00 00 00  00 00 00 00 00 00 00 00
00C000ADB0  00 00 00 00 00 00 00 00  00 00 00 00 00 00 00 00
00C000ADC0  00 00 00 00 00 00 00 00  00 00 00 00 00 00 00 00
```

图 8—19　27520535. pdf 文件记录

（2）查看文件的 30 属性。27520535. pdf 文件的 30 属性如图 8—20 所示。

```
00C000AC90  00 00 00 00 00 00 00 00  30 00 00 00 78 00 00 00          0   x
00C000ACA0  00 00 00 00 00 00 02 00  5A 00 00 00 18 00 01 00          Z
00C000ACB0  05 00 00 00 00 00 05 00  B9 5E 8B 51 96 DA CD 01          ¹^‹Q–ÚÍ
00C000ACC0  B9 5E 8B 51 96 DA CD 01  B9 5E 8B 51 96 DA CD 01  ¹^‹Q–ÚÍ ¹^‹Q–ÚÍ
00C000ACD0  B9 5E 8B 51 96 DA CD 01  00 B0 01 00 00 00 00 00  ¹^‹Q–ÚÍ  °
00C000ACE0  00 00 00 00 00 00 00 00  20 00 00 00 00 00 00 00
00C000ACF0  0C 03 32 00 37 00 35 00  32 00 30 00 35 00 33 00   2 7 5 2 0 5 3
00C000AD00  35 00 2E 00 70 00 64 00  66 00 00 00 00 00 00 00  5 . p d f
```

图 8—20　27520535. pdf 文件的 30 属性

从图 8—20 中可以看出其 30 属性中的文件名为 27520535. pdf。

(3) 查看文件的 80 属性。该文件的 80 属性如图 8—21 所示。

```
00C000AD30  BC 33 00 0F FE 96 72 67  80 00 00 00 48 00 00 00  ¼3 þ–rg€   H
00C000AD40  01 ...                   00 00 00 00 00 00 00 00
00C000AD50  1A      数据解释器        40 00 00 00 00 00 00 00         @
00C000AD60  00      8 Bit (±): 12    A8 AA 01 00 00 00 00 00  °     ¨ª
00C000AD70  A8      16 Bit (±): -14324  31 1B 0C C8 0B 00 00 00  ¨    1 È
00C000AD80  FF      32 Bit (±): 772108  00 00 00 00 00 00 00 00  ÿÿÿÿ yG
```

图 8—21　27520535. pdf 文件的 80 属性

从 80 属性中可以看出 27520535. pdf 文件的属性体是非常驻的，文件大小为 01AAA8H（十进制值为 109 224）字节。其 RUN LIST 中只有一个 RUN，其值为 311B0CC80BH，所以文件是连续的，文件的起始簇号为 0BC80CH（十进制值为 772 108），文件大小为占用 1BH 个簇（十进制值为 27），跳转到 772108 号簇，如图 8—22 所示。

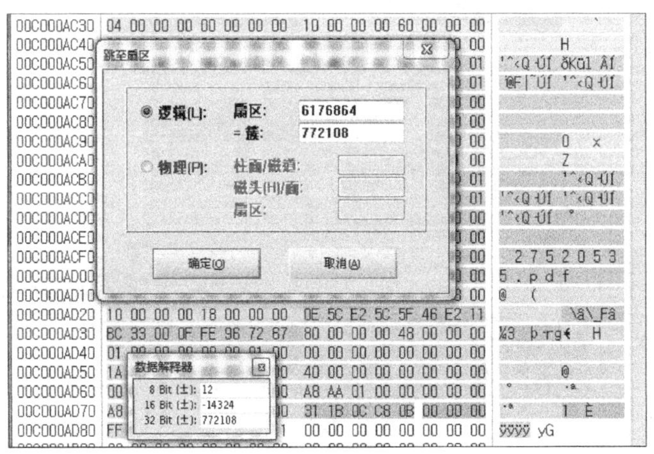

图 8—22　跳转到 772108 簇

从 772108 簇开始往后连续 27 个簇（到 772135 簇）为 27520535. pdf 文件的内容。其数据内容的 ASCII 如图 8—23 所示。

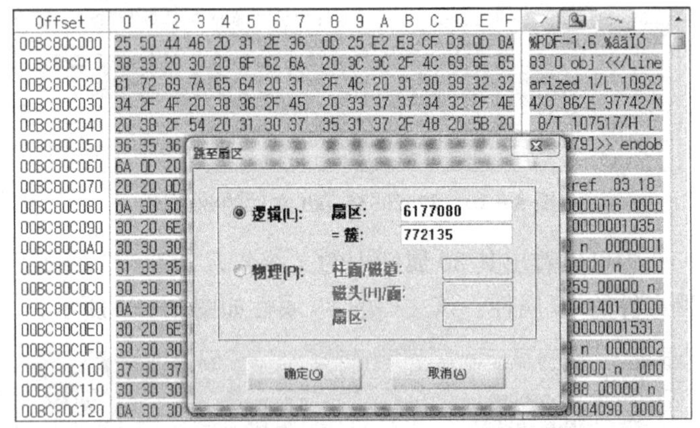

图 8—23 数据内容

(4) 删除文件。将 27520535.pdf 文件从磁盘的目录中删除，这时，文件的 80 属性没有改变，只是文件的标识由“1”变为“0”。

(5) 恢复文件，找到 80 属性中的 RUN LIST，同步骤（3）一样，用 WinHex 中的文件复制功能将 80 属性中的 RUN LIST 标出的 27 个连续的簇号中的数据复制出来，如图 8—24 所示。

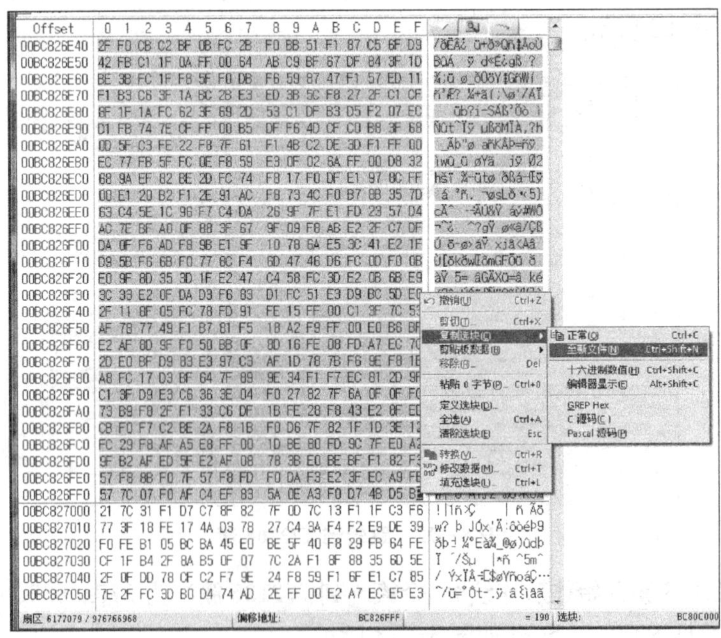

图 8—24 复制数据

恢复后的内容如图 8—25 所示。

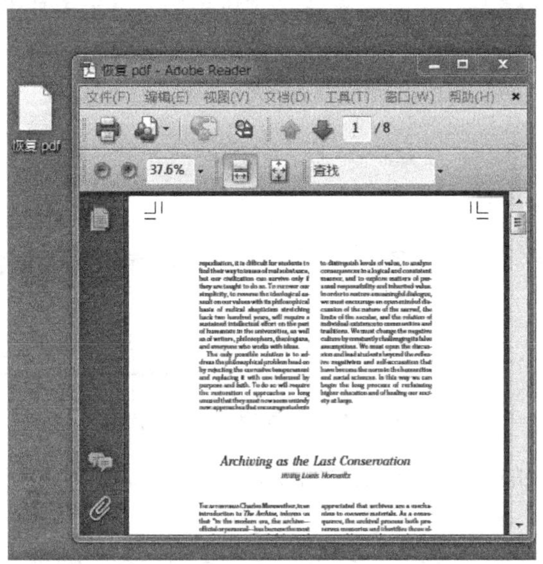

图 8—25　27520535. pdf 文件的内容

四、思考题

(1) NTFS 文件系统中的文件删除后，文件名有什么变化？

(2) 格式化 NTFS 文件系统，文件名和 MFT 有什么变化？

(3) 删除文件、格式化分区，数据区会发生改变吗？

实验三　文件系统破坏后的数据恢复

文件系统被破坏后，通常数据是不会被系统读取的，在操作系统中会显示需要打开的磁盘未被格式化，这时，磁盘所在的分区的磁盘没有任何物理故障，显然是文件系统遭到了破坏，所以系统会提示分区未格式化。在这种情况下，只需要将磁盘的文件系统重新加上，就可以恢复原来的数据。

一、实验目的

通过对未格式化的磁盘的了解，加深对文件系统被破坏磁盘的数据恢复的认识。

二、实验设备

电脑 1 台、移动硬盘 1 块或 U 盘 1 个、WinHex 软件。

三、实验步骤

（1）查看磁盘情况。移动硬盘 H 接到机器后，显示未被格式化，如图 8—26 所示。这种情况说明 H 盘的文件系统被破坏了。

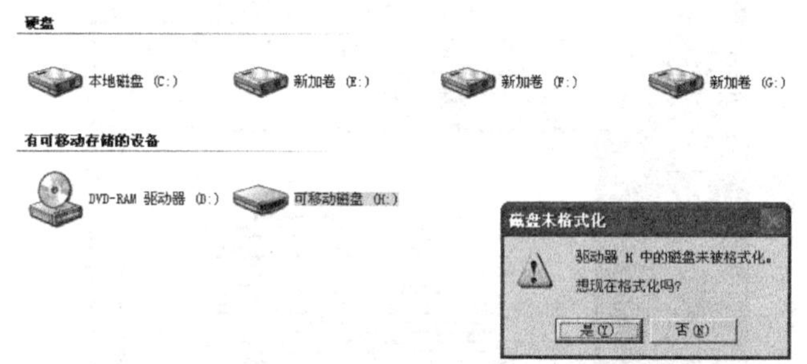

图 8—26　移动硬盘 H 的情况

（2）查看磁盘的 DBR。H 盘的第 0 扇区 DBR 如图 8—27 所示。

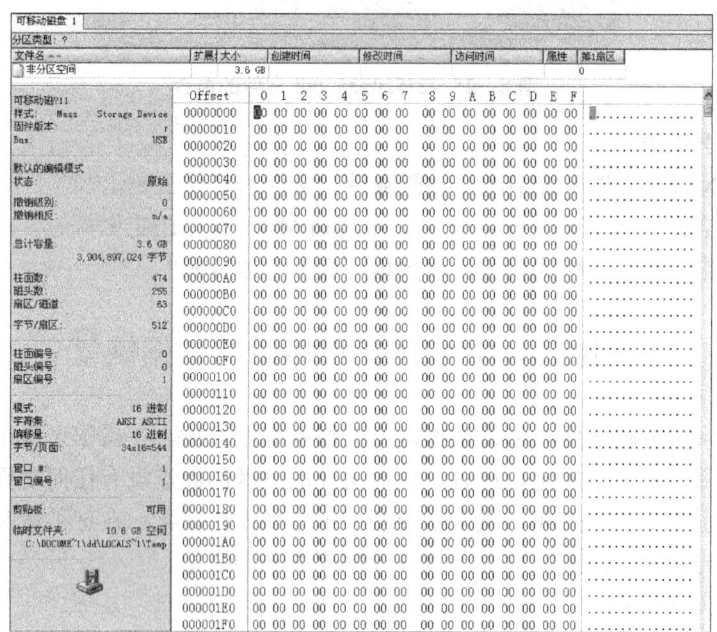

图 8—27　H 盘的第 0 扇区 DBR

从图中可以看出 H 盘的第 0 扇区 DBR 内容全部被清零了。

第 6 扇区 DBR 的内容如图 8—28 所示。

（3）恢复 H 盘的 DBR。由于文件系统中的第 6 扇区为第 0 扇区 DBR 的备

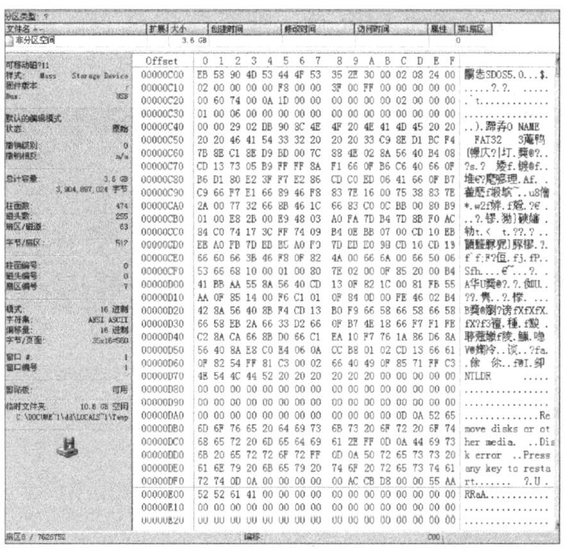

图 8—28　第 6 扇区的 DBR 内容

份，因此，只要将第 6 扇区的内容复制到第 0 扇区，就可以恢复文件系统，从而恢复系统的文件结构。用 WinHex 软件的复制功能将第 6 扇区的内容复制到第 0 扇区，如图 8—29 所示。

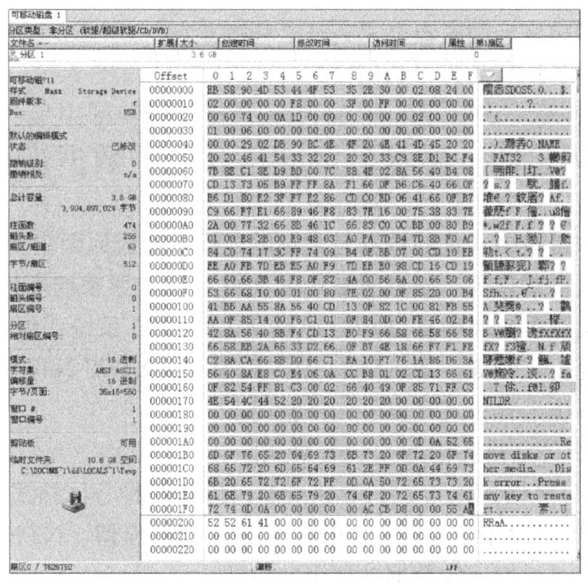

图 8—29　第 6 扇区的内容复制到第 0 扇区

恢复H盘的第0扇区的DBR后，重新打开H盘，一切正常，其内容如图8—30所示。

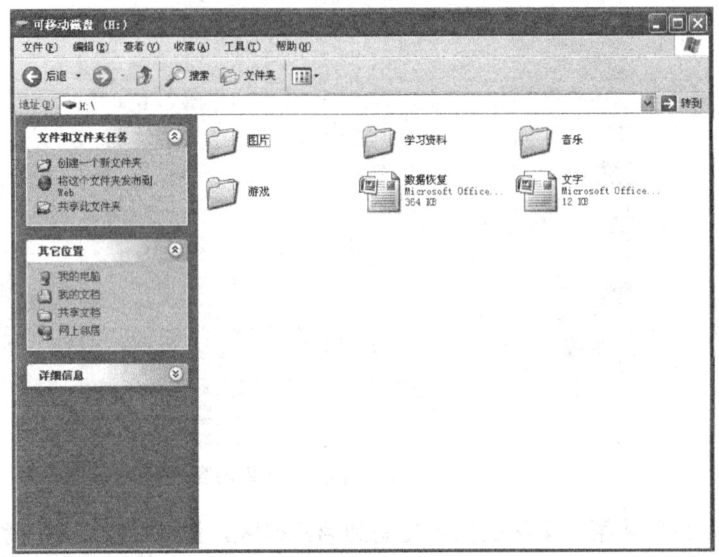

图8—30　恢复后的H盘

四、思考题

(1) 系统被破坏后的磁盘会出现什么样的状况?

(2) 系统被破坏后的磁盘如何恢复?

实验四　磁盘分区被格式化的数据恢复

恢复分区磁盘被格式化的数据是常见的工作，造成原因主要有磁盘被误格式化和病毒将分区格式化等。病毒所破坏的文件系统与原来的文件系统是一样的，例如，NTFS文件系统被病毒破坏后还是NTFS文件系统。但格式化后的文件系统可能有所变化，例如，Windows操作系统有FAT和NTFS两种文件系统，对这两种文件系统进行格式有以下四种情况。

(1) FAT32分区格式化为NTFS格式。

当FAT32分区格式化为NTFS格式时，因为两种分区格式过程改写的位置不同，原FAT32分区的FAT表、根目录基本会被保留。NTFS格式化过程写入的数据很少，对数据区的数据破坏程度较低。

简单的数据恢复方法是直接用数据恢复软件扫描分区（例如用R-Studio），

大部分数据会被完整恢复。也可以用手工重建FAT32的引导扇区DBR，并修改该分区在MBR中的分区类型07（NTFS）为0C（FAT32）后，可以直接打开分区。大多数情况下，这种方法恢复的数据要比软件扫描法快速而且恢复完整。

（2）NTFS分区格式化为FAT32格式。

当NTFS分区格式化为FAT32格式时，由于不同分区文件系统格式化过程写入参数位置不同，NTFS格式的主文件索引记录基本会完整保留。

除了数据恢复软件扫描法，手工修改分区类型标志和重建NTFS分区DBR更简单快速。由于NTFS格式化过程中会将引导扇区备份在本分区最后一个扇区，而FAT32格式化过程并不会改写这个扇区，所以只需要将该分区的最后一个扇区（确定它是DBR）复制到63扇区。然后修改主引导记录MBR中的分区类型，将FAT32标志0C（或0B）改为NTFS标志07，然后重启计算机，基本上可以恢复数据。

（3）NTFS分区格式化为NTFS格式。

这种破坏方式恢复后的数据基本完整，目录结构大部分也会存在。但手工方式难度较大，一般采用数据恢复软件恢复。

（4）FAT32分区格式化为FAT32格式。

这种破坏方式数据恢复后的效果相对不是太好，由于前后格式化分区格式相同，因此改写位置基本相同，原FAT32格式位置的FAT表被复位清空，根目录第一扇区清空改写。

这种情况同样需要用软件扫描恢复，剩余根目录区会重组出大部分目录结构，特别是二级后目录文件名基本完整，只是小部分文件碎片较多的文件可能无法正常打开。

一、实验目的

通过对不同类型的硬盘格式化，掌握格式化对硬盘数据的破坏情况；学会用软件来恢复格式化后的数据。

二、实验设备

电脑1台、硬盘1块、硬盘接口转换器1个、数据恢复软件R-Studio和WinHex。

三、实验步骤

下面是一块容量为250GB的硬盘，原来有四个分区，由于误操作重新分为一个区，并进行了格式化，现在对其进行数据恢复。

操作步骤如下：

（1）打开硬盘。正常可以打开硬盘，其结果如图8—31所示。

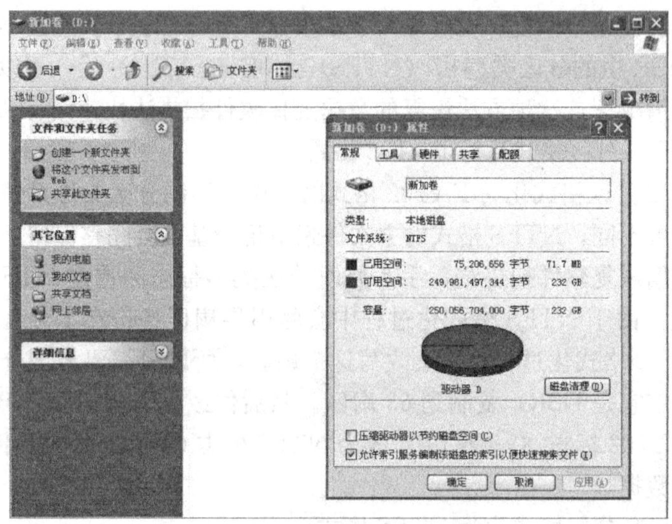

图 8—31　250GB 硬盘状况

从图 8—31 “新加卷（D:）属性” 中可以看出，硬盘总的容量为 232GB (250GB)，已用空间为 71.7MB（格式化后的系统文件数据），再打开硬盘 D，显示没有用户数据。

（2）用 WinHex 打开硬盘，其结果如图 8—32 所示。

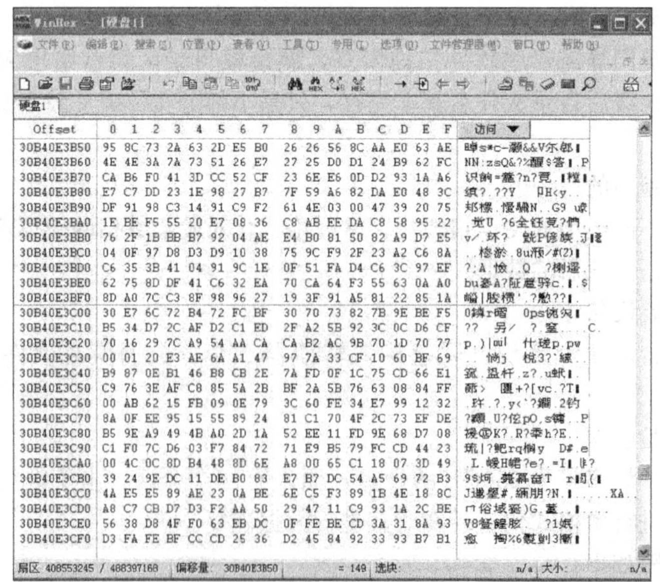

图 8—32　WinHex 打开硬盘的结果

从图 8—32 中可以看出，硬盘中存在用户数据。

（3）用 R-Studio 打开硬盘，其结果如图 8—33 所示。

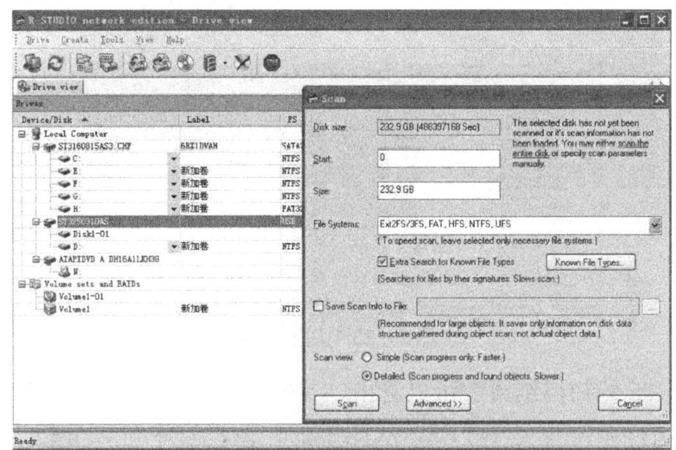

图 8—33　R-Studio 打开硬盘的结果

图 8—33 显示，硬盘当前的文件系统是 NTFS，只有一个分区 D，容量为 232.9GB。

（4）扫描硬盘。用 R-Studio 扫描硬盘，由于不知道原来系统文件结构，所以其扫描选择对所有文件系统和所有文件类型进行扫描，扫描过程如图 8—34 所示。

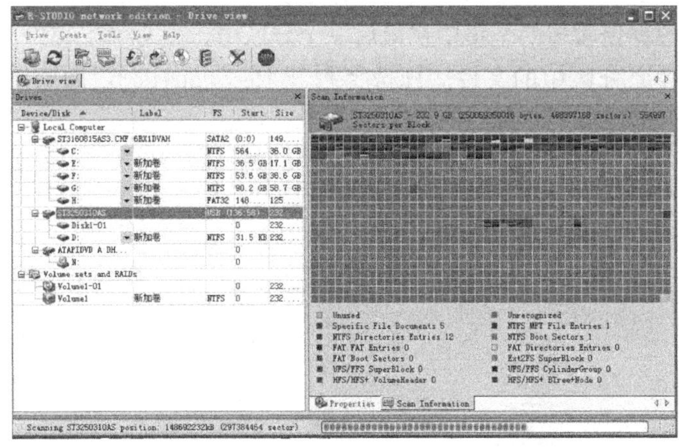

图 8—34　扫描进行中

从图 8—34 中右边的方框图中可以看出，硬盘存在有不少的数据。

（5）查看扫描结果。扫描完成后，并存盘，其结果如图 8—35 所示。

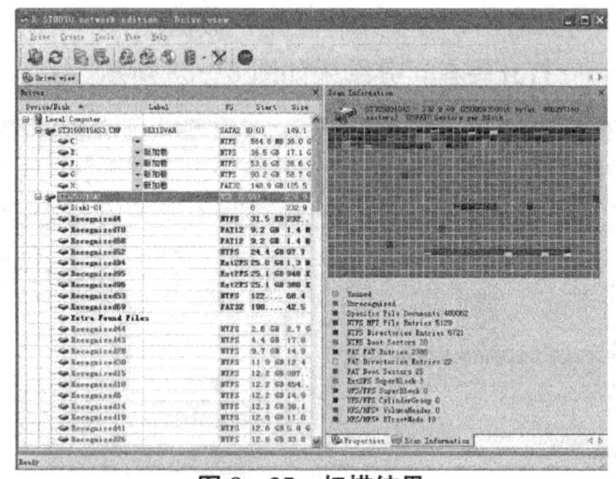

图 8—35　扫描结果

从图 8—35 的扫描结果中可以看出，其绝大部分数据是 NTFS，可以判断重新分区前的文件系统也是 NTFS，从图中的左侧栏目中可以分析出总的分区情况。第一，Recognized4 是现在的分区，大小为 232GB；第二，Recognized52 是原来的第 2 个分区，其大小为 97.7GB，而在它前面的第一个分区，为 24.4GB；第三，Recognized53 是原来的第 3 个分区，其大小为 68.4GB；第四，Recognized69 是原来的第 4 个分区，其大小为 42.5GB。从右侧的栏目中可以看出，现在扫描出总的文件数量为 480 062 个。同时，从右侧栏目中可以看出，原来的分区 1 中有比较多的数据，应该是安装操作系统的分区，其后面的 3 个分区的数据不多，用户数据比较多的是集中在最后一个分区中。

（6）查找原分区中的文件。现选择打开 Recognized53，即原来的第 3 个分区，如图 8—36所示。

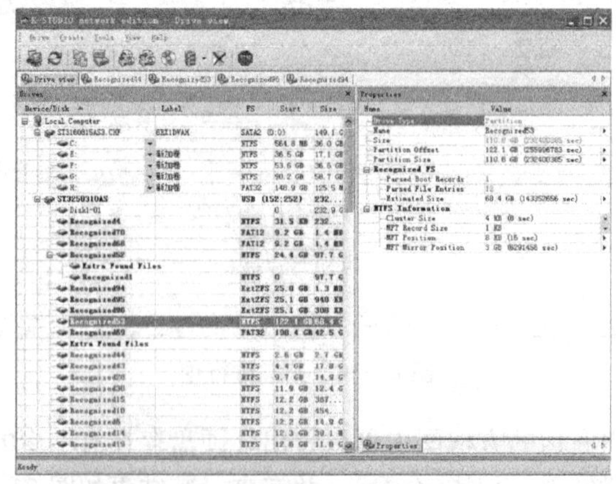

图 8—36　选择打开 Recognized53

（7）查找原分区 3（Recognized53）中的数据。打开 Recognized53，如图 8—37所示。

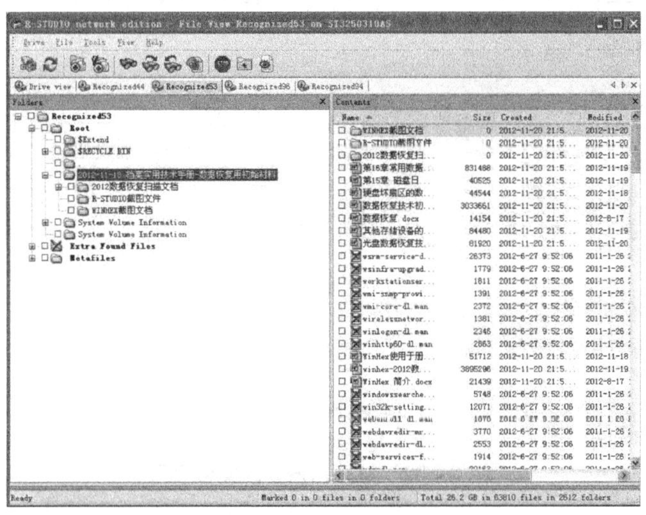

图 8—37　打开 Recognized53

从图 8—37 中可以看出，左侧目录栏目中的“2012－11－18 档案实用技术手册—数据恢复用初始材料”有三个子目录，其文件显示在右侧栏目中。

（8）恢复选中的数据。选择要恢复的数据，并将其存储在 G 盘的“数据恢复案例”文件夹中，如图 8—38 所示。

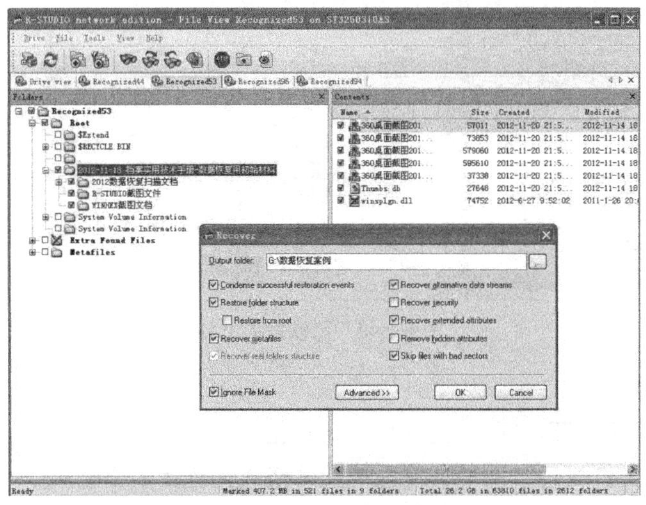

图 8—38　选择并存储数据

(9) 打开已恢复的文件目录，如图 8—39 所示。

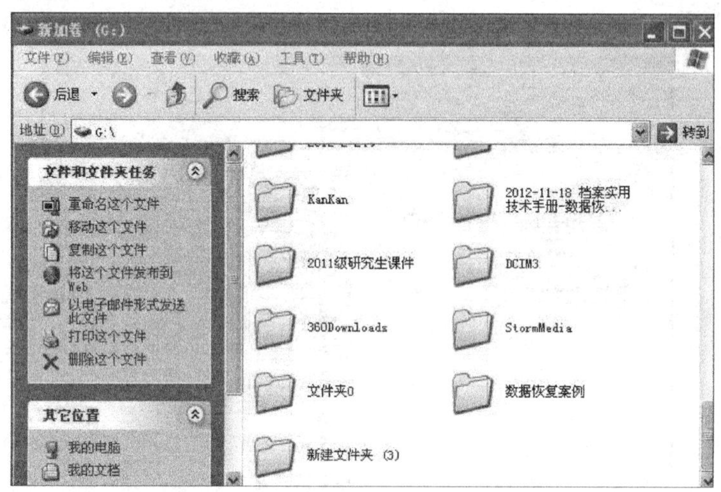

图 8—39 打开已恢复的文件目录

(10) 查看已恢复的文件。已恢复的文件如图 8—40 所示。

图 8—40 已恢复的文件

四、思考题

(1) FAT 和 NTFS 两种文件系统格式化后各有什么变化?

(2) FAT 和 NTFS 两种文件系统交叉格式化有什么影响?

(3) FAT 和 NTFS 格式化如何恢复?

实验五　磁盘数据销毁

通过操作系统对磁盘进行格式化和数据删除等操作是无法彻底清除数据的，这也是数据有可能被恢复的原因所在。但有些时候，因为各种原因需要将数据进行彻底清除，例如，涉密设备转为非涉密设备、办公设备报废等。WinHex 提供了对磁盘数据进行彻底清除的功能，一种是直接销毁文件，另一种是针对磁盘进行底层填充。

一、实验目的

认识磁盘数据销毁的重要性；掌握数据磁盘数据销毁的方法。

二、实验设备

电脑 1 台、需要销毁数据的硬盘 1 块、数据恢复软件 WinHex。

三、实验步骤

（1）选择起始位置。在要清除磁盘的 0 扇区的第一个字节上右击，在弹出的快捷菜单中选择“选块开始”命令，如图 8—41 所示。

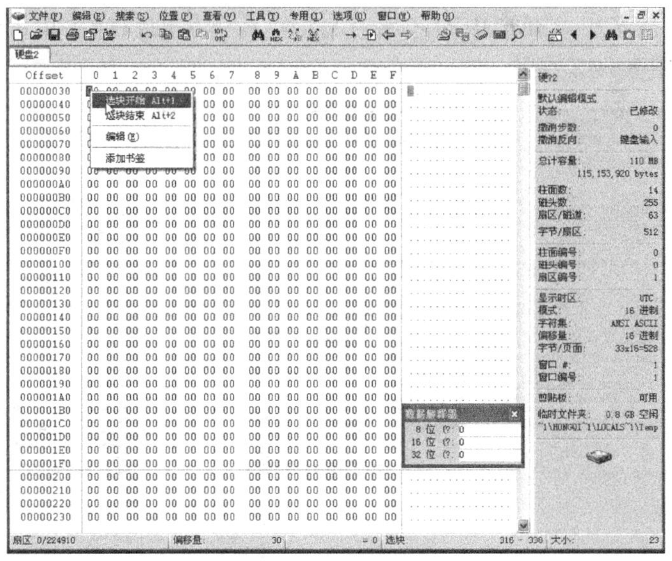

图 8—41　选块开始

（2）选择结束位置。拉动滚动条到磁盘的最后一个扇区，在最后一个字节上右击，在弹出的快捷菜单中选择“选块结束”命令，如图 8—42 所示。

（3）设置参数。这时，选块开始与结束之间的部分会用预置的颜色进行

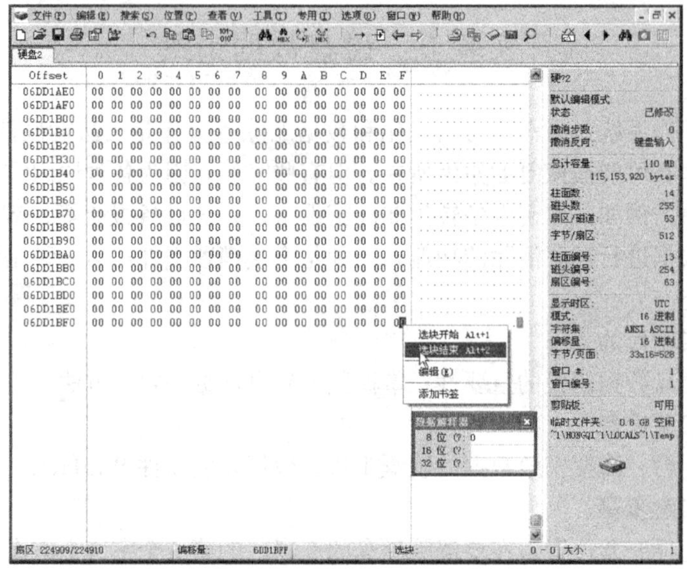

图 8—42　选块结束

显示，表示被选中。在选中的区域内右击，在弹出的快捷菜单中选择“填充选块”，如图 8—43 所示。

图 8—43　填充选块

弹出“填充选块”对话框，选择“用十六进制数值填充”（默认），默认使用“00”进行填充，也可以任意指定十六进制数值，还可以选择“用随机字节填充”，这时会使用无规律的数值进行填充。在此，在数值框内填入“26”，然后单击“确定”按钮，如图8—44所示。

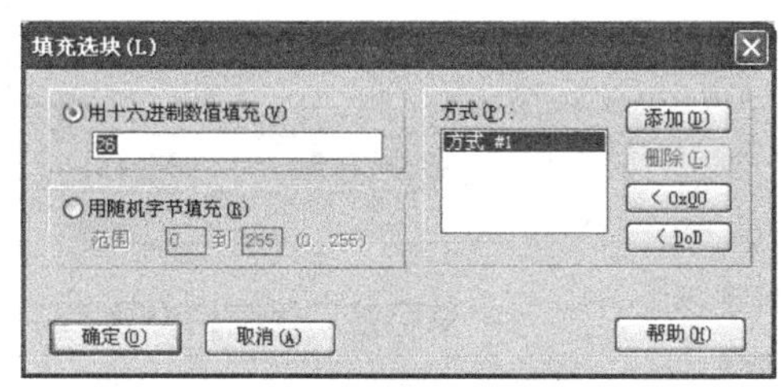

图8—44　输入填充数据

（4）开始填充。在弹出的所有警告对话框中都单击“确定”按钮后，即开始填充，填充后的整个磁盘分区的每个字节都显示为十六进制“26”，这样就达到了对原磁盘上的所有数据进行彻底清除的目的。

此外，用WinHex还可以查看和分析磁盘的DBR、FAT、FDT和数据区的情况，也可以查看和分析内存、U盘、数码存储卡和光盘上的数据等。

四、思考题

（1）如何销毁磁盘数据?

（2）用WinHex销毁后的磁盘数据，还能恢复吗?

实验六　软盘数据恢复

软盘是早期计算机的存储设备，目前软盘存储载体上还保存有一些重要的数据信息，对这些软盘的保护和管理是十分必要的。

一、实验目的

学会迁移软盘中的数据，并对损坏的软盘中的数据进行恢复。

二、实验设备

电脑1台、1.44软驱1个、软盘若干个、BadCopy Pro数据恢复软件。

三、实验步骤

（一）软驱无法正常读取软盘中的数据

当用正常的方式来读取软盘中的数据时，会显示“是否要将其格式化?”，如图8—45所示。

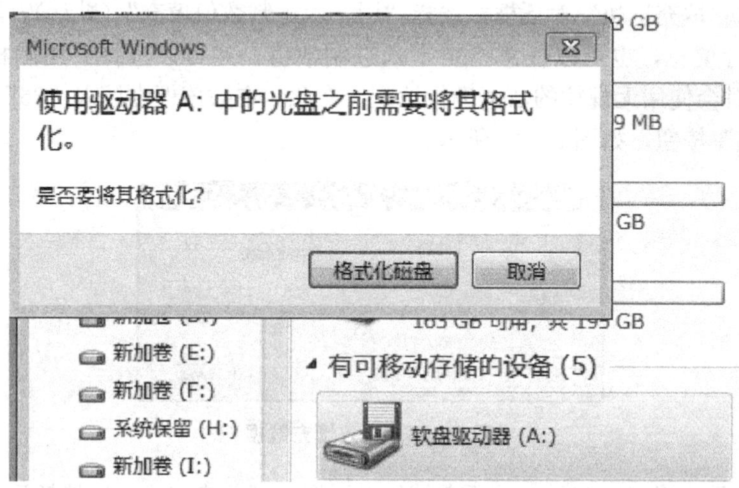

图 8—45　软盘中的数据不能被读取

其数据恢复步骤如下：

(1) 通过 BadCopy Pro 软件打开磁盘，如图 8—46 所示。

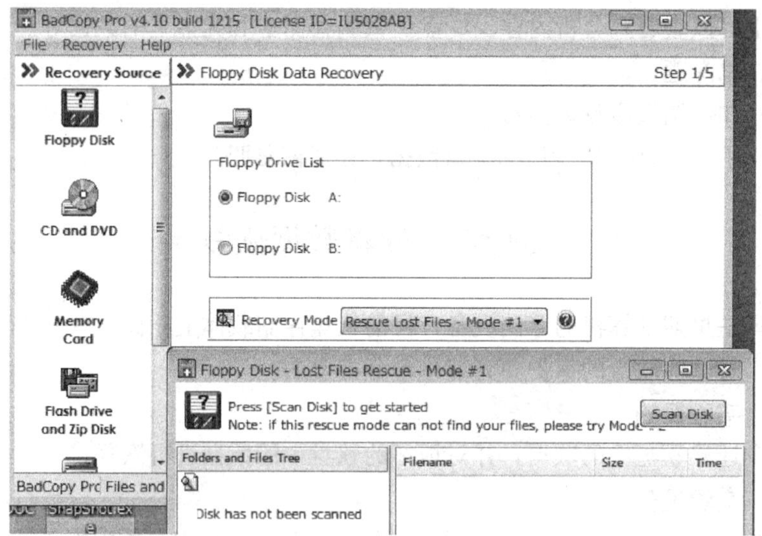

图 8—46　打开软盘

在图 8—46 中，修复模式的选项框中有两种模式：Mode1 为修复坏损文件，Mode2 为修复丢失文件。

(2) 由于该软盘损坏严重，因此选用 Mode2 修复丢失文件，如图 8—47 所示。

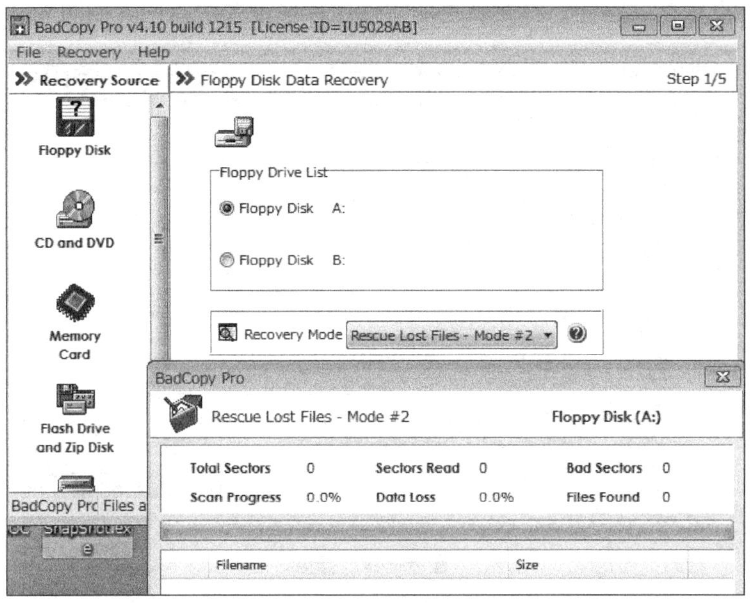

图 8—47 选择 Mode2

(3) 在修复丢失文件的选项上，选择“Scan Disks”(全盘扫描)，然后点击“Start”(开始)扫描，得到软盘中存储的数据，如图 8—48 所示。

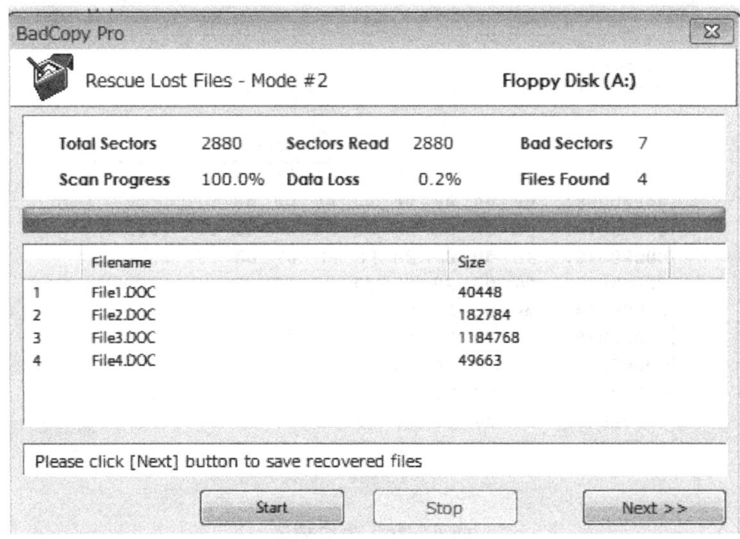

图 8—48 扫描数据

(4) 设置存取路径。将要恢复的文件保存在设置的盘中，如图 8—49 所示。

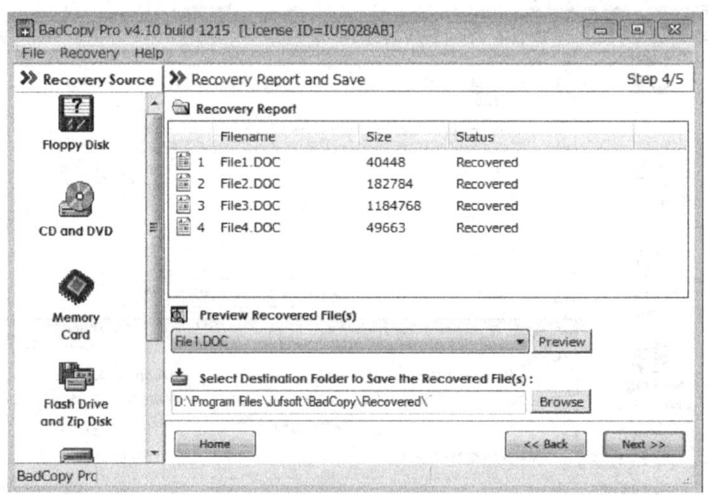

图 8—49　存盘

(5) 查看恢复后的文件。可以点击文件进行查看，预览模式有 3 种，分别是代码预览、文档预览、图片预览，另外还有预览帮助。如图 8—50 所示为代码预览。

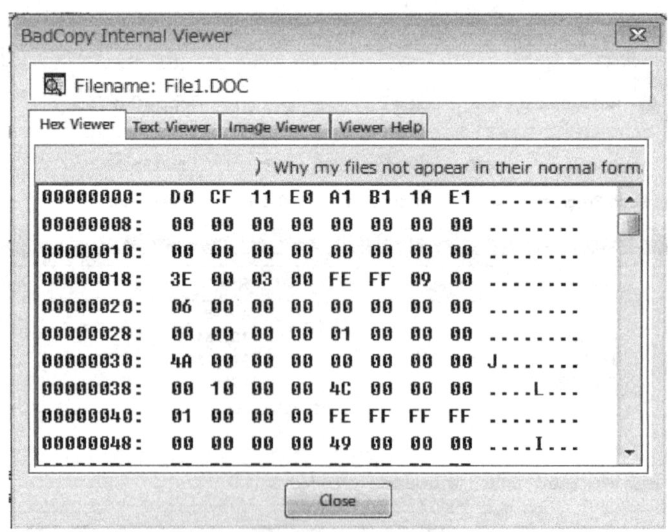

图 8—50　代码预览

点击“Open Recovered Files Folder”(打开已修复的文件夹)，可以查看修复得到的文件，如图 8—51 和图 8—52 所示。

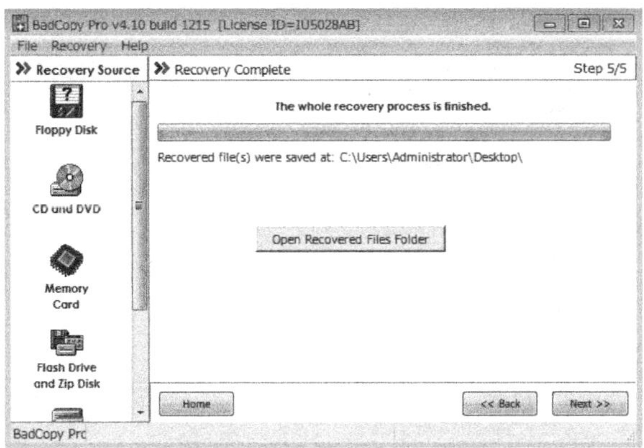

图 8—51　点击查看

File1.DOC	2012/12/9 16:23	DOC 文件	40 KB
File2.DOC	2012/12/9 16:23	DOC 文件	179 KB
File3.DOC	2012/12/9 16:23	DOC 文件	1,157 KB
File4.DOC	2012/12/9 16:23	DOC 文件	49 KB

图 8—52　恢复的文件

（二）软盘中的数据可以显示在文件夹中，但是无法正常读取，部分文件无法复制迁移

实验步骤如下：

(1) 使用 BadCopy Pro 软件打开软盘，选择修复模式 Model，修复损坏的文件，如图 8—53 所示。

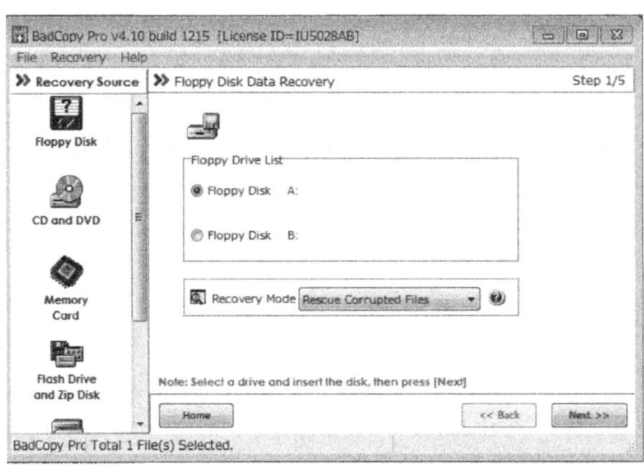

图 8—53　选择修复模式 Model

（2）BadCopy Pro 读取出了软盘中的所有文件，如图 8—54 所示。

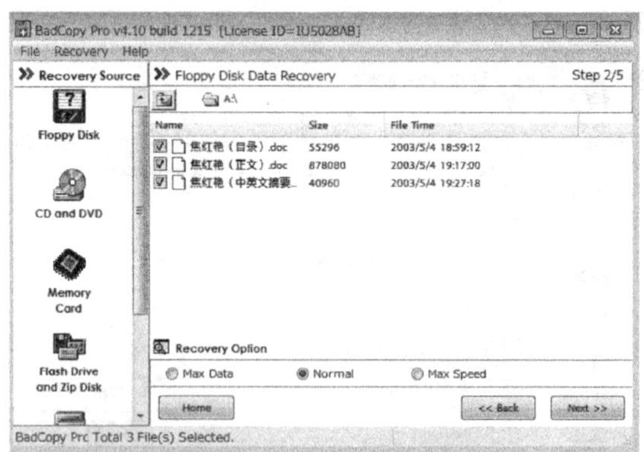

图 8—54　读取软盘数据

（3）点击“Next”（下一步），进行下一步修复，修复完成之后选择保存的路径，如图 8—55所示。

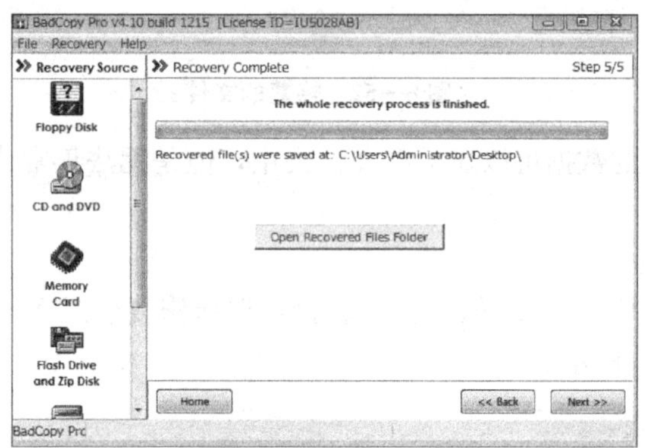

图 8—55　选择保存的路径

（4）找到修复后的文件，点击查看能否正常读取，如图 8—56 所示。

图 8—56　正常读取文件

四、思考题

（1）Mode1 和 Mode2 各适用于什么范围？

（2）如何用软件恢复软盘中的数据？

第九章

光盘数据恢复技术

本章要点

- 光盘刻录与检测
- 光盘数据恢复
- 光盘的使用和维护

光盘上的数据不能被读取有多种原因：一是由于刻录缺陷等导致光盘数据不能读取或部分不能读取；二是由于各种原因造成的光盘数据损坏，表现为刻录后的文件可以在资源管理器中看到，但不能读取，或光盘长时间存放之后出现整张盘不能读取的现象，这时需要对其中记录的数据进行恢复。

常用的软件有 BadCopy Pro、CDRoller、DVDXRescue 和 CDCheck 等。

实验一　光盘刻录

光盘是目前信息存储的主要载体之一，刻录光盘的寿命除了与光盘本身的质量有关外，还与光盘的刻录过程有密切的关系，刻录质量的好坏也直接影响光盘的保存寿命。

一、实验目的

掌握光盘刻录方法，保证光盘刻录质量。

二、实验设备

电脑 1 台、CD 或 DVD 光盘若干张、光盘刻录软件 Roxio Creator Basic V9。

三、实验步骤

操作步骤如下：

(1) 打开刻录软件。打开 Roxio Creator Basic V9 软件，如图 9—1 所示。

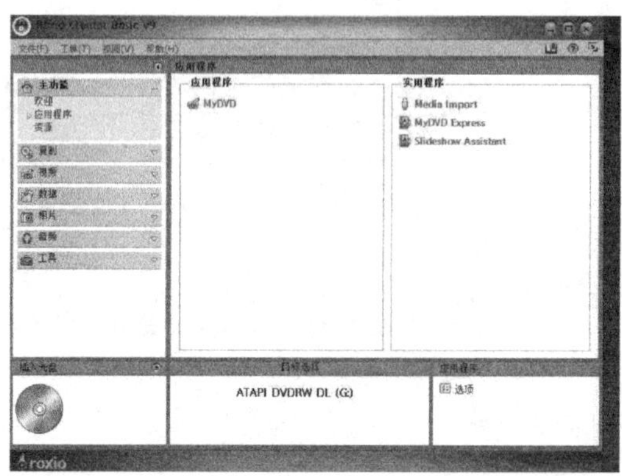

图 9—1　Roxio Creator Basic V9 光盘刻录软件界面

从图 9—1 中可以看出，该软件的主要功能有复制、视频、数据、相片、音频和工具等。

(2) 光盘复制功能。其复制功能主要有复制光盘、刻录映像和保存映像等，如图 9—2所示。

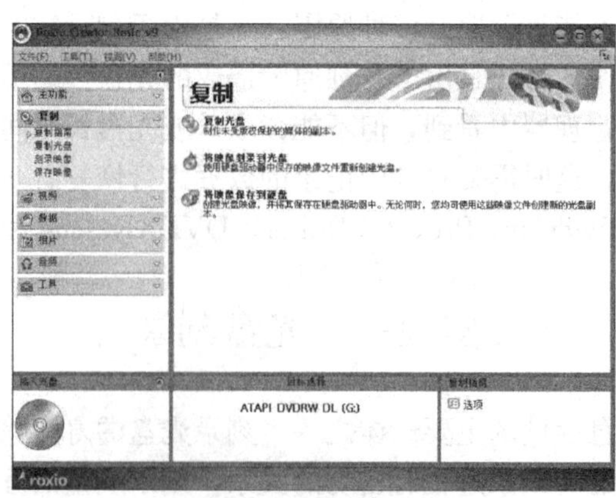

图 9—2　复制光盘选项

(3) 选择光盘数据。选择此项功能是将所选择的数据复制到光盘中，如图 9—3所示。这时，需要刻录的数据可以来自硬盘、U 盘等存储载体。

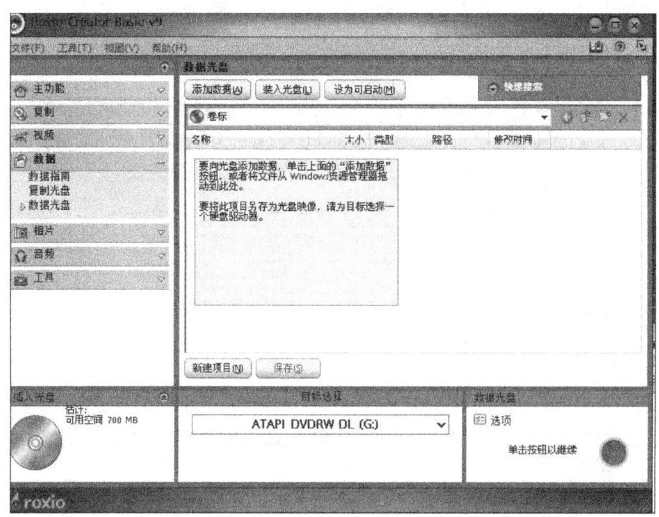

图 9—3　选择光盘数据复制项

从图 9—3 中的左下角可以看出，现在放入的是容量为 700MB 的 CD-R 光盘。

(4) 向光盘中添加数据。将磁盘或 U 盘中的数据添加到刻录软件中的方法有两种，一是采用“添加数据”方式；二是直接将数据拖到刻录软件中，如图 9—4 所示。

图 9—4　添加数据

从图 9—4 中可以看出添加数据项已有五项，从左下角的显示可知，最多还可以添加 211MB 的数据。

（5）添加数据过量。如果在加载的过程中，数据超出了光盘的容量，可以进行数据的删除，如图 9—5 所示。

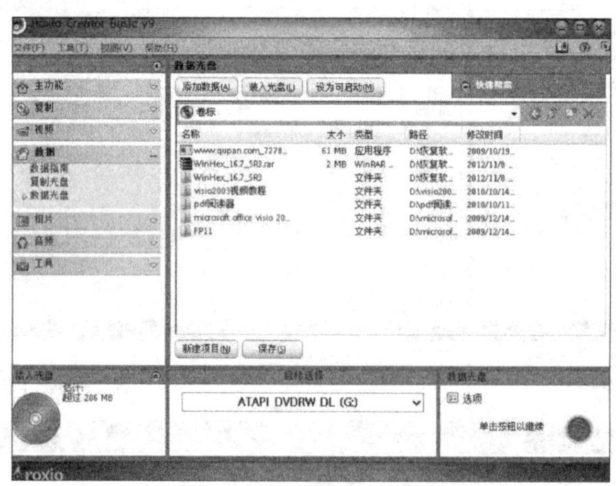

图 9—5　数据超载

从图 9—5 中可以看出，数据已超过 206MB，这时不能进行刻录，应该将多出的数据删除。

（6）删除超过的数据。删除超过的数据如图 9—6 所示。

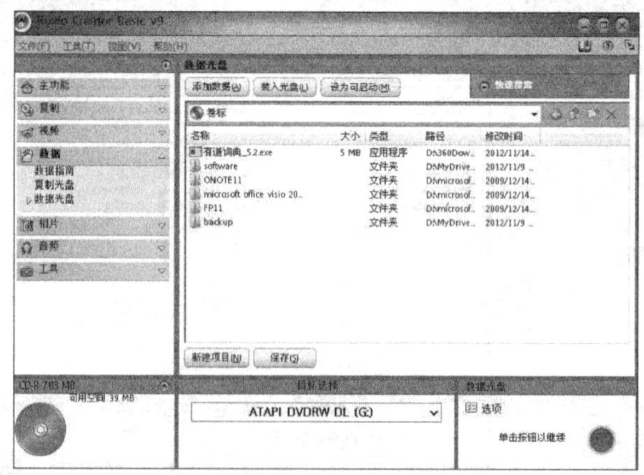

图 9—6　删除超过的数据

通过对图 9—5 中的超过数据的删除，在图 9—6 中还有 39MB 的可用空间。

(7) 刻录数据到光盘上。点出图 9—6 中右下角的“单击按钮以继续”，对光盘进行刻录，如图 9—7 所示。

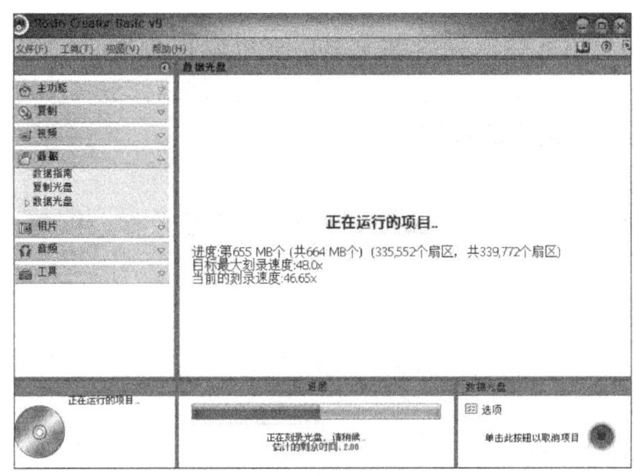

图 9—7　刻录数据

(8) 刻录后对光盘进行核验。为了检验光盘刻录质量，光盘刻录完成后，自动对刻录光盘进行校验，如图 9—8 所示。

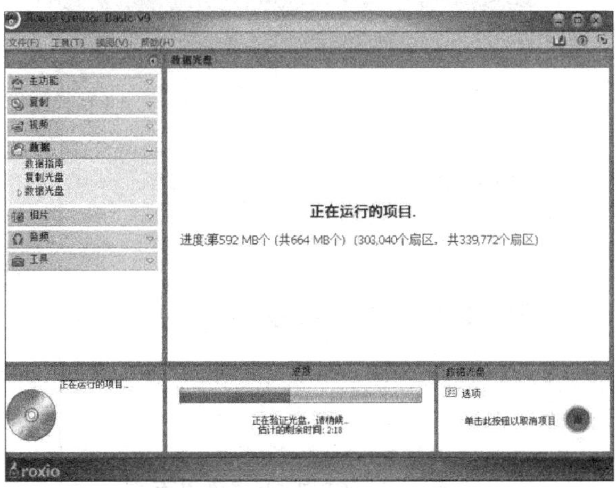

图 9—8　刻录后的光盘自动校验

当刻录完成后，光盘自动从驱动器中弹出，光盘刻录完成。

四、思考题

(1) 光盘刻录时，数据能否超过空白盘的容量?

(2) 如何刻录光盘?

实验二　用 CDCheck 检测光盘

CDCheck 是一款光盘数据校验工具，它可以检查出目标光盘中所刻录的文件是否完整，有没有损毁，并且可以比对原始文件以作进一步确认。此外，它还可以恢复光盘中无法读出的数据。

一、实验目的

对于已经刻录的光盘进行检测，确认其是否完整，以便对其进行不同的处理。

二、实验设备

电脑 1 台、光驱 1 台、待恢复的光盘若干张、BadCopy Pro 和 CDRoller 软件。

三、实验步骤

（一）校验刻录数据

CDCheck 主要是针对数据光盘设计的，不适用于音乐及视频光盘，如 VCD 等。

操作步骤如下：

（1）运行 CDCheck，打开的程序操作界面如图 9—9 所示。

图 9—9　CDCheck 操作界面

（2）在目录树窗格中选中刻录光盘所在的驱动器，然后按下快捷键（Alt+O），或者单击工具栏中的“Compare”（比较）按钮，这时会弹出一个“Compare Set”（比较设置）对话框。

（3）在“Sourse Folder/Files to Check for Errors”（检查错误来源的文件夹/文件）下拉列表框中指定待检查的目录或文件，这里默认的是前面选择驱动器的盘符，在

"Reference Folders/Files to Compare Source with"（作为比较来源参考的文件夹/文件）下拉列表框中指定对照的源目录或文件，也就是刻录到光盘中的数据所在的原始目录，另外两个选项"Compare Direction"（比较方向）和"Compare Option"（比较选项）使用默认值即可，如图 9—10 所示。

图 9—10　比较选项

（4）确认设置无误，单击"Continue"（继续）按钮开始进行比较操作。比较结束后，如果报告"Process completed successfully. No errors were detected"（操作成功完成！未检测到任何错误），并列出详细的检测数据，同时将光盘弹出，就表示刻录的数据完好无损，单击"Continue"（继续）按钮，退出即可。如果刻录的数据存在错误，在弹出的报告窗口中会有明显的提示，如图 9—11 所示。

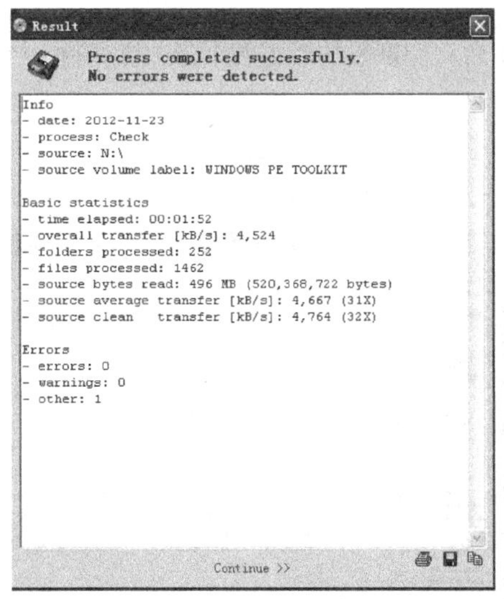

图 9—11　比较结果

(二) 恢复光盘中的数据

(1) 在 CDCheck 程序界面中按下快捷键 (Alt+V),或者单击“Recovery”(恢复) 按钮,打开“Recovery set”(恢复设置) 对话框。

(2) 在“Sources Folders/Files to Recovery”(要恢复的来源文件夹/文件) 下拉列表框中指定需要进行恢复文件的源路径,然后在“Output Direction”(输出文件) 下拉列表框中指定恢复文件的输出路径,其余选项使用默认值即可。

(3) 确认上述设置无误后,单击“Continue”(继续) 按钮,CDCheck 就会开始扫描,恢复数据。

四、思考题

(1) 为什么要对光盘进行数据校验?

(2) CDCheck 能恢复哪些类型的光盘?

实验三　光盘数据恢复

目前光盘主要有 CD 和 DVD 两大类。由于保存环境和人为因素的影响,一些光盘已经遭到了不同程度的损坏,因此,必须采用一些必要的手段和方法来抢救及保护光盘上的信息。

一、实验目的

对于不能正常读取的光盘,采用专用软件来恢复光盘中的数据。

二、实验设备

电脑 1 台、光驱 1 台、待恢复的光盘若干张、BadCopy Pro 和 CDRoller 软件。

三、实验步骤

(一) 用 BadCopy Pro 软件恢复数据

启动 BadCopy Pro,其主界面如图 9—12 所示。

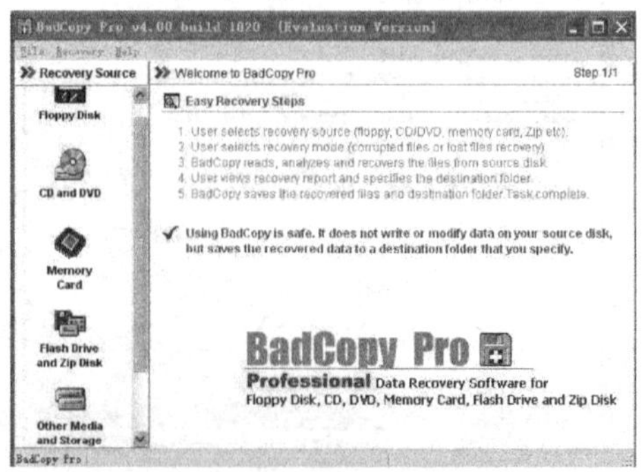

图 9—12　BadCopy Pro 主界面

从图 9—12 中可以看到，BadCopy Pro 可以恢复软盘、光盘、数码存储卡及其他连接在计算机上的存储介质中的数据文件。

操作步骤如下：

(1) 选择“Recovery Source”（恢复来源）中的光盘驱动器，其界面如图 9—13 所示。

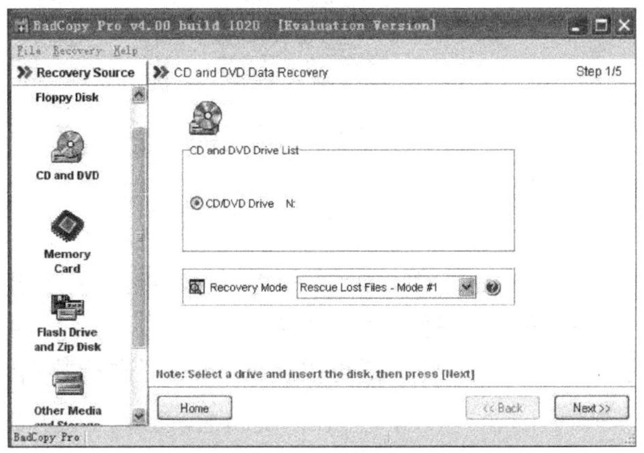

图 9—13 恢复来源

Mode1 和 Mode2 的区别在于使用不同的算法和光盘访问方式，最大限度地恢复光盘的数据，可以先尝试用 Mode1 进行，如果效果不理想，可以再尝试用 Mode2进行修复。

(2) 进入 Mode1 后先点击上面的“Scan Disc”（全盘扫描）按钮来扫描光盘中的数据，如图 9—14 所示。扫描得到信息，如图 9—15 所示。

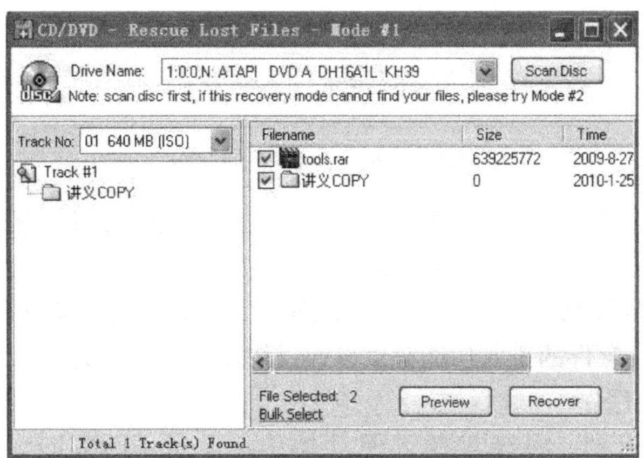

图 9—14 扫描光盘

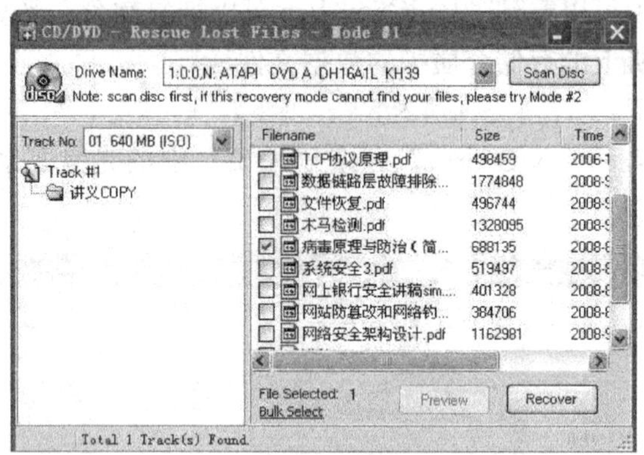

图 9—15　选择需要恢复的文件

(3) 选择需要恢复的文件，选择一个文件夹保存即可，点击下面的“Recover”（恢复）按钮，程序就开始进行恢复。

(4) 如果有些文件扫描不到，还可以在 Mode2 下进行数据恢复，其界面如图 9—16所示。

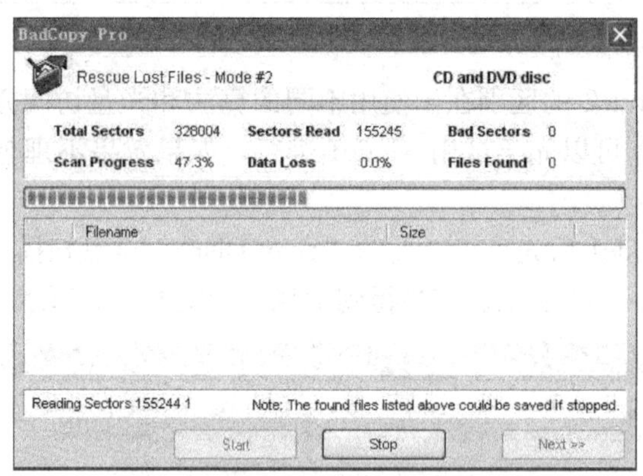

图 9—16　Mode2 下的扫描

在保存之前可以以多种方式进行预览，最后对文件进行保存。

(二) 用 CDRoller 软件恢复数据

CDRoller 的界面和 Windows 的标准界面一样，主窗口是文件列表，上面为菜单和工具栏。软件的主要功能都可以通过快捷工具栏来完成。

操作步骤如下：

(1) 光盘识别。将光盘插入驱动器中，运行 CDRoller，主窗口显示如图 9—17所示。

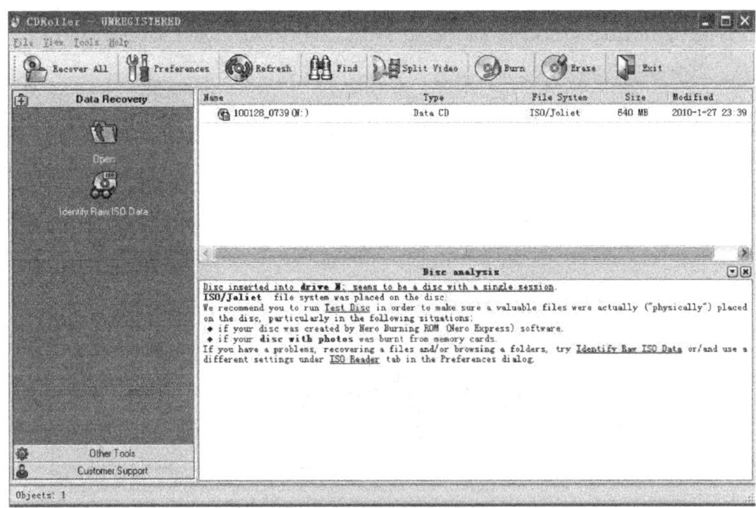

图 9—17　CDRoller 主窗口

选取待恢复的光盘，从“File”（文件）菜单中选择“Attribute”（属性）选项，其对话框如图 9—18 所示。

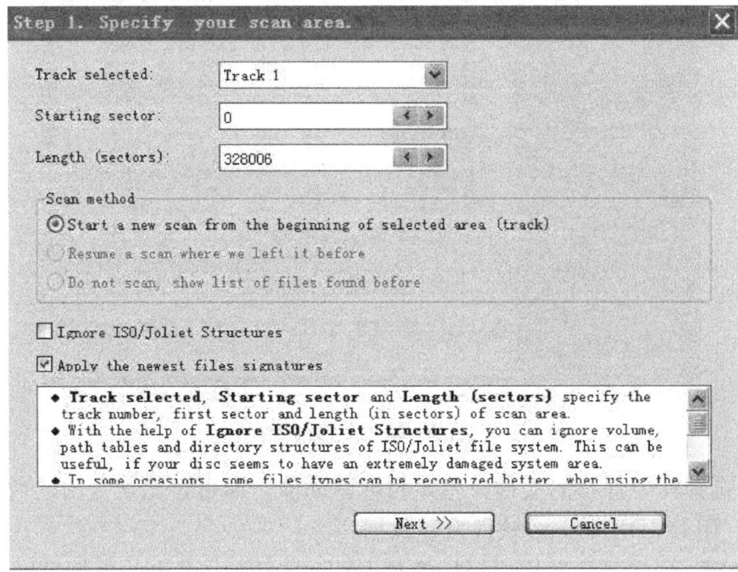

图 9—18　选择扫描光盘

（2）选择扫描光盘后，其扫描进度如图 9—19 所示。

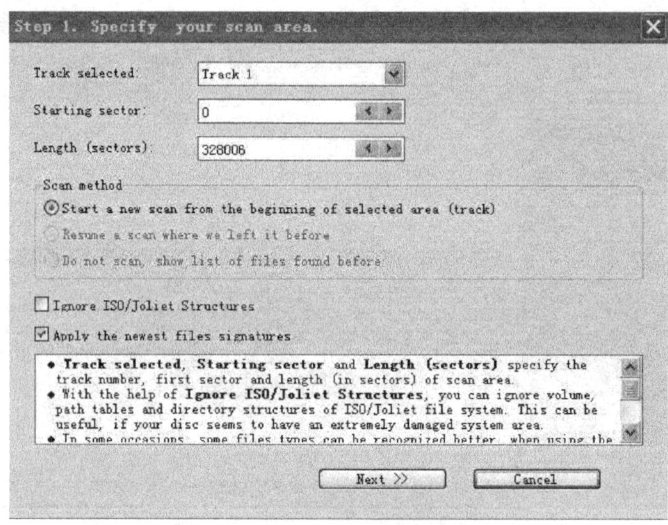

图 9—19 扫描进度

(3) 扫描完成后显示找到的文件列表，如图 9—20 所示。

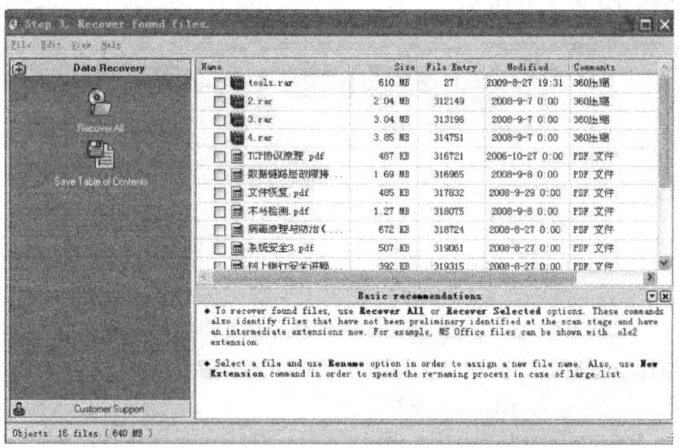

图 9—20 文件列表

(4) 选择需要保存的文件，指定目标驱动器，即可存储恢复出的数据。

(三) 用 DVDXRescue 软件恢复数据

DVDXRescue 可帮助用户轻松恢复 DVD 或 CD 中丢失的数据并将其刻录到新的 CD 中去。其主要特性有：

(1) 从不可读取、划伤、损坏或残缺的 CD、CD-R、CD-RW、DVD、

DVD-R、DVD±RW 中恢复出数据。

（2）检测已删除或损坏的文件。

（3）分析光盘的质量及可读性。

（4）修复影视 DVD、音乐 CD、数据光盘及图片光盘。

四、思考题

（1）BadCopy Pro、CDRollcr 和 DVDXRescue 软件各有哪些特点？

（2）BadCopy Pro 软件中的 Mode1 和 Mode2 有什么区别？

实验四　光盘的使用和维护

光盘的正确使用和维护是数据信息保护的重要环节，加强对光盘信息保存环境和利用过程中的保护，对光盘信息长期保存具有重要的意义。

一、实验目的

掌握光盘的正确使用和日常维护与管理。

二、实验内容

（一）光盘的正确使用和维护

（1）保护好光盘的内缘。光盘的数据存储方式与软盘不同，软盘最重要的是其外缘的磁道，光盘的数据却是从内往外沿螺旋形顺序记录的。光盘靠近外缘的划痕通常能使几幅图像无法正常显示，而在内缘的划痕会废掉整张光盘，因为内缘起始处记录着文件表上的数据。

（2）保护好光盘信息面。光盘在使用中激光束是从读取面入射的，读取面上的划伤、指印和灰尘会影响数据的读取。读取面的划伤通常可以通过误码纠正来补偿，但是，如果信息面有划伤，光盘上的数据可能不能被读取。

（3）不能用手指等直接夹持盘面存、取光盘。应该用手指夹持光盘的边缘或同时夹持外边缘和内圆圆周，放进光盘盒时要放平。

（4）光盘存放环境对光盘的寿命也有较大影响。存放环境温度不应过高、过低；存放处不应有腐蚀性气体、液体等。

（5）为防止光盘变形，存放时应尽量使盘片的中心轴线在水平方向。

（二）刻录光盘的使用和保存技巧

（1）避免在光盘上粘贴标签或写字。这样会改变光盘以及激光的转速。同时，随着时间的推移，墨水、胶水或标签中的化学物质会渗透光盘外层的保护漆，损害反射层和记录层。

（2）将光盘放置在远离阳光和高温的地方。紫外线和氧气会与染料起反应，破坏盘中的数据。

（三）光盘修复

（1）光盘表面污迹的清除。

当光盘表面有污迹时，可以用水浸湿的棉布或绒布来擦拭，擦拭光盘时须由光盘盘片中心沿半径方向向外进行，不能转圈擦拭，这样容易造成光盘的圆形划伤，影响光盘信息的读取，达不到清除的目的。

（2）光盘表面翘曲的修复。

光盘材料在存贮与使用过程中，会出现翘曲，发生变形。当变形不严重时，可将盘片放在两块清洁的玻璃板间叠压一段时间，使光盘恢复平整。如果光盘变形严重时，可将盘片放在两块清洁的玻璃板间，用夹子夹紧，一齐放入约500ml的干净温水中浸泡约20分钟，然后将两块玻璃板对拉开，用软布擦去盘片和玻璃板上的水分。再用两张白纸分别置于盘片表面，用玻璃板叠压和夹子夹紧盘片，经过半小时后，就可以取出恢复平整的光盘盘片，达到修复光盘表面翘曲的目的。

（3）光盘表面划伤的修复。

光盘表面出现划伤，有较深的划痕时，光盘的信息就难以检读出来，并频繁出现读盘错误提示，若强行读出则会造成系统死机，因此需要加以修复。

如果出现轻度划伤，先用清水将光盘洗净，表面的脏污可用少量中性洗涤剂及清水漂洗，再用镜头纸沿径向擦干水分，接着用纯度较高的凡士林均匀涂于划伤处，然后用镜头纸擦去多余的凡士林，这样一般的划伤就可以得到解决。

当光盘表面出现较深的划痕时可以使用抛光粉、平绒布及相应的材料进行处理，达到修复的目的。牙膏中含有抛光粉的碳酸钙粉末，也可用牙膏作为替代品进行处理。修复的具体方法是：

准备一支牙膏（或适量抛光粉）、一瓶缝纫机油（油中不能有任何杂质）、两块比光盘大得多的平绒布、一盆40～50℃的温水、少许餐具洗洁剂。

将其中一块平绒布浸入温水中，来回揉搓后拧干，平铺于一张表面平整的桌子上，将光盘上印有商标说明的一面朝下平放在平绒布上，被划伤的一面朝上。

挤少许牙膏（约54克，比平时刷牙用量多一点）在另一张平绒布上，然后在牙膏上按1∶2的比例倒缝纫机油，之后用力揉搓，使之与牙膏充分混合。待牙膏被油充分混合成稀泥状且有少量小气泡出现时，说明已混合均匀。

用混有牙膏和缝纫机油的平绒布轻轻擦拭划伤的光盘表面，注意擦拭是无方向的，绝不能沿着光盘的径向擦拭。擦拭时力度要适当、均匀，不能用力过猛，划痕较深的地方要来回多擦拭几次。

反复擦拭数次后，将光盘放入 40～50℃的温水中，然后在温水中放入少量的餐具洗洁剂，用干净的平绒布清洗光盘表面的油污。光盘清洗干净后，再用干的平绒布擦干，晾晒片刻。

待光盘完全晾干后，放入 CD-ROM 驱动器中测试，如仍有少数数据不能读出，可重复以上步骤。

三、思考题

（1）光盘的正确使用和维护有哪些注意事项？

（2）如何保存光盘？

第十章

U 盘、移动硬盘和数码存储设备数据恢复技术

本章要点

- U 盘数据恢复
- 数码存储设备数据恢复
- 移动硬盘数据恢复
- 移动硬盘的使用和维护
- U 盘的使用和维护

U 盘、移动硬盘是经常用作数据转移的存储设备，数码存储设备是日常生活和主要的办公设备。由于各种原因，这些存储载体也常常会因为误操作、误格式化和病毒等原因造成数据丢失。

实验一　U 盘数据恢复

U 盘一般分为三类，即分体式 U 盘、一体式 U 盘和带加密功能的 U 盘。U 盘常见故障有电路故障和软件故障。

U 盘常见的电路故障有：

（1）主控芯片损坏。主控芯片是控制 U 盘读写的重要芯片，一旦损坏，U 盘虽然有 USB 口插入提示，但是 U 盘无法被识别。此类故障需要更换同型号、同系列的主控芯片才能使 U 盘恢复正常。如果无法找到匹配的主控芯片，需要将存储芯片取下，利用专业设备将存储芯片中的数据读取出来。

（2）其他电路元件损坏。其他电路元件损坏也会导致 U 盘无法正常工作，比如插入计算机无反应，指示灯长闪灯故障，只要找出损坏的元件，接着更换匹配的电子元件就基本可以使 U 盘恢复正常。

U 盘常见的软件故障有：

（1）U 盘的软件故障基本与磁盘的软件故障类似，有误删除、误格式化、分区信息丢失等。

（2）U 盘加密故障。有些 U 盘自带了加密系统，用户在加密后，造成 U 盘损坏或者密码丢失，这时不仅要处理 U 盘本身的软硬件故障，同时还要对 U 盘进行解密操作。

U 盘的数据恢复原理及方法与磁盘的基本相同。U 盘的逻辑恢复可以用 R-Studio、FinalData、EasyRecovery 和 U 盘专用的数据恢复等软件进行数据恢复。

一、实验目的

认识 U 盘数据损坏或丢失的原因，掌握 U 盘的数据恢复方法。

二、实验设备

电脑 1 台、U 盘 1 个、数据恢复软件 WinHex 和 EasyRecovery。

三、实验步骤

（1）正常打开 U 盘。在桌面直接打开 U 盘，如图 10—1 所示。

从图 10—1 中可以看出，该 U 盘的文件系统已经损坏，要求格式化。如果要保护该 U 盘的数据，建议不要格式化 U 盘。

（2）用 WinHex 打开 U 盘。打开的 U 盘如图 10—2 所示。

从图 10—2 中可以看出，U 盘的 DBR 已经有部分被破坏了，所以该 U 盘在正常情况下不能被打开。接着再跳到第 6 号扇区，查看备份的 DBR 是否存在。如图 10—3 所示。

从图 10—3 中可以看出 6 号扇区的 DBR 是存在的，如果用它来替换原来已经损坏的 0 号扇区的 DBR，可能会恢复出该 U 盘的数据。

（3）用 WinHex 查看 U 盘的数据情况。U 盘的数据情况如图 10—4 所示。

从图中可以看出，该 U 盘的总容量为 3.6GB，但至少有超过 2GB 的数据。

（4）用 EasyRecovery 打开 U 盘。选择 EasyRecovery 中的 RawRecovery 打开 U 盘，如图 10—5 所示。

（5）打开“MASS”盘。扫描“MASS”盘如图 10—6 所示。

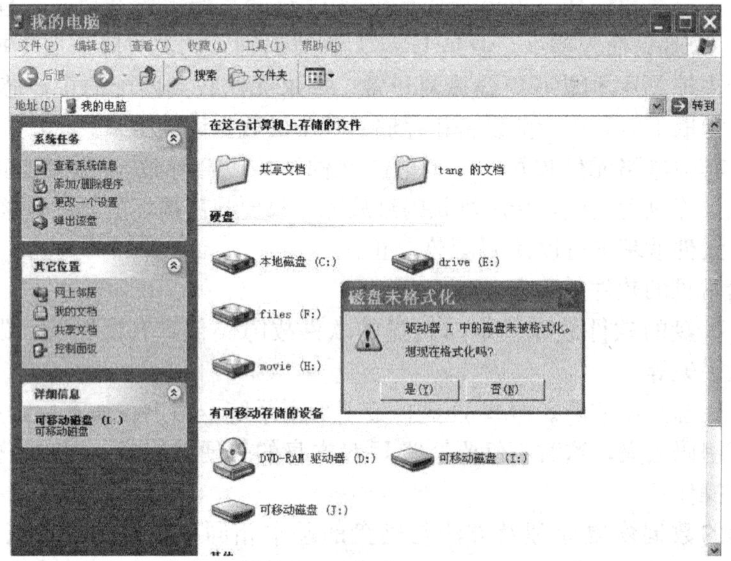

图 10—1 直接打开 U 盘

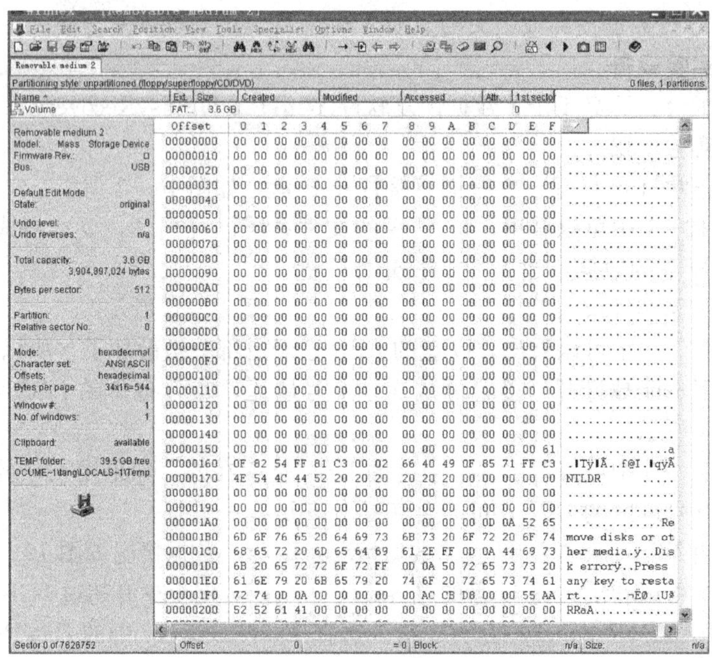

图 10—2 用 WinHex 打开 U 盘

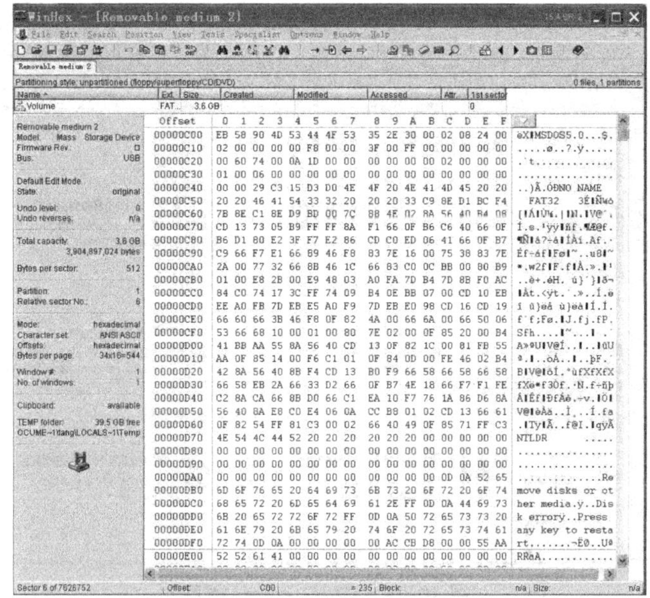

图 10—3　6 号扇区的 DBR

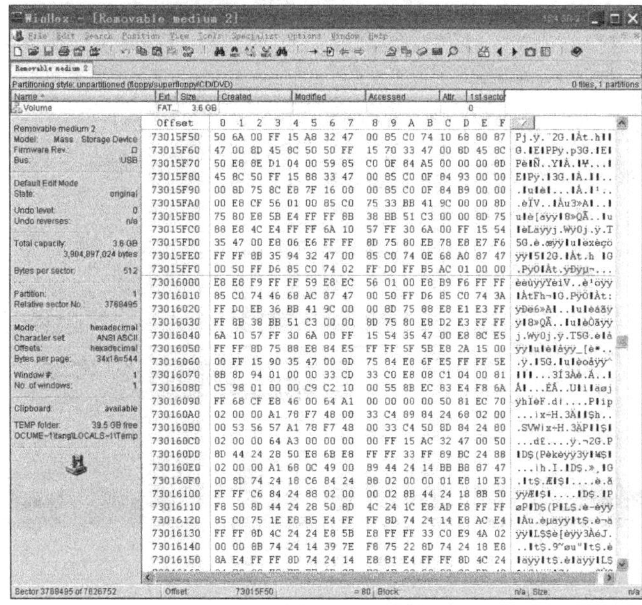

图 10—4　U 盘的数据情况

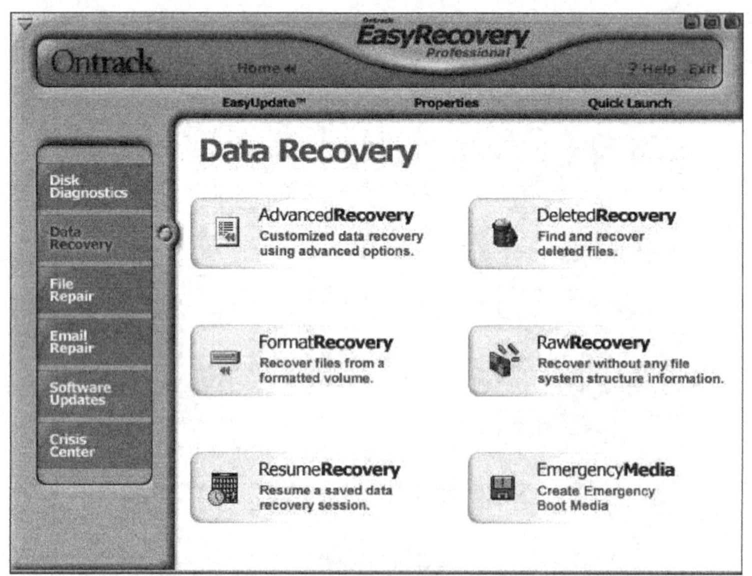

图 10—5　EasyRecovery 界面

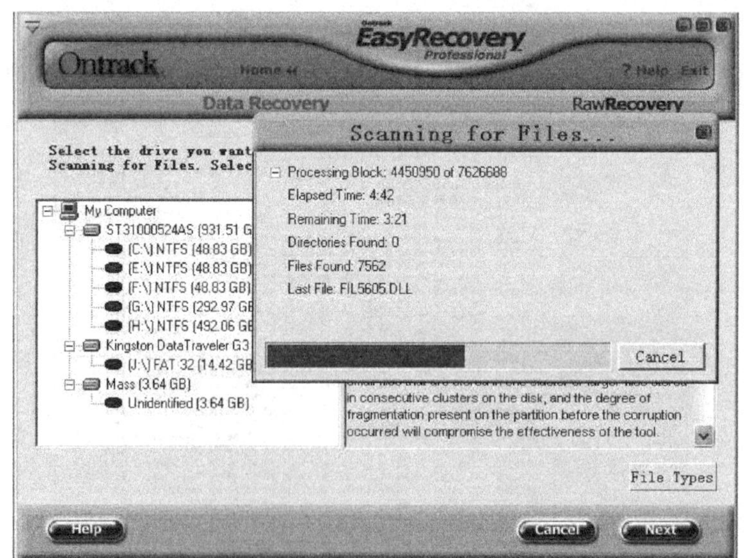

图 10—6　扫描“MASS”盘

（6）扫描结果。扫描结果如图 10—7 所示。

从图 10—7 中可以看出，其扫描结果是以文件类型的方式给出的，例如，查找 DIR26. DOC 中的 FIL5. DOC 文件，其结果显示在图 10—7 的下半部分。同样，可以找到 JPG 类型的文件，如图 10—8 所示。

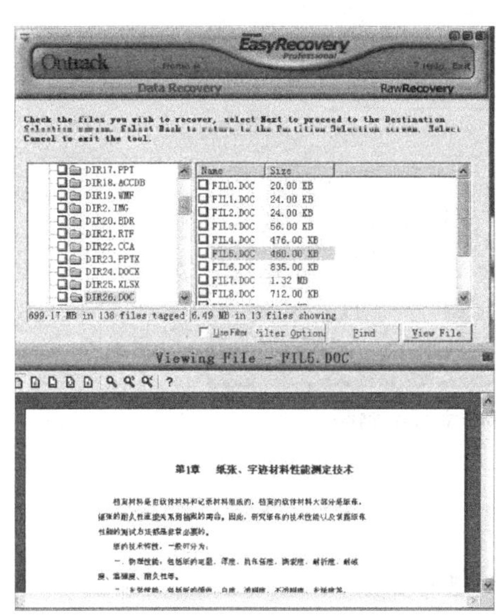

图 10—7　扫描结果

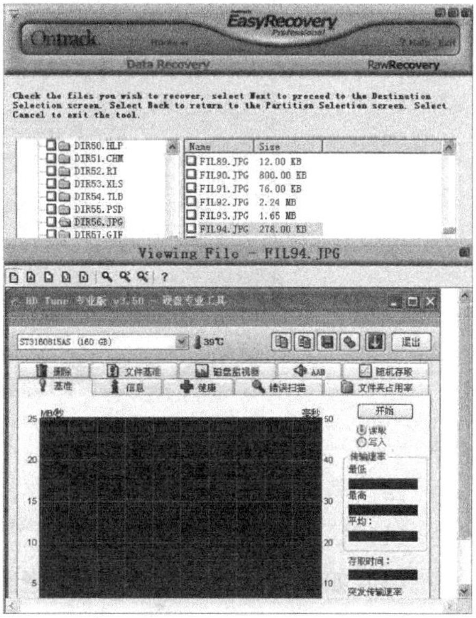

图 10—8　JPG 类型的文件

（7）恢复文件。选择要恢复的文件，如图 10—9 所示。

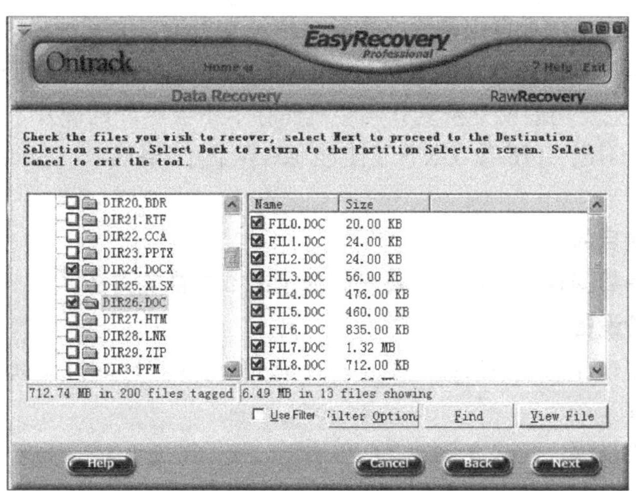

图 10—9　选择要恢复的文件

（8）保存文件。选择要保存文件的路径，如图 10—10 所示。

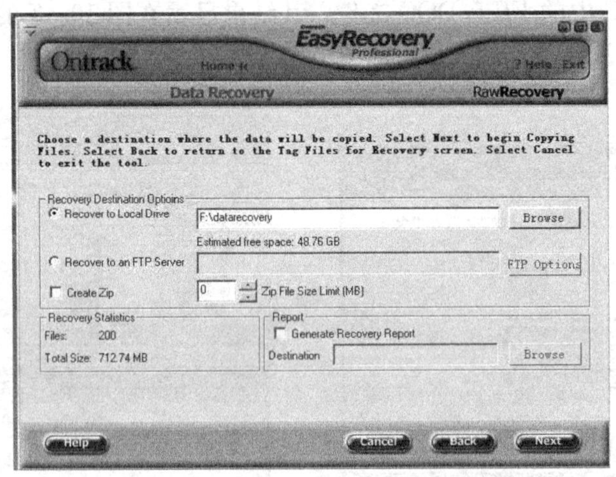

图 10—10 选择要保存文件的路径

四、思考题

(1) U 盘的数据恢复有何特点?

(2) 如何用 EasyRecovery 来恢复 U 盘数据?

实验二 数码存储设备数据恢复

数码存储设备的数据误删除之类的事情经常发生，为了解决这一问题，出现了专门为数码设备恢复开发的工具软件。如 Zero Assumption Digital Image Recovery，它的主要功能就是恢复数码相机储存卡中被删除的图片，支持的文件格式有 JPEG、GIF、TIFF、CRW（佳能 RAW 图像格式）、QuickTime 电影格式等。

一、实验目的

熟悉各种数据存储卡，掌握各种存储卡的数据恢复方法。

二、实验设备

电脑 1 台、存储卡转接器 1 个、Zero Assumption Digital Image Recovery 数码恢复软件等。

三、实验步骤

(1) 将需要恢复数据的存储卡连接到计算机上。

(2) 运行 Zero Assumption Digital Image Recovery 软件，打开其程序窗口，如图 10—11 所示。

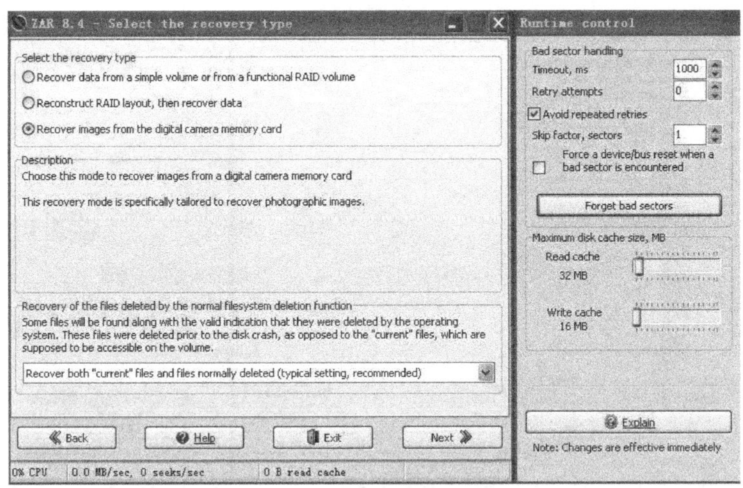

图 10—11　Zero Assumption Digital Image Recovery 界面

（3）在“Select the Recovery Type”（选择恢复类型）列表中选择需要分析的设备（要恢复图片的存储卡）。然后单击“Next”（下一步）按钮进行设置，扫描要恢复的存储卡，如图 10—12 所示。

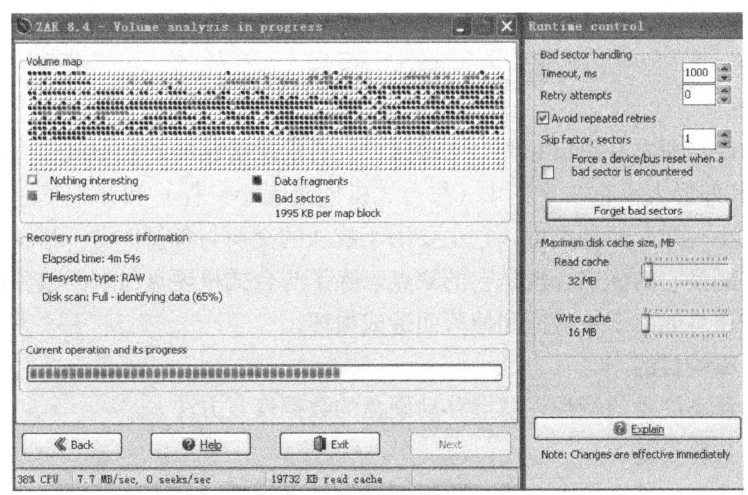

图 10—12　扫描存储卡

（4）扫描完成后，可以预览要恢复的图片，如果要保存需要恢复的图片，在选择的图片上打“√”，单击“Next”（下一步）按钮，选择所要保存的路径，就可以将图片保存在选定的地方，如图 10—13 所示。

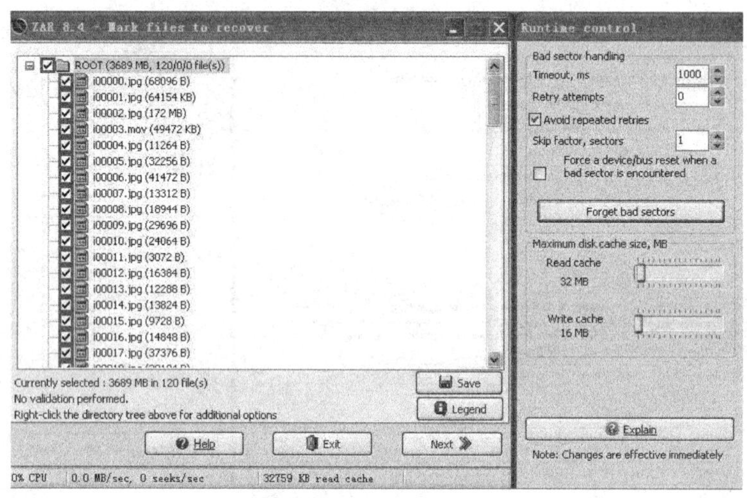

图 10—13 保存结果

四、思考题

(1) 存储卡的数据恢复有什么特点?

(2) 存储卡的数据恢复与磁盘数据恢复有什么区别?

实验三 移动硬盘数据恢复

移动硬盘通常有串口和并口两种接口（有的品牌移动硬盘把接口直接做在硬盘上），其外形大小有 3.5 英寸（与台式机硬盘大小一样）和 2.5 英寸（与笔记本硬盘大小一样）两种类型，它主要用于数据的交换与备份。由于移动硬盘便于携带，这既是它的优点，也是它的缺点，除了与台式机硬盘出现的故障原因一样之外，它还可能由于被碰撞和掉落而造成损坏。

一、实验目的

了解移动硬盘的特性，掌握移动硬盘的数据恢复方法。

二、实验设备

电脑 1 台、移动硬盘 1 块、数据恢复软件 WinHex 和 FinalData。

三、实验步骤

(1) 查看移动硬盘情况。由于在桌面正常情况下，不能打开该盘，所以右键点击“我的电脑”，在“计算机管理”菜单中，点出“硬盘管理”，打开的移动硬盘如图 10—14 所示。

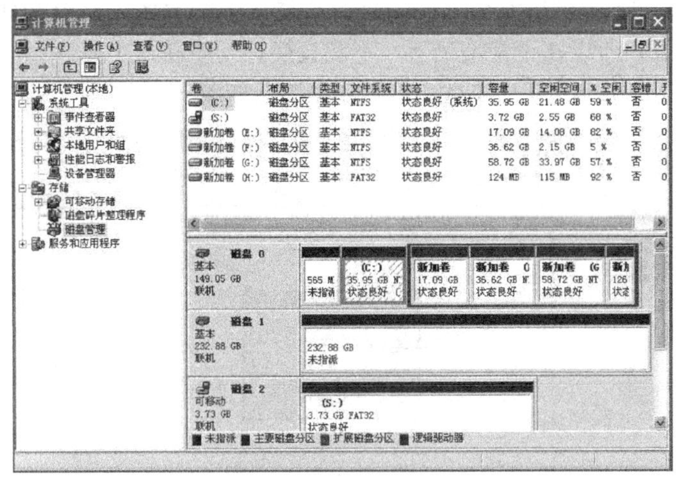

图 10—14　在“硬盘管理”中打开移动硬盘

从图 10—14 中可以看出，该硬盘挂接在机器上的顺序为“磁盘 1”，容量大小为 232.88GB，显示的状况为“未指派”。因此，该盘可能是操作系统文件出现问题或分区表被破坏，需要进一步检查。

(2) 用 WinHex 查看硬盘情况。用 WinHex 打开硬盘，如图 10—15 所示。

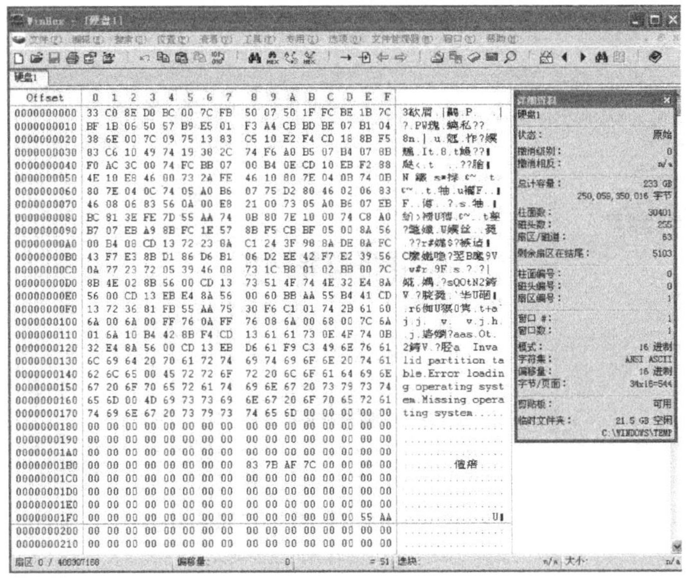

图 10—15　用 WinHex 打开硬盘

从图 10—15 中可以看出，该硬盘的 0 扇区中的分区表已经全部为 0，说明分区被破坏了，所以在正常情况下，不能直接打开该硬盘了。

（3）用 FinalData 打开硬盘。打开硬盘情况如图 10—16 所示。

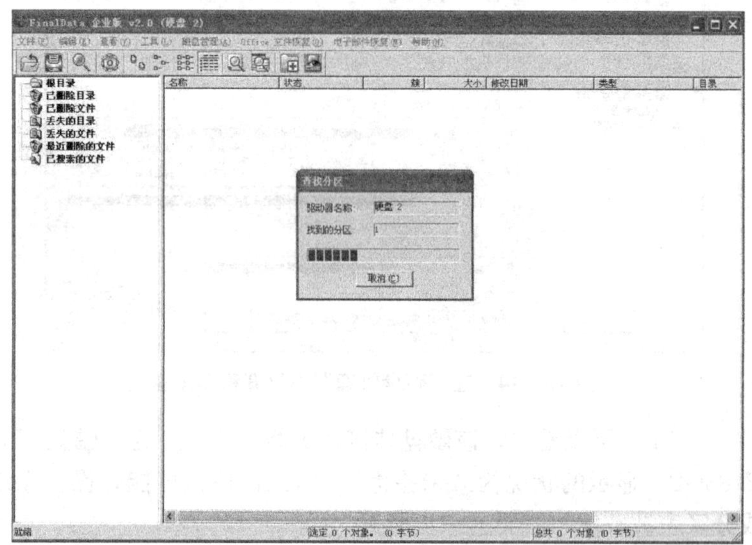

图 10—16　FinalData 扫描硬盘情况

（4）移动硬盘分区扫描。分区扫描结果如图 10—17 所示。

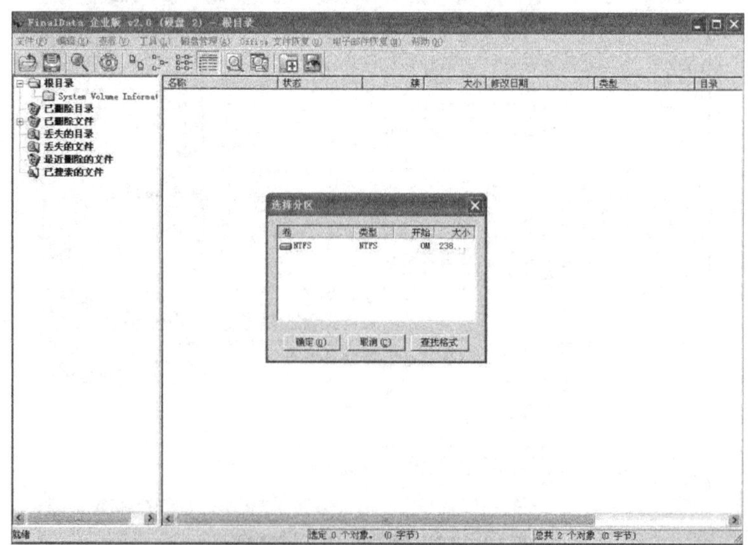

图 10—17　分区扫描结果

从图 10—17 中可以看出，该硬盘只有一个分区，且分区的文件类型为NTFS。

（5）扫描分区数据。扫描分区数据如图 10—18 所示。

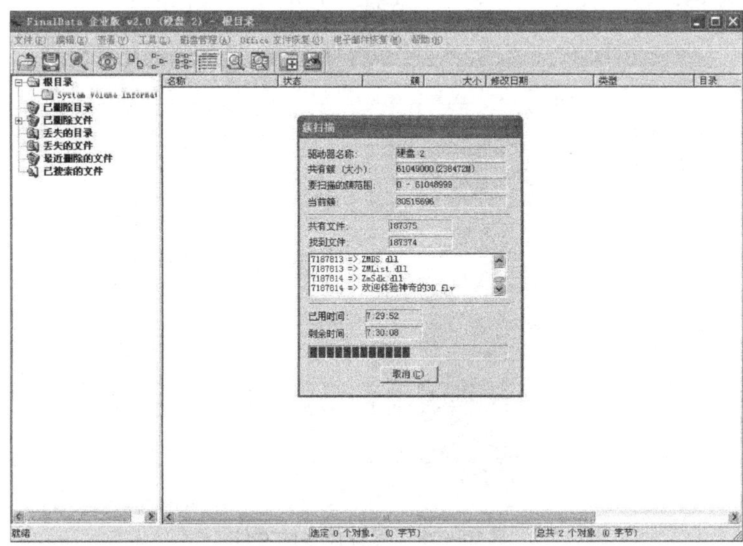

图 10—18　扫描分区数据

（6）扫描结果。扫描结果如图 10—19 所示。

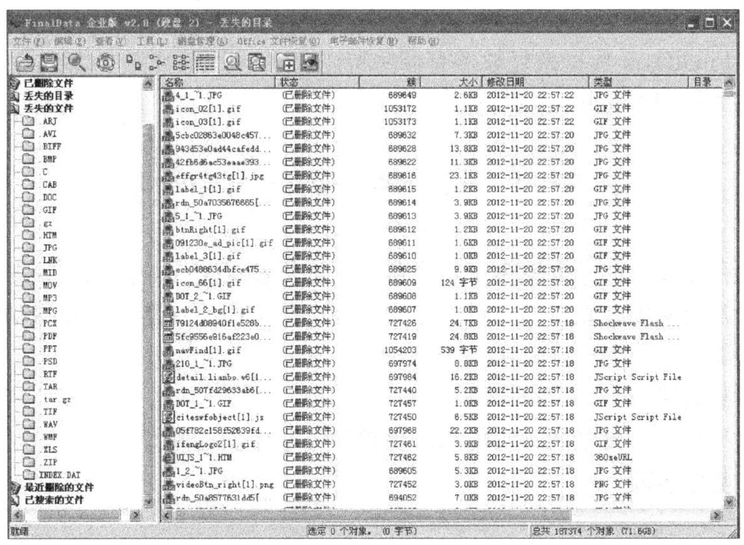

图 10—19　扫描结果

从图 10—19 中的扫描结果可以看出，共扫描出了 187 374 个删除对象，容量为 71.6GB。如果要恢复某个类型的文件，可以选择其扩展名的某一类型，如 *.JPG或 *.DOC 文件等。

(7) 数据恢复。选择需要恢复的文件，如图 10—20 所示。

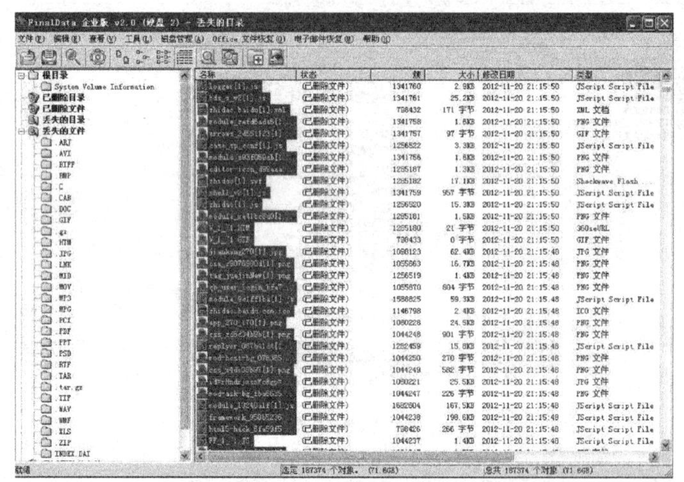

图 10—20 保存恢复的文件

在图 10—20 的“文件”菜单中选择“恢复”，再选择所要“保存”的位置，这时就可将恢复的文件保存到所选择的位置中。

四、思考题

(1) FinalData 数据恢复软件有哪些特点？

(2) 如何用 FinalData 进行数据恢复？

实验四 移动硬盘的使用和维护

移动存储设备由于方便携带，经常用于进行数据交换，但是在数据的移动过程中，经常会遇到在硬盘的拷贝过程中，硬盘被碰撞而掉落，导致移动硬盘中的数据丢失等状况的发生。

一、实验目的

了解移动存储设备的日常使用、保护和安全保护措施等。

二、实验步骤

(一) 安全插拔技巧

移动硬盘的 USB 接口相对比较“脆弱”，稍微插拔不当的话，就可能被烧毁或者出现“假死”现象。为了有效避免这些现象的发生，需要掌握一些安全插拔的技巧。

（1）在可能的情况下，将USB接口的移动硬盘尽量与硬件配置较高的计算机相连，因为配置较高的计算机内通常都安装了较高质量的机箱、电源，这种优质电源往往都有接地或防静电设计，所以移动硬盘插入到这些计算机中时，一般不容易出现接口被不小心烧毁。而如果将移动硬盘随意插入到配置较低的计算机中时，因配置较低的计算机使用的机箱、电源质量不好，那么移动硬盘的接口会很容易受到静电袭击或其他意外因素的冲击，从而出现USB接口被不小心击毁的现象。

（2）在计算机机箱前后面板中都留有USB接口的情况下，应该尽量将移动硬盘插入到机箱背面面板上的USB端口中，背面板上的USB端口通常直接集成在计算机主板上，一般都有安全接地设计，人体静电不太容易威胁到接口安全。

（3）在向计算机中插入移动硬盘之前，尽可能不要用手直接接触到移动硬盘接口处的金属，因为人身上的静电会在不经意间把移动硬盘的金属接口当作静电感应电流的传输通道，从而对计算机主板形成电击；为防止意外发生，在拔插移动硬盘之前，先应该用手触摸金属门框或各种金属管道，以便将人身上的静电提前释放掉。

（4）每次对移动硬盘执行插入和拔出操作时，一定要确保这两项操作之间留有5分钟的时间间隔，频繁插拔操作产生的尖峰电流或电压很容易毁坏移动硬盘的接口。

（5）当将移动硬盘插入到计算机后，不要立刻对移动硬盘进行访问，因为计算机需要一个短暂的时间来识别移动硬盘，倘若系统还处在识别过程当中，就尝试双击移动硬盘的盘符，系统就可能弹出无法识别的错误提示或警告，甚至能直接导致系统死机。

（二）移动硬盘的使用

为了保证系统高效识别移动硬盘，一定要在插入移动硬盘之前将正在运行的应用程序关闭，不要在系统启动的过程中将移动硬盘插入计算机。

在取下移动硬盘的时候，正确的操作是左键单击任务栏右下方的移动设备图标，弹出一个提示窗口，单击“安全删除……”之后，系统就会自动停止移动设备并提示可以安全地移除移动硬盘。在安全删除之前要停止对移动硬盘的读取，并记得关闭在移动硬盘上运行的程序和浏览窗口。

移动硬盘怕摔，必须轻拿轻放。移动硬盘怕磁场和辐射，所以必须让它们远离手机、音箱等强磁场、强辐射的物品。使用移动硬盘时不能随意移动。移动硬盘和主机连接线一般至少几十厘米，高速运行的移动硬盘必须在一个稳定的平台上。

（三）移动硬盘使用技巧

（1）合理进行分区。由于移动硬盘不是一个标准的USB设备，Windows XP操作系统下，每次插入移动硬盘，系统便会自动进行新硬件的检索，所以分区最好不要超过2个，否则在启动移动硬盘时将会增加系统检索等待的时间。

（2）避免出现供电不足故障。由于大多数移动硬盘是靠USB接口直接供电的，有些情况下会出现由于供电不足而无法读取文件的情况。为此，使用前一定要先检查一下供电问题，尽量不要使用USB延长线，也不要使用前置USB接口。对于有外接电源的移动硬盘，在使用时一定要将外接电源接好后再使用。

（3）解决USB延长线故障。如果计算机配置的USB接口是1.1标准的，而购买的移动硬盘是USB 2.0标准的接口，这就要求连接计算机和移动硬盘的连接线必须支持USB2.0标准。因为高速移动设备插入低速集线器，该设备可能不会被正常安装，而有些用户在使用移动硬盘的同时还使用U盘，为了方便就直接使用U盘附送的USB 1.1标准连接线，这样就导致USB 2.0标准的移动硬盘无法正确识别。只要将连接线更换为USB 2.0标准的即可解决故障。

（4）文件传输技巧。在进行文件的移动、复制过程中，单个文件移动复制的速度要明显大于多个小文件移动复制的速度，移动硬盘也是一样。如果从移动硬盘中将数据复制到计算机中，大的数据要比小的零散数据传输得快。因此在复制小文件前，可以进行一下打包处理，这样就能够更快地完成数据的传输工作。

（5）不要长时间将移动硬盘接在计算机上。移动硬盘是用来临时存储交换数据的，不适合长时间插在计算机上。因此在数据复制完成后，应及时将移动硬盘取下。长期使用会产生较多的热量，缩短其使用寿命。

（6）不要频繁进行格式化。对于本地磁盘，如果经常进行格式化操作，磁盘的寿命会大大缩减，移动硬盘也是如此。

（7）无须进行碎片整理。移动硬盘与本地磁盘不同，碎片整理后不能提高其读取速度。因此无须对移动硬盘进行碎片整理。

三、思考题

（1）移动存储设备的日常保护应该注意什么？

（2）如何正确使用移动存储设备？

实验五　U 盘的使用和维护

U 盘都采用 USB 接口，如果使用者拔插不当，会使 U 盘损坏，造成损失。因此，对 U 盘同样需要注意一些安装、使用和保管方面的事项。

一、实验目的

了解 U 盘的结构、日常保护和使用方法等。

二、实验内容

（一）合理插拔

（1）插入 U 盘时要注意方向，遇到无法插入时，千万不要用力，换个方向就可以解决。

（2）在拔下后也不能马上又将 U 盘插入，须等待 5 秒以上再插。

（3）指示灯亮时不能拔下 U 盘（待指示灯灭后 5 秒，才能拔下 U 盘），因为 U 盘工作中，强行拔出会造成损坏，还会带来很多错误。对于没有指示灯的 U 盘，在读写操作完成后等待一会儿再拔出。

（二）清洁与保存

（1）当 U 盘表面出现污渍时，不要用液体的清洁剂洗涤，可用橡皮擦轻轻去除。

（2）注意防潮，长时间不用时，要存放于干燥处，并盖好盖子，以防 USB 接口氧化锈蚀。

三、思考题

（1）U 盘在日常使用中有哪些注意事项？

（2）如何保存 U 盘？

参考文献

[1] 卢英，武筠，郭莉珠．档案保护实验技术．北京：中国人民大学出版社，1994.

[2] 郭莉珠．档案保护技术学教程．北京：中国人民大学出版社，2008.

[3] 夏立峰，马忻．纸和纸板物理特性及其试验方法．北京：轻工业出版社，1990.

[4] 陈佩蓉，屈维均，何福望．制浆造纸实验．北京：轻工业出版社，1990.

[5] 轻工业标准编辑出版委员会．造纸工业测试方法标准汇编，1990.

[6] 荆其诚，焦书兰，喻柏林，胡维生．色度学．北京：科学出版社，1979.

[7] 北京造纸研究所．造纸工业化学分析．北京：轻工业出版社，1975.

[8] 周德庆．微生物学实验手册．上海：上海科学技术出版社，1986.

[9] 范秀容，沈萍．微生物学实验．北京：高等教育出版社，1980.

[10] 李景仁，冯惠芬．图书档案保护技术手册．北京：档案出版社，1992.

[11] 郭郛，忻介六．昆虫学实验技术．北京：科学出版社，1988.

[12] 侯传学．中国档案裱糊．北京：档案出版社，1992.

[13] 中国档案学会保护技术委员会．“纸灰档案”修复方法的研究与应用//档案保护技术研讨会论文选编，北京：档案出版社，1988.

[14] 故宫博物院修复厂裱画组．书画的装裱与修复．北京：文物出版社，1980.

[15] 上海市饮食服务公司．摄影技术．北京：中国财政经济出版社，1980.

[16] 武筠．纸浆补洞器的研制及补洞工艺．档案学通讯，1990（6）.

[17] 曾海生．用缩微拍摄方法抢救字迹扩散、褪色档案．档案学研究，1989（2）.

[18] 谭海涛，等．地面气象观测．北京：气象出版社，1986.

[19] 刘伟．数据恢复技术深度揭秘．北京：电子工业出版社，2010.

[20] 旋动数据．存储的奥秘：数据存储、备份与恢复完全解析．北京：中国铁道出版社,2010.

[21] 马林．数据重现：文件系统原理精解与数据恢复最佳实践．北京：清华大学出版社，2009.

[22] 张京生，汪中夏，刘伟．数据恢复方法及案例分析．北京：电子工业出版社，2008.

[23] 戴士剑，涂彦辉．数据恢复技术．2 版．北京：电子工业出版社，2005.

附表

附表 1 **饱和盐溶液的相对温度**

名称	实验式	RH(%)	名称	实验式	RH(%)
五水硫酸钙	$CaSO_4 \cdot 5H_2O$	98	硝酸钠	$NaNO_3$	76
硫酸钾	K_2SO_4	98	六水氯化钴	$CoCl_2 \cdot 6H_2O$	67
七水硫酸钠	$Na_2SO_4 \cdot 7H_2O$	95	亚硝酸钠	$NaNO_2$	66
十二水磷酸氢钠	$Na_2HPO_4 \cdot 12H_2O$	95	硝酸铵	NH_4NO_3	64
硝酸钾	KNO_3	94	二水溴化钠	$NaBr \cdot 2H_2O$	58
十水硫酸钠	$Na_2SO_4 \cdot 10H_2O$	93	六水硝酸镁	$Mg(NO_3)_2 \cdot 6H_2O$	53
磷酸氢钾	K_2HPO_4	92	六水硝酸钙	$Ca(NO_3)_2 \cdot 6H_2O$	53
二水酒石酸钠	$Na_2C_2H_4O_6 \cdot 2H_2O$	92	二水铬酸钠	$Na_2CrO_7 \cdot 2H_2O$	52
二水氯化钡	$BaCl_2 \cdot 2H_2O$	88	一水硫酸氢钠	$NaHSO_4 \cdot H_2O$	52
铬酸钾	K_2CrO_4	88	亚硝酸钾	KNO_2	45
十水碳酸钠	$Na_2CO_3 \cdot 10H_2O$	88	二水碳酸钾	$K_2CO_3 \cdot 2H_2O$	43
氯化钾	KCl	87	六水硝酸锌	$Zn(NO_3)_2 \cdot 6H_2O$	42
硫酸氢钾	$KHSO_4$	86	六水氯化镁	$MgCl_2 \cdot 6H_2O$	33
溴化钾	KBr	84	六水氯化钙	$CaCl_2 \cdot 6H_2O$	32
硫酸钠	Na_2SO_4	82	醋酸钾	$KC_2H_3O_2$	20
氯化氨	NH_4Cl	79	氯化锌	$ZnCl_2$	17

续前表

名称	实验式	RH（%）	名称	实验式	RH(%)
二水草酸	$H_2C_2O_4 \cdot 2H_2O$	76	一水氯化锂	$LiCl \cdot H_2O$	15
氯化钠	NaCl	76	三分之一水磷酸	$H_3PO_4 \cdot \frac{1}{3}H_2O$	9

附表 2　　无水氯化钙恒湿度

$CaCl_2$ (g/100ml)	RH（%）					$CaCl_2$ (g/100ml)	RH（%）				
	0℃	10℃	20℃	25℃	30℃		0℃	10℃	20℃	25℃	30℃
15	92.8	91.0	89.7	89.5	90.0	40	66.7	67.4	66.3	65.9	66.1
20	87.7	87.2	87.5	86.0	85.6	50	56.7	55.6	54.6	55.3	58.1
30	76.8	77.8	77.4	76.2	76.3	60	43.8	44.8	43.9	45.2	46.7

附表 3　　常用酸在 20℃ 时的浓度和比重

重量百分数	比重				
	HCl	H_2SO_4	HNO_3	CH_3COOH	H_3PO_4
1	1.003 2	1.005 1	1.003 6	0.999 6	1.003 8
2	1.008 2	1.011 8	1.009 1	1.001 2	1.009 2
3		1.018 4	1.014 6	1.002 5	
4	1.018 1	1.025 0	1.020 1	1.004 0	1.020 0
5		1.031 7	1.025 6	1.005 5	
6	1.027 9	1.038 5	1.031 2	1.006 9	1.030 9
7		1.045 3	1.036 9	1.008 3	
8	1.037 6	1.052 2	1.042 7	1.009 7	1.042 0
9		1.059 1	1.048 5	1.011 1	
10	1.047 4	1.066 1	1.054 3	1.012 5	1.053 2
11		1.073 1	1.060 2	1.013 9	
12	1.057 4	1.080 2	1.066 1	1.015 4	1.064 7
13		1.087 4	1.072 1	1.016 8	
14	1.067 5	1.094 7	1.078 1	1.018 2	1.076 4
15		1.102 0	1.084 2	1.019 5	
16	1.077 6	1.109 4	1.090 3	1.020 9	1.088 4
17		1.116 8	1.096 4	1.022 3	
18	1.087 8	1.123 4	1.102 6	1.023 6	1.100 8
19		1.131 8	1.108 8	1.025 0	
20	1.098 0	1.139 4	1.115 0	1.026 3	1.113 4
21		1.147 1	1.121 3	1.027 6	
22	1.108 3	1.154 8	1.127 6	1.028 8	1.126 3
23		1.162 6	1.134 0	1.030 1	
24	1.118 7	1.170 4	1.140 4	1.031 3	1.139 5
25		1.178 3	1.469 0	1.032 6	

续前表

重量百分数	比重				
	HCl	H_2SO_4	HNO_3	CH_3COOH	H_3PO_4
26	1.129 0	1.186 2	1.153 4	1.033 8	1.152 9
27		1.194 2	1.160 0	1.034 9	
28	1.139 2	1.202 3	1.168 6	1.036 1	1.166 5
29		1.210 4	1.173 3	1.037 2	
30	1.149 3	1.218 5	1.180 0	1.038 4	1.180 5
31		1.223 7	1.186 7	1.039 5	
32	1.159 3	1.234 9	1.193 4	1.040 6	
33		1.243 2	1.200 2	1.041 7	
34	1.169 1	1.251 5	1.207 1	1.042 8	
35		1.250 9	1.214 0	1.043 8	1.215 0
36	1.178 9	1.268 4	1.220 5	1.044 9	
37		1.276 9	1.227 0	1.045 9	
38	1.188 5	1.285 5	1.233 5	1.046 9	
39		1.294 1	1.239 9	1.047 9	
40	1.198 0	1.302 8	1.246 3	1.047 7	1.254 0
41		1.311 6	1.252 7	1.049 8	
42		1.320 5	1.259 1	1.050 7	
43		1.329 4	1.265 5	1.051 6	
44		1.338 4	1.271 9	1.052 5	
45		1.347 6	1.278 3	1.053 4	1.293 0
46		1.356 9	1.284 7	1.054 2	
47		1.366 3	1.291 1	1.055 1	
48		1.375 8	1.297 5	1.059 9	
49		1.385 4	1.304 0	1.056 7	
50		1.395 1	1.310 0	1.057 5	1.335 0
51		1.404 9	1.316 0	1.058 2	
52		1.414 8	1.321 9	1.059 0	
53		1.424 8	1.327 8	1.059 7	
54		1.435 0	1.338 6	1.060 4	
55		1.445 3	1.339 3	1.061 1	1.379 0
56		1.455 7	1.344 9	1.061 8	
57		1.466 2	1.350 5	1.062 4	
58		1.476 8	1.356 0	1.063 1	
59		1.487 5	1.361 4	1.063 7	
60		1.498 3	1.366 7	1.064 2	1.426 0
61		1.509 1	1.371 9	1.064 8	
62		1.520 0	1.376 9	1.065 3	
63		1.531 0	1.381 8	1.065 8	
64		1.542 1	1.386 6	1.066 2	
65		1.553 3	1.391 3	1.066 6	1.475 0

续前表

重量百分数	比重				
	HCl	H_2SO_4	HNO_3	CH_3COOH	H_3PO_4
66		1.564 6	1.395 9	1.067 1	
67		1.576 0	1.400 4	1.067 5	
68		1.587 4	1.404 8	1.067 8	
69		1.598 9	1.409 1	1.068 2	
70		1.610 5	1.413 4	1.068 5	1.526 0
71		1.622 1	1.417 6	1.068 7	
72		1.633 8	1.421 8	1.069 0	
73		1.645 6	1.425 8	1.069 4	
74		1.657 4	1.429 8	1.069 4	
75		1.669 2	1.433 7	1.069 6	1.579 0
76		1.681 0	1.437 5	1.069 8	
77		1.692 7	1.441 3	1.069 9	
78		1.704 3	1.445 0	1.070 0	
79		1.715 8	1.448 6	1.070 0	
80		1.727 2	1.452 1	1.070 0	1.633 0
81		1.738 3	1.455 5	1.069 9	
82		1.749 1	1.458 9	1.069 8	
83		1.759 4	1.462 2	1.069 6	
84		1.769 3	1.465 5	1.069 3	

附表 4

库内相对湿度查对表

干湿差(℃) 干球温度(℃)	0.0	0.5	1.0	1.5	2.0	2.5	3.0	3.5	4.0	4.5	5.0	5.5	6.0	6.5	7.0	7.5	8.0	8.5	9.0	9.5	10.0	10.5	11.0	11.5	12.0	12.5	13.0	13.5	14.0	14.5	15.0	15.5	16.0	16.5	17.0	17.5	18.0	18.5	19.0
1	100	89	78																																				
2	100	89	79	69	58																																		
3	100	90	80	70	60	50																																	
4	100	91	81	71	62	53	44	35																															
5	100	91	82	73	64	55	46	37	29	21																													
6	100	92	83	71	65	57	49	41	33	25	17																												
7	100	92	83	75	67	59	51	43	35	27	20	13																											
8	100	92	84	76	68	61	53	45	46	31	24	17	10																										
9	100	92	81	77	70	63	56	48	41	34	27	20	11																										
10	100	93	85	78	71	61	57	50	44	37	30	23	17	11																									
11	100	93	86	79	72	66	59	52	46	39	33	27	21	15	9																								
12	100	93	87	80	73	66	60	54	48	42	36	30	21	18	12																								
13	100	94	87	80	74	68	62	56	50	44	38	33	27	21	15	10																							
14	100	94	87	81	75	69	64	58	52	46	40	35	29	21	19	11																							
15	100	94	88	82	76	71	65	59	54	48	42	37	32	27	22	17	12																						
16	100	94	88	83	77	71	65	60	55	50	45	40	35	30	25	20	15	10																					
17	100	94	88	83	78	72	67	62	57	52	47	42	37	32	27	23	18	13																					
18	100	95	89	83	78	73	68	63	58	53	48	44	39	31	30	25	20	10	12																				
19	100	95	89	84	79	74	69	64	59	55	50	45	41	37	32	27	23	19	15	10																			
20	100	95	90	85	80	75	70	65	61	56	51	47	42	38	31	30	26	22	18	14																			
21	100	95	90	85	80	76	71	66	62	57	53	49	44	40	36	32	28	24	20	15	13																		
22	100	95	90	85	81	76	72	67	63	58	54	50	46	42	38	34	30	27	23	19	15	12																	
23	100	95	90	86	81	77	72	68	64	60	55	52	48	44	40	36	32	28	25	21	18	15	11																
24	100	95	91	86	82	77	73	69	65	61	57	53	49	45	41	38	34	30	27	23	20	17	14																

续前表

干球温度(℃) \ 干湿差(℃)	0.0	0.5	1.0	1.5	2.0	2.5	3.0	3.5	4.0	4.5	5.0	5.5	6.0	6.5	7.0	7.5	8.0	8.5	9.0	9.5	10.0	10.5	11.0	11.5	12.0	12.5	13.0	13.5	14.0	14.5	15.0	15.5	16.0	16.5	17.0	17.5	18.0	18.5	19.0
25	100	96	91	86	82	78	74	70	66	62	58	54	50	47	43	39	36	32	29	25	22	19	16	13															
26	100	96	91	87	83	79	75	71	67	63	59	55	52	48	45	41	39	34	31	27	24	21	18	15	12														
27	100	96	92	87	83	79	75	71	68	64	60	56	53	49	46	42	39	36	32	29	25	23	20	17	14														
28	100	96	92	88	84	80	76	72	68	65	61	57	54	51	47	44	40	37	34	31	28	25	22	19	16	13													
29	100	96	92	88	84	80	76	73	69	66	62	58	55	52	48	45	42	39	36	33	30	27	24	21	18	16	13												
30	100	96	92	88	84	80	77	73	70	66	63	60	56	54	50	46	43	40	37	34	31	29	25	23	20	17	15	13											
31	100	96	92	88	85	81	77	74	70	67	64	60	57	54	51	48	45	42	39	36	33	31	28	25	22	20	17	14	12										
32	100	96	92	89	85	81	78	74	71	68	64	61	58	55	52	49	46	43	40	37	35	32	29	27	24	21	19	16	14										
33	100	96	92	89	85	82	78	75	72	68	65	62	59	56	53	50	47	44	41	39	36	34	31	28	26	23	20	18	16	14									
34	100	96	93	89	86	82	79	75	72	69	56	63	60	57	54	51	48	45	43	40	39	35	32	30	27	25	22	20	17	15	13	11							
35	100	96	93	89	86	83	79	76	72	70	67	64	61	58	55	52	49	46	44	41	39	36	33	31	29	26	24	21	19	17	15	13	11						
36	100	96	93	89	86	83	79	76	73	70	67	64	61	58	55	53	50	47	45	42	40	37	35	32	30	28	25	23	21	19	17	15	13						
37	100	96	93	90	86	83	80	77	74	71	68	65	62	59	57	54	52	48	46	43	41	38	36	33	31	29	27	24	22	20	13	16	14	12					
38	100	97	93	90	87	83	80	77	74	71	68	65	63	60	57	55	52	49	47	44	42	40	37	35	32	30	28	26	24	22	20	18	16	14	12				
39	100	97	93	90	87	84	81	78	75	72	69	66	63	60	58	55	53	50	48	46	43	41	38	36	34	32	29	27	25	23	22	20	18	16	14				
40	100	97	93	90	87	84	81	78	75	72	70	67	64	61	59	56	53	51	49	46	44	42	39	37	35	33	31	28	26	25	23	21	19	17	15	12			
41	100	97	93	90	87	84	81	78	75	73	70	67	64	62	59	57	54	52	50	47	45	43	40	38	36	34	32	30	28	26	24	22	20	18	16	14	12	11	
42	100	97	94	91	87	84	81	79	76	73	70	68	65	62	60	57	55	53	50	48	46	44	41	39	37	35	33	31	29	27	25	23	22	20	18	16	14	12	11
43	100	97	94	91	88	85	82	79	76	74	71	68	66	63	61	58	56	53	51	49	46	44	42	30	38	36	34	32	30	28	26	25	23	21	19	18	16	14	13
44	100	97	94	91	88	85	82	79	77	74	71	69	66	64	61	59	56	54	52	50	47	45	43	41	39	37	35	32	31	29	27	25	24	22	20	19	17	16	14
45	100	97	94	91	88	85	82	80	77	74	72	69	67	64	62	59	57	55	52	50	48	46	44	42	40	38	36	34	32	30	29	27	25	23	22	20	18	17	15

说明：本表系风速每秒 0.2 米、大气压 1 013.25 百帕时的相对湿度查对表，适合库内(无风)的干湿表查用。

附表 5

库外相对湿度查对表

干球温度(℃) \ 干湿差(℃)	0.0	0.5	1.0	1.5	2.0	2.5	3.0	3.5	4.0	4.5	5.0	5.5	6.0	6.5	7.0	7.5	8.0	8.5	9.0	9.5	10.0	10.5	11.0	11.5	12.0	12.5	13.0	13.5	14.0	14.5	15.0	15.5	16.0	16.5	17.0	17.5	18.0	18.5	19.0
-10	100	81	63	45	27																																		
-9	100	82	65	48	31																																		
-8	100	83	67	51	38	22																																	
-7	100	84	69	56	41	26																																	
-6	100	85	71	59	44	30	16																																
-5	100	86	75	61	47	34	21																																
-4	100	87	76	63	50	38	25																																
-3	100	87	77	65	53	41	31	19																															
-2	100	88	78	67	55	44	35	23																															
-1	100	89	79	68	57	47	38	27																															
0	100	89	80	70	59	49	41	31	21																														
1	100	91	81	71	61	51	43	34	25																														
2	100	92	82	72	63	54	46	37	28																														
3	100	92	83	74	65	57	48	40	33	24																													
4	100	92	83	75	67	59	51	44	36	27																													
5	100	93	84	76	67	61	53	46	38	31	23																												
6	100	93	85	77	70	62	55	48	41	33	26																												
7	100	93	85	78	71	64	56	50	43	36	30	23																											
8	100	94	86	78	72	65	58	52	45	40	33	26																											
9	100	94	86	79	73	66	59	54	48	42	35	29	23																										
10	100	94	87	81	74	67	62	55	50	44	38	33	27																										
11	100	94	87	82	75	69	63	57	52	46	40	35	29	24																									
12	100	94	88	82	76	70	65	58	53	48	43	37	32	26																									
13	100	95	88	83	77	72	66	60	55	50	45	39	34	29	24																								

续前表

干湿差(℃) / 干球温度(℃)	0.0	0.5	1.0	1.5	2.0	2.5	3.0	3.5	4.0	4.5	5.0	5.5	6.0	6.5	7.0	7.5	8.0	8.5	9.0	9.5	10.0	10.5	11.0	11.5	12.0	12.5	13.0	13.5	14.0	14.5	15.0	15.5	16.0	16.5	17.0	17.5	18.0	18.5	19.0
14	100	95	88	83	77	72	67	61	56	52	46	41	37	32	27	23																							
15	100	95	89	84	78	73	68	63	58	53	48	44	39	34	29	25	20																						
16	100	95	89	84	79	74	69	64	59	54	50	46	41	36	32	27	24	19																					
17	100	95	89	85	79	75	70	65	60	56	52	47	42	38	34	29	26	21	18																				
18	100	95	90	85	80	75	70	66	61	57	53	49	45	40	36	32	28	24	20	16																			
19	100	95	90	86	81	76	72	67	63	58	54	50	46	42	38	34	30	27	23	19	15																		
20	100	96	90	86	82	77	73	68	64	59	56	52	48	43	40	36	32	28	25	21	18	14																	
21	100	96	90	86	82	77	73	69	65	60	57	53	49	45	41	37	34	30	27	23	20	17	13																
22	100	96	92	87	83	78	74	69	66	61	58	54	50	47	43	40	36	32	29	25	22	19	16																
23	100	96	92	87	83	78	75	70	67	63	59	55	52	48	44	41	37	34	31	28	24	22	18	15															
24	100	96	92	87	83	79	75	72	67	64	60	56	53	49	46	42	39	36	32	29	27	23	20	18	14														
25	100	96	92	87	84	79	76	72	68	65	61	57	54	50	47	44	41	37	34	31	28	25	23	19	16														
26	100	96	92	88	84	80	76	73	69	65	62	58	55	52	48	46	42	39	36	33	30	27	24	21	19														
27	100	96	92	88	84	81	77	73	69	66	63	59	56	53	50	47	43	40	37	35	31	29	26	23	20	18													
28	100	96	93	88	85	81	77	74	71	67	64	60	57	54	51	48	45	42	39	36	33	30	28	25	22	20	17												
29	100	96	93	88	85	82	78	74	71	67	64	61	58	55	52	49	46	43	40	37	35	32	29	26	24	21	19	17											
30	100	96	93	89	85	82	78	75	72	68	65	62	59	56	53	50	47	44	41	39	36	33	31	28	26	23	21	18											
31	100	96	93	89	86	82	79	75	72	69	66	63	59	57	54	51	48	45	42	40	37	35	32	30	27	25	22	20	18	15									
32	100	97	93	89	86	83	79	76	73	70	66	63	61	57	55	52	49	46	44	41	39	36	34	31	29	26	24	22	20	17									
33	100	97	93	90	86	83	80	76	73	70	67	64	61	58	55	53	50	47	45	42	40	37	35	32	30	28	26	23	21	19	17								
34	100	97	93	90	86	83	80	77	74	71	68	65	62	59	56	54	51	48	46	44	41	39	36	34	31	29	27	25	22	21	18								
35	100	97	93	90	86	83	80	77	74	71	68	65	63	60	57	54	52	50	47	44	42	40	37	35	32	30	28	26	24	22	20	18	16						
36	100	97	94	90	87	84	81	78	74	72	69	66	63	61	58	55	53	50	48	45	43	41	38	36	34	31	30	28	25	24	21	19	18	16					
37	100	97	94	91	87	84	81	78	75	72	69	67	64	61	59	56	53	51	49	46	44	41	39	37	35	33	31	29	27	25	23	21	19	17	15				

续前表

干球温度(℃) \ 干湿差(℃)	0.0	0.5	1.0	1.5	2.0	2.5	3.0	3.5	4.0	4.5	5.0	5.5	6.0	6.5	7.0	7.5	8.0	8.5	9.0	9.5	10.0	10.5	11.0	11.5	12.0	12.5	13.0	13.5	14.0	14.5	15.0	15.5	16.0	16.5	17.0	17.5	18.0	18.5	19.0
38	100	97	94	91	87	84	81	78	75	72	70	67	64	62	59	56	54	52	50	47	45	43	40	38	36	34	32	30	28	26	24	22	20	18	17	15			
39	100	97	94	91	87	84	82	79	76	73	70	68	65	62	60	58	55	53	50	48	46	44	42	39	37	35	33	31	29	27	25	24	22	20	18	16	15		
40	100	97	94	91	87	85	82	79	76	73	71	68	66	63	60	58	55	53	51	49	47	44	42	40	38	36	34	32	30	28	27	25	23	21	20	18	16	14	
41	100	97	94	91	88	85	82	79	77	74	71	69	66	63	61	59	56	54	52	50	48	45	43	41	39	37	35	33	31	29	28	26	24	23	21	19	17	16	14
42	100	97	94	91	88	85	82	80	77	74	71	69	67	64	62	59	57	54	52	50	48	46	44	42	40	38	36	34	32	30	29	27	25	24	22	20	19	17	15
43	100	97	94	91	88	85	83	80	77	75	72	69	67	65	62	60	58	55	53	51	49	47	45	43	41	39	37	35	33	31	30	28	26	25	23	21	20	18	17
44	100	97	94	91	89	85	83	80	78	75	72	70	67	65	62	60	58	56	54	52	50	48	46	43	42	40	38	36	34	32	31	29	27	26	24	23	21	19	18
45	100	97	94	91	89	86	83	80	78	75	73	70	68	66	63	61	59	57	55	52	50	48	46	44	42	41	38	37	35	33	32	30	28	27	25	24	22	20	19

说明：本表适用于大气压力 1 000 百帕，自然通风速度 0.4 米/秒，柱状干湿表在百叶箱中测相对湿度时查用。

附表 6　　文件后缀名速查表

后缀名	说明
ACA	微软的代理使用的角色文档
acf	系统管理配置
acm	音频压缩管理驱动程序，为 Windows 系统提供各种声音格式的编码和解码功能
aif	声音文件，支持压缩，可以使用 Windows Media Player 和 QuickTime Player 播放
AIF	音频文件，使用 Windows Media Player 播放
AIFC	音频文件，使用 Windows Media Player 播放
AIFF	音频文件，使用 Windows Media Player 播放
ani	动画光标文件扩展名
ans	ASCII 字符图形动画文件
app	应用文件
arc	一种较早的压缩文件，可以使用 WinZip、WinRAR、PKARC 等软件打开
arj	压缩文件，可以使用 WinZip、WinRAR、PKARC 等软件打开
asf	微软的媒体播放器支持的视频流，可以使用 Windows Media Player 播放
asp	Active Server Page 的缩写，意为"动态服务器页面"。它可以和其他程序进行交互
aspx	微软 asp 的 .NET 版本，可以使用 Visual Studio 编写
asx	Windows Media 媒体文件的快捷方式
au	是 Internet 中常用的声音文件格式，多由 Sun 工作站创建，可使用软件 Waveform Hold and Modify 播放。Netscape Navigator 中的 LiveAudio 也可以播放 .au 文件
avi	一种使用 Microsoft RIFF 规范的 Windows 多媒体文件格式
bak	备份文件
bas	Basic 语言源程序文件，可编译成可执行文件
bat	批处理文件，在 MS-DOS 中，.bat 文件是可执行文件，由一系列命令构成，其中可以包含对其他程序的调用
bbs	电子告示板系统文章信息文件
bfc	Windows 的公文包文件
bin	二进制文件，其用途依系统或应用而定
bmp	Bitmap 位图文件
c	C 语言源程序文件，在 C 语言编译程序下编译使用
cab	微软制订的压缩包格式，常用于软件的安装程序，使用 Windows 自带的实用程序 Extract. exe 可以对其解压缩，WinZip、WinRAR 等都支持这种格式
cal	Windows 中的日历文件
cbx	标签文件
cdf	Internet Explorer 的频道文件
cdr	CorelDraw 中的一种图形文件格式，它是所有 CorelDraw 应用程序中均能够使用的一种图形图像文件格式

续前表

后缀名	说明
cdx	索引文件，存在于 DBase、FoxBase、FoxPro 系统软件环境下
cfg	配置文件，系统或应用软件用于进行配置自己功能和特性的文件
chm	编译过后的 HTML 文件，常用于制作帮助文件和电子文档
clp	在 Windows 下剪贴板中的文件格式
cmd	用于 Windows NT/2000 的批处理文件，其实与 BAT 文件功能相同，只是为了与 DOS / Windows 9x 下的 BAT 有所区别
cmf	声卡标准的音乐文件，FM 合成器等可以回放
cnf	NetMeetting 会议连接文件
cnt	联机帮助文件目录索引文件，通常和同名的 . hlp 文件一起保存
col	由 Autodesk Animator、Autodesk Animator Por 等程序创建的一种调色板文件格式，其中存储的是调色板中各种项目的 RGB 值
com	DOS 可执行命令文件，一般小于 64KB
cpl	控制面板扩展文件，Windows 操作系统使用
cpp	C++语言源程序，非常强大的语言，在各种平台中都有相应的开发系统
crd	Windows 中的卡片文件
crt	用于安全方面的证书认证文件
cur	Windows 下的光标资源文件格式，可用光标编辑软件编辑
css	Text/css 文件
dat	它不是一种标准文件。许多数据分析软件用这个扩展名保存数据
dbf	数据库文件，FoxBase、DBase、Visual FoxPro 等数据库处理系统所产生的数据库文件
dcx	映像文件，用 DUP、HD、IMG 等工具可展开
dev	设备驱动程序
dib	设备无关位图文件，这是一种文件格式，其目的是为了保证用某个应用程序创建的位图图形可以被其他应用程序一致装载或显示
dir	目录文件
dll	Windows 动态链接库
doc	办公软件 Microsoft Office 中的字处理软件 Word 创建的文档
dos	Windows 保留的 MS-DOS 的某些系统文件
dot	Microsoft Word 的文档模板文件，通过模板可以简化一些常用格式文档的创建工作，而且可以内嵌 VBA 程序来实现某些自动化功能
drv	设备驱动程序文件
dwg	AutoCAD 的图纸文件，也是许多绘图软件都支持的格式，常用于共享数据
dxb	AutoCAD 创建的一种图形文件格式

续前表

后缀名	说明
dxf	图形交换格式，一种计算机辅助设计的文件格式，最初开发用来与 AutoCAD 一起使用，以便于图形文件在应用程序之间的传递，它以 ASCII 方式储存图形，在表现图形的大小方面十分精确
der	Certificate 文件
dic	Txt 文件
emf	由微软公司开发的 Windows 32 位扩展图元文件格式，其总体设计目标是弥补在 Microsoft Windows 3.1（Win16）中使用的 *.wmf 文件格式的不足，使图元文件更易于使用
eps	用 PostScript 语言描述的一种图形文件格式，以文本文件保存，在 PostScript 图形打印机上能打印出高品质的图形图像，最高能表示 32 位图形图像
err	编译错误文件，存在于 DBase、FoxBase、FoxPro 系列软件环境下
exe	可执行文件，虽然后缀名相同，但具有不同的格式和版本
exp	3DS 使用的显卡驱动程序
exc	Txt 文件
fic	Autodesk Animator 和 AnimatorPro 的动画文件，支持 256 色，最大的图像像素是 64000×64000，支持压缩，广泛用于动画图形中的动画序列、计算机辅助设计和计算机游戏应用程序
fnd	保存的搜索结果
fon	点阵字库文件
for	Fortran 语言程序
fot	指向字体的快捷键
fp	配置文件，存在于 DBase、FoxBase、FoxPro 系列软件的环境下
fpt	备注字段文件，存在于 DBase、FoxBase、FoxPro 系列软件的环境下
frt	报表文件，存在于 DBase、FoxBase、FoxPro 系列软件的环境下
frx	报表文件，存在于 DBase、FoxBase、FoxPro 系列软件的环境下
fxp	编译后的程序，存在于 DBase、FoxBase、FoxPro 系列软件的环境下
gif	在各种平台的各种图形处理软件上均能够处理的，经过压缩的一种图形文件格式
grh	方正公司的图像排版文件
grp	Windows 下的程序管理器产生的组窗口文件
goc	Gocserve
gra	MSGraph. Chart. 5
h	C 语言源程序头文件
hlp	Windows 应用程序帮助文件
hqx	Macintosh 中使用 BinHex 将二进制文件编码为 7 位的文本文件，大多数 Macintosh 文件皆以 .hqx 出现（.bin 极少使用），在 Macintosh 中，可使用 StuffIt Expander 对 .hqx解码，在 Windows 中可使用 BinHex 13 解码

续前表

后缀名	说明
ht	超级终端
htm	保存超文本描述语言的文本文件，用于描述各种各样的网页，使用各种浏览器打开
html	同 . htm 文件
icm	图像配色描述文件
ico	Windows 中的图标文件，可以包含同一个图标的多种格式，使用图标编辑软件创建
idf	MIDI 乐器定义
idx	索引文件，存在于 DBase、FoxBase、FoxPro 系列软件的环境下
iff	文件交换格式文件，这种文件格式多用于 Amiga 平台，在这种平台上它几乎可以存储各种类型的数据，在其他平台上，IFF 文件格式多用于存储图像和声音文件
image	Macintosh 磁盘映像文件，常见于苹果机的 FTP 网点，在 Macintosh 中由 Shrink Wrap 处理
ime	Windows 下的输入法文件
img	磁盘映像文件，用 HD-COPY、WinImage 等工具打开后可以恢复到一张磁盘上
inc	汇编语言包含文件，类似于 C/C++中的 . h 文件
inf	Windows 下的软件安装信息，Windows 的标准安装程序根据此文件内的安装信息对软件、驱动程序等进行安装
ini	Windows 中的初始化信息文件，已经用得不多了，新的应用程序将设置保存在系统的注册表中
jar	一种压缩文件，ARJ 的新版本，可以使用 WinJar、WinRAR 等打开
jpeg	一种图片压缩文件，同 . jpg
jpg	静态图像专家组制定的静态图像压缩标准，具有很高的压缩比，使用非常广泛，可使用 PhotoShop 等图像处理软件创建
lnk	快捷方式，该文件指向另一个文件，开始菜单的程序文件夹下每条项目都是一个 LNK 文件
log	日志文件，通常用来记录一些事件之类
lzh	一种很旧的压缩文件，可以使用 WinRAR 打开
mac	Macintosh 中使用的一种灰度图形文件格式，在 Macintosh Paintbrush 中使用，其分辨率只能是 720×567
mag	图形文件格式
mdb	Microsoft Access 使用的数据库格式，是非常流行的桌面数据库
men	内存应用文件，存在于 DBase、FoxBase、FoxPro 系列软件的环境下
mid	音频压缩文件，曾经非常流行，不过在现在的软件中用得很少了
mif	MIDI 乐器
mov	使用 Apple's QuickTime 格式的电影文件，在 Macintosh 中由 Sparkle、FastPlayer、MoviePlayer 等软件播放，在 Windows 中可由 QuickTime 播放

续前表

后缀名	说明
mp3	采用 MPEG-1 Layout 3 标准压缩的音频文件，是网上主要的压缩音频文件，这种文件具有极高的压缩率和失真低的特点
mpg	采用 MPEG-1 标准压缩的视频文件，与 VCD 使用的格式非常相近，提供 CD 质量的音频信号和 320×240 的视频分辨率，目前的媒体播放软件大都能播放
mpt	Macintosh 中使用的一种图形文件格式
msg	微软邮件文档
obj	对象代码
ovl	由于软件功能多，内存偏小，不能一次性全部调入内存的可执行文件可能有同名的 . ovl文件
par	交换文件
pcd	位图文件，由 Eastman Kodak 开发，被所有的平台所支持，PCD 支持 24 位颜色，最大的图像像素是 2048×3072。用于在 CD-ROM 上保存图片
pcs	动画文件，是 Macromedia 开发的动画文件格式，为 Macintosh 应用程序使用，支持压缩，支持 256 色，用于保存动画数据，是 QuickTime 的前身
pcx	图像文件。PCX 格式是 ZSOFT 公司在开发图像处理软件 Paintbrush 时开发的一种格式，这是一种经过压缩的格式，占用磁盘空间较少
pdf	图文多媒体文件。Adobe 公司定义的电子印刷品文件格式，它是一种事实上的标准，在 Internet 网上的很多电子印刷品，都是 . pdf 格式的
pjx	Visual FoxPox 的项目管理器所使用的数据存储文件
psd	是 PhotoShop 中使用的一种标准图形文件格式，能够保存图像数据的每一个细小部分，包括层，附加的蒙版通道以及其他内容
pwl	Windows 下的口令文件
qt	Machintosh 的 QuickTime 影视格式，在 Macintosh 中由 Sparkle、FastPlayer、MoviePlayer 等软件播放，在 Windows 中可由 QuickTime 播放
qtm	动画文件，这种文件格式是由 Apple 计算机公司开发，被 Apple Macintosh 和 Microsoft Windows 平台所支持，支持 25 位颜色，最大图像分辨率是 64000×64000。支持压缩，用于保存音频和运动视频信息
rar	压缩文件格式，可以使用 WinRAR 打开
rec	Windows 下的记录器宏文件
reg	Windows 95/98 的系统及应用程序注册文件，这种文件虽然以纯文本文件保存，但存在版本问题，不同的操作系统使用的 REG 文件版本是不同的
rle	一种压缩过的位图文件格式，RLE 压缩方案是一种极其成熟的压缩方案，特点是无损失压缩，既节省磁盘空间又不损失任何图像数据，但在打开这种压缩文件时，要花费更多时间
rm	Windows 下的 RealPlayer 所支持的视频压缩文件
rmi	MIDI 音频文件

续前表

后缀名	说明
rtf	丰富文本格式文件，以纯文本描述内容，能够保存各种格式的信息，可以用写字板、Word 等来创建
sav	存档文件
scp	用于 Windows 系统中 Internet 拨号用户，自动拨号登录用的脚本文件，可避免手动登录时繁琐的键盘输入
scr	屏幕保护文件
sct	屏幕文件
scx	屏幕文件
set	微软备份集文件，用于保存要备份的内容、设置等信息
shb	指向一个文档的快捷方式
snd	Mac 声音文件，Apple 计算机公司开发的声音文件格式，被 Macintosh 平台和多种 Macintosh 应用程序所支持，支持某些压缩
sql	查询文件，在 DBase、FoxBase、FoxPro 系列软件的环境下使用
svg	SVG 图像文件，基于 XML，由 World Wide Web Consortium 开发，是可缩放的矢量图形
svx	Amiga 声音文件，Commodore 所开发的声音文件格式，被 Amiga 平台和应用程序所支持，不支持压缩
swf	Flash 是 Micromedia 公司的产品，严格地说，它是一种动画编辑软件，实际上它是制作出一种后缀名为 swf 的动画，这种格式的动画能用比较小的体积来表现丰富的多媒体形式，并且还可以与 HTML 文件很好地结合在一起
swg	虚拟内存交换文件，由操作系统使用
sys	系统文件、驱动程序等，在不同的操作系统中有不同的定义
tar	Unix 下的归档文件
tbk	临时数据库文件，在 Dbase、FoxBase、FoxPro 系列软件的环境下使用
tga	图像文件，此文件格式的结构比较简单，属于一种图形、图像数据的通用格式，在多媒体领域有着很大影响，是计算机生成图像向电视转换的一种首选格式
tiff	图像文件，此图像格式复杂，存储内容多，占用存储空间大，其大小是 GIF 图像的 3 倍，是相应的 JPEG 图像的 10 倍，最早流行于 Macintosh，现在 Windows 主流的图像应用程序都支持此格式
tsl	一种录音笔录音文件格式，一般的播放软件无法播放
tmp	临时文件，一般是系统和应用程序产生的临时使用的文件，当系统和应用程序退出时，会自动地删除其建立的临时文件，如果是非正常退出，临时文件可能保留在磁盘上，在单任务系统下，可立即删除它们，在多任务系统下，应删除那些不是正在使用的临时文件
txt	文本文件
url	InternetShortcut（Internet 上 URL 地址的快捷方式）

续前表

后缀名	说明
vcd	虚拟光驱工具制作的光盘镜像文件
ver	版本描述，用于描述某个软件的版本
wri	字处理 Write. exe 生成的文本文件
zip	压缩文件格式，可以使用 WinZip 打开

图书在版编目（CIP）数据

档案保护技术实验教程/唐跃进，张美芳主编．—北京：中国人民大学出版社，2013.6
21世纪档案学系列教材
ISBN 978-7-300-17639-0

Ⅰ．①档…　Ⅱ．①唐…②张…　Ⅲ．①档案保护-实验-高等学校-教材　Ⅳ．①G273.3-33

中国版本图书馆CIP数据核字（2013）第137143号

21世纪档案学系列教材
档案保护技术实验教程
唐跃进　张美芳　主编
Dang'an Baohu Jishu Shiyan Jiaocheng

出版发行	中国人民大学出版社		
社　　址	北京中关村大街31号	**邮政编码**	100080
电　　话	010－62511242（总编室）		010－62511770（质管部）
	010－82501766（邮购部）		010－62514148（门市部）
	010－62515195（发行公司）		010－62515275（盗版举报）
网　　址	http://www.crup.com.cn		
	http://www.ttrnet.com(人大教研网)		
经　　销	新华书店		
印　　刷	天津鑫丰华印务有限公司		
规　　格	170mm×228mm　16开本	**版　　次**	2013年7月第1版
印　　张	19	**印　　次**	2024年8月第3次印刷
字　　数	340 000	**定　　价**	49.00元